제5판

민법사례연습 IV

[채권각론]

이병준 · 황원재

세창출판사

제5판 머 리 말

이번 판의 수정은 공저자로 참여하게 된 황원재 교수가 전적으로 맡아서 해 주었다. 오탈자를 수정하고 그사이 판례변경 된 부분을 반영하여 주었다. 벌써 3번째 사례연습 책에 공저자로 참여하여 시간이 빨리 지나감을 느낀다. 황원재 교수의 꼼꼼하면서 세심한 능력에 다시 한번 감탄하며, 독자들이 편하게 새로운 판례가 반영된 책을 읽을 수 있으리라 기대해 본다.

이번에 꼼꼼하게 교정 초안 작업에 참여한 계명대학교 문현지 학생에게도 고맙다는 말을 전하고 싶다. 끝으로 이 책의 출판에 언제나 많은 도움을 주시는 이방원 사장님과 임길남 상무님께도 깊은 감사의 인사를 전하고 싶다.

2021년 2월 4일
외대 연구실에서

이 병 준

머 리 말

이 사례연습집은 민법을 공부하는 초학자들이 전형적인 사례들을 접함으로써 민법전과 민법이론을 더 잘 이해하고 그 내용을 심화할 수 있다는 생각에서 쓰게 되었다. 이 책에 나와 있는 사례들은 법과대학에 들어와서 채권각론 강의를 수강하는 학생들을 대상으로 만들어졌고 실제로도 이러한 학생들을 대상으로 강의하면서 정리해 온 사례들이다. 판례의 사안들을 변형해서 사용한 경우도 있지만, 되도록 실생활에서 쉽게 일어날 수 있고 해당 제도를 이해하기에 가장 적합하다고 생각되는 사례들을 모았다.

사례풀이는 독일 그리고 우리나라에서도 일부 도입되고 있는 청구권규범에 의한 사례풀이방식을 취하였다. 그 구체적인 내용은 [사례풀이방법의 기초원리]에서 간단하게 설명하였는데, 이 풀이방법의 강점은 논의하여야 할 논점들을 빠짐없이 찾아내고 일정한 체계를 갖추어 구성할 수 있다는 점이다. 이 풀이방법을 학습할 수 있는 기회를 제공하기 위해서 저자는 다양한 논점이 들어가 있는 사례문제를 고시잡지를 통하여 몇 개 발표한 바 있다. 그러나 너무 어렵다는 평가를 받았고 초학자가 보기에는 사례가 너무 복잡하고 논점이 너무 많았다. 그러다 보니 학생들이 정작 사례연습의 목적인 사실관계를 법률규정에 적용하는 연습을 하기보다는 목차와 논점만을 암기하고 있는 실정이었다. 그러나 '사례문제는 정형화되어 있는 문제들의 목차와 논점을 암기하여 답안을 작성하면 충분하다'는 생각은 위험하다. 모든 사례는 그 자체의 생명력을 갖고 자기 나름의 논점들을 가지고 있기 때문이다. 따라서 사례연습을 통하여 습득해야 하는 것은 사례에 접근하는 방법이다.

이러한 고민 속에 초학자들에게 필요한 것은 사례풀이에서 가장 중요하면서 기본적인 것, 즉 사실관계를 법규정에 적용하는 연습을 하는 것이라고 생각되었다. 즉 하나의 논점을 갖고 법률규정의 요건을 설정하고, 의미내용을 확정하여 사실관계에 대입하는 과정(포섭)을 연습할 수 있도록 구성한 책이 필요하다고 느꼈고 이를 실행에 옮긴 것이 이 책이다. 그러다 보니 자연스럽게 중요한 다른 하나의 사례풀이의 기능은 포기할 수밖에 없었다. 즉 이 책은 다양한 논점들을 체계적으로 연결시킬 수 있는 훈련을 목적으로 쓰여져 있지 않다. 따라서 이 책으로 사례해결의 모든 것, 특히 체계적인 목차 작성을 해결하겠다고 생각해서는 안 된다. 이는 다른 사례풀이 교재를 통하여 반드시 보충되어야 한다.

이 책은 민법총칙, 채권총론 다음으로 나오게 되는 민법사례연습의 세 번째 책이다. 이 책을 내는 데 2년이 넘는 시간이 걸렸다. 채권각론이라는 분야가 다양한 쟁점들이 담겨져 있는 분야이어서 각 분야를 연구하여 사례를 만들다 보니 시간이 훌쩍 지난 것 같다. 앞으로 재산법 편으로는 민법사례연습 II [물권법]이 남아 있다. 물권법이 주 전공분야는 아니지만, 많은 강의를 통하여 스스로 물권법 실력이 갖추어져 가고 있음을 느끼고 있고 폭넓은 사례를 모으고 있어서 멀지 않아 물권법도 출간이 될 것으로 믿는다. 특히 민법의 중요성 그리고 사례의 중요성이 사법시험에서 증가하고 있는 추세에 맞추어 이 책의 중요성도 커지고 있다고 생각한다.

이번 책 작업은 2년이라는 시간동안 거의 혼자서 작업을 하였다. 마지막 책의 집필과 교정에서 조교 김미주가 없었다면 힘든 일을 끝내지 못했을 것이다. 꼼꼼한 교정과 주작업에 감사하며 좋은 학자로서 성장하길 기대한다. 독일에서 같이 수학을 하였고 현재 외대에서 같이 봉직하고 있는 박희호 교수님과 민법총칙 책부터 계속 참여하여 온 후배 박성완 군법무관은 좋은 지적을 해 주어 책의 내용을 충실하게 만들어 주었다. 그리고 뛰어난 학부제자 정신동과 신현아는 3교정 때 꼼꼼한 교정을 해주었다. 이 분들에게 이 자리를 통하여 다시 한 번 감사드린다. 마지막으로 오랜 시간 원고완성을 느긋하게 기다려주면서 믿어주신 세창출판사의 이방원 사장님과 임길남 상무님께 감사드린다.

2007년 4월 5일
이문동 연구실에서

이 병 준

차   례

제1장 계약총론

제2장 매매계약

제3장 기타 전형계약

제4장 사무관리

제5장 부당이득

제6장 불법행위

제5판

민법사례연습 IV
[채권각론]

사례풀이방법의 기초원리

[민법사례풀이방법에 관한 문헌]
김형배, 민법연습, 2003, 3-34면; 안춘수, 사법시험 2차대비 최종전략: 민법, 고시계 2000년 6월, 25-34면; 이종복, 사례풀이의 기본지침과 방법, 사법관계와 자율, 131-162면(또한 고시계 1989년 11월·12월, 1990년 2월 167-178면, 156-164면, 186-196면); 정진명, 민사사례 해결방법론, 고시계 1999년 4월, 204-223면.

Ⅰ. 법률가의 임무와 청구권규범에 의한 사례풀이

법률가의 임무는 이미 발생하였거나 미래에 발생할 수 있는 사안을 법률규정에 적용하는 데에 있다. 따라서 법과대학의 교육에서도 마찬가지로 구체적인 사안을 법률규정에 적용하는 연습을 사례풀이를 통하여 하게 된다. 물론 강의에서 사용되는 사례들은 실제 생활에서와 같이 복잡하지는 않으며, 전형적이고 논점이 드러날 수 있는 형태로 구성되어 있다.

대부분의 사례에서는 당사자들 사이에 무엇을 청구할 수 있는지가 문제된다. 예를 들어 甲이 乙에게 자신의 물건을 파는 매매계약을 체결하였는데, 매도인 甲이 매수인 乙에게 물건의 소유권을 이전해 주지 않으면 매수인 乙은 매도인 甲에게 소유권의 이전을 청구하게 된다. 이를 강제하기 위해서는 재판을 통하여 매수인 乙이 이와 같은 권리가 있음을 확인 받아야 하는데, 이 때 판사는 법적인 근거가 있는 경우에만 乙에게 승소판결을 내리게 된다. 이와 같이 한 당사자가 다른 당사자에게 자신의 요구를 강제할 수 있는 법적 근거를 청구권규범이라고 한다. 실무에서는 물론 법학교육에서도 청구권규범이 사례해결의 중심에 있으며 사례풀이의 기초를 형성한다.

청구권규범은 당사자가 원하는 법률효과를 담고 있기 때문에 사안을 해결하는 단서가 된다. 그러나 청구권규범은 법률효과를 담고 있을 뿐만 아니라, 어떤 요건하에서 이와 같은 법률효과가 발생하는지를 규정하고 있다. 즉 청구권규범은 일반적으로 구성요건과 법률효과로 구분될 수 있는 구조를 가지고 있다.

[예]　　ㅇ 〈불법행위로 인한 손해배상청구권〉
　　　　제750조의 요건 : 고의 또는 과실로 인한 위법행위로 타인에게 손해를 가한 자
　　　　제750조의 법률효과 : 손해를 배상할 책임이 있다.

구성요건은 어떠한 사안에 법률규정이 적용되는지를 정한다(불법행위). 법률효과는 법률규정이 정하고 있는 사안이 발생한 경우에 그 효과를 규정한다(피해자의 손해배상청구권). 이와 같이 요건과 효과로 구분할 수 있는 구조는 모든 청구권규범에서 나타난다. 청구권규범을 검토할 때 이 법적인 기초(청구권규범)를 근거로 어떠한 요건이 충족되어야 하는지를 도출하고 구체적인 사안이 이 요건을 충족하는지를 검토해야 한다(포섭). 따라서 법률의 적용은 다음과 같은 3단논법에 따라 행하여진다.

1단계	대전제 : 법률규정
⬇	적용될 법률규정을 찾고 그 구성요건을 분리해서 각각의 의미를 확정한다.
2단계	소전제 : 사실관계
⬇	포섭 : 추상적인 형태로 표현된 구성요건(예: 제750조의 손해)을 구체적인 사안이 충족하는지를 검토해야 한다(예: 甲이 乙을 때려서 乙이 입원하게 되었다. 어떠한 손해가 발생하였는가?).
3단계	결론 : 요건의 충족 또는 불충족

민법의 초학자들은 민법의 방대함 때문에 구체적인 사안에 적용될 청구권규범을 어떻게 다 찾아야 하는지 걱정할지도 모른다. 청구권규범을 찾고 그 의미를 아는 것이 민법을 배우는 중요 목적 중의 하나이다. 그러나 채권각론을 배

우게 되면서 중요한 청구권규범들은 거의 다 나오기 때문에 이제는 하나하나씩 정리해 나아갈 단계가 되었다. 그리고 민법 전반에 청구권규범이 흩어져 있기 때문에 채권각론을 배우면서 법전을 여기저기 왔다갔다하면서 청구권규범을 찾아야 할 때도 있을 것이다. 그런데 점차 사안을 풀다보면 전형적으로 자주 등장하는 청구권이 있음을 알 수 있다(예를 들어 제568조 제1항, 제390조, 제750조, 제741조, 제213조 등).

II. 청구권규범의 검토

일상적인 삶의 분쟁에서는 물론 시험에서도 두 당사자 사이에서 청구권규범 하나만을 검토하는 경우가 있다.

[예]   ○ 甲은 乙에게 컴퓨터의 인도를 청구할 수 있는가?
       ○ 甲이 乙에게 손해배상을 청구하였다. 정당한가?
       ○ 甲과 乙 사이에 도급계약이 체결되었는가?
       ○ 甲이 계약을 해제할 수 있는가?

그러나 여러 명의 당사자 사이에서 여러 개의 청구권규범을 검토해야 하는 경우가 이보다 더 많이 나타난다.

[예]   ○ 법률관계는 어떠한가?
       ○ 당사자들 사이에 무엇을 청구할 수 있는가?
       ○ 법원은 어떻게 결정하겠는가?
       ○ 甲은 乙에게 무엇을 청구할 수 있는가?
       ○ 누가 손해를 배상해야 하는가?

구체화를 필요로 하는 문제가 나온 경우에 이 기본문제를 하나 또는 여러 개의 구체적인 개별문제로 구체화시켜야 한다. 모든 개별문제는 청구권자, 청구권의 상대방 그리고 특정 권리를 담고 있어야 한다. 그러면 양 당사자관계로 우선 구분을 하고 "누가 누구로부터 무엇을 요구하는가?"라는 형식으로 각 개별문제에서 묻게 된다.

1단계	사안에서 누가 무엇을 청구하려고 하는지를 찾아냄으로써 청구권자(채권자)를 확정하게 된다.

⬇

2단계	청구권자가 무엇을 원하는지를 확정함으로써 청구내용을 확정하게 된다.

⬇

3단계	청구권의 상대방(채무자)을 확정해야 한다.

[예]   ○ 기본문제 : 甲은 乙에 대하여 어떠한 권리를 갖는가?
　　　 － 구체화된 문제 : 甲은 乙에 대하여 이행을 청구할 수 있는가?
　　　　　　　　　　　 甲은 乙에 대하여 손해배상을 청구할 수 있는가?
　　　 ○ 기본문제 : 甲은 누구로부터 이행을 청구할 수 있는가?
　　　 － 구체화된 문제 : 甲은 乙로부터 이행을 청구할 수 있는가?
　　　　　　　　　　　 甲은 丙으로부터 이행을 청구할 수 있는가?
　　　 ○ 기본문제 : 법률관계는 어떠한가?
　　　 － 구체화된 문제 : 甲은 乙로부터 이행을 청구할 수 있는가?
　　　　　　　　　　　 甲은 乙로부터 손해배상을 청구할 수 있는가?
　　　　　　　　　　　 乙은 甲으로부터 매매대금의 지급을 청구할 수 있는가?

　　그 다음 단계로 문제된 청구권이 담겨진 청구권규범을 찾아야 한다. 올바른 청구권규범은 사안에서 문제되는 청구의 목적으로서 당사자가 원한 구체적 법률효과에 해당하는 추상적인 법률효과를 담고 있어야 한다. 따라서 법률효과를 비교해서 구체적으로 요구되는 법률효과와 법률에 규정된 법률효과가 완전히 일치하면, 문제의 해결을 위해서 필요한 청구권규범을 찾은 것이다.

[예]   ○ 문제 : 甲이 乙로부터 손해의 배상을 청구할 수 있는가?
          ─ 가능한 청구권규범 : 제390조 제1항 본문 "… 손해배상을 청
                            구할 수 있다."
          ─ 가능한 청구권규범 : 제750조 "… 손해를 배상할 책임이 있다."

    이러한 과정을 거쳐서 최종적으로 사안에서 검토해야 할 문제는 "누
가 누구로부터 무엇을 어떠한 근거로 요구하는가?"라는 질문으로 구체화된
다.

[예]   ○ 甲의 乙에 대한 제750조에 기한 손해배상청구권

    사안검토의 기본구조는 이미 3단논법에 의한 검토방식에서 보았듯이
"문제에서 근거제시를 거쳐서 결과로"이다. 이 구조는 "감정서 형식
(Gutachten-Stil)"이라고 한다. 감정서 형식의 특징은 결과가 검토단계 뒤에
제시된다는 점에 있다. 이 형식에서는 결과를 아직 제시하지 않은 상태에
서 해답을 작성하게 된다. 반면에 먼저 결론을 내리고 그 이유를 설명하는
방식은 판결문에서 사용하고 있다(판결문 형식; Urteil-Stil). 감정서 형식에 의
한 사례풀이에서는 항상 물음 또는 가정법으로 표현된 문장으로 검토를 시
작해야 한다.

[예]   甲이 乙에게 불법행위로 인한 손해배상을 청구하기 위해서는 제750
조의 요건이 충족되어야 한다. 그러기 위해서는 (1) 가해자의 고의 또는 과
실에 의한 행위, (2) 가해행위에 의한 손해발생, (3) 가해행위의 위법성, (4)
가해자의 책임능력 등의 요건이 충족되어야 한다. 가해자의 고의 또는 과
실에 의한 행위가 있기 위해서는…

    구체적인 사안이 청구권규범의 모든 요건들을 충족해야만 당사자가 원
하는 법률효과가 발생한다. 제568조 제1항의 경우 "매매계약의 성립"이라는
요건만 검토하면 되지만, 여러 요건을 규정하고 있는 청구권규범도 있다. 청

구권규범은 원칙적으로 매우 일반적인 표현으로 어떠한 상황을 설명하고 있다. 입법자는 구체적인 개별사례들을 모두 규정할 수 없고 통일적이고 완성된 체계를 형성하면서 되도록 많은 사례들을 규정하려는 목적을 갖고 있기 때문에 추상적인 용어를 사용하고 있다. 많은 요건들은 법 문외한에게도 쉽게 이해될 수 있다(예 : 생명, 신체). 그에 반하여 개념정의가 있어야만, 구체적인 사안에서 그 요건이 충족되었는지를 알 수 있는 요건도 있다(예 : 매매계약의 성립, 위법성, 손해, 인과관계). 추상적으로 표현된 요건과 사실관계의 비교를 포섭이라고 한다. 포섭은 순수한 인식의 문제가 아니라, 하나의 판단과정에 속한다. 쉬운 요건에 대해서는 그 의미에 대하여 다툼이 없으나, 많은 요건에 대해서는 그 의미내용에 대하여 논쟁이 벌어지고 있기 때문이다.

검토의 과정을 도표로 요약하면 다음과 같다.

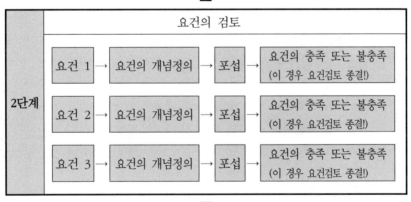

1단계	청구권규범을 기초로 당사자가 원하는 법률효과를 찾고 문제를 구체화한다 (누가 누구에게 무엇을 어떠한 근거로 청구할 수 있는가?).

⬇

2단계	요건의 검토
	요건 1 → 요건의 개념정의 → 포섭 → 요건의 충족 또는 불충족 (이 경우 요건검토 종결!)
	요건 2 → 요건의 개념정의 → 포섭 → 요건의 충족 또는 불충족 (이 경우 요건검토 종결!)
	요건 3 → 요건의 개념정의 → 포섭 → 요건의 충족 또는 불충족 (이 경우 요건검토 종결!)

⬇

3단계	모든 요건이 충족된 경우에 질문에 대한 대답은 긍정될 수 있고, 반면에 하나의 요건이라도 충족되지 않으면 대답은 부정된다.

Ⅲ. 사례풀이의 구성

대부분의 시험이 단지 청구권규범이 충족되어서 청구권이 존재하는지를 검토하는 것만으로 끝나는 것은 아니다. 원칙적으로 청구권이 성립하였는지의 문제는 1단계에 불과하다. 민법은 청구권이 성립하였다가 후에 다시 소멸하거나 더 이상 행사될 수 없는 많은 사유를 규정하고 있다. 따라서 사안에서 이와 같은 항변권을 발생시킬 수 있는 사정이 존재한다면 항변권을 검토해야 한다. 이것이 끝나야만, 최종적인 결론을 내릴 수 있다.

[청구권규범에 의한 사례 해결]

1. 누가 누구에게 무엇을 어떠한 근거로 청구할 수 있는가?

　　1) 청구권규범("청구할 수 있다", "반환해야 한다", "배상할 책임이 있다")

　　　　(1) 요건설정
　　　　(2) 포　　섭
　　2) 제103조 등의 불성립 또는 무효사유가 존재하는가?

⇨ **결과** : 청구권이 성립하였다 또는 청구권이 성립하지 않았다.

2. 청구권이 소멸하였는가? 소멸사유가 존재하는가?

　　예를 들면 이행(변제 제460조, 제461조), 후발적 불능

⇨ **결과** : 청구권은 소멸하였다 또는 청구권은 계속 존속한다.

3. 항변권이 존재하는가?(연기적 또는 영구적 항변의 존재)

　　1) 실체법상 존재해야 함
　　2) 행사되어야 함
　　예를 들면 동시이행의 항변권(제536조), 해제권(제544조, 제548조 제1항)

⇨ **결과** : 청구권을 실현할 수 있다 또는 실현할 수 없다.

또한 하나의 법률효과에 대하여 여러 개의 청구권규정이 있는 경우가 있다(예를 들어 손해배상청구권과 반환청구권). 이때에는 단지 하나의 청구권규정이 충족되었다고 만족하면 안 되고, 원하는 법률효과가 담겨진 모든 청구권규정의 성립을 검토해야 한다. 왜냐하면 소송에서 요건사실을 입증하지 못하는 경우가 발생할 수 있기 때문이다.

문제가 될 수 있는 모든 청구권규범들을 검토해야 하기 때문에 한 사안에 여러 개의 법률규정이 적용될 수 있다. 이 경우 "경합"이 있다고 한다. 경합에 의하여 한 규정이 적용되면 다른 규정의 적용이 배제되는 경우가 있다. 이를 "법조경합"이라고 한다. 또한 경합이 있더라도 청구권이 서로 병존하는 경우가 있는데, 이를 "청구권경합"이라고 한다.

청구권은 다음과 같은 순서로 검토해야 한다.

1) 계약상의 청구권
2) 계약유사한 관계로 인한 청구권(예: 제135조)
3) 물권적 청구권
4) 불법행위 내지 위험책임으로 인한 청구권
5) 부당이득 반환청구권

[청구권기초론의 한계]

위에서 살펴본 청구권기초론에 의한 사례풀이는 사안의 문제가 청구권의 행사가 가능한지를 물을 때에만 사용할 수 있다.

(1) 그러나 물권적 권리상태의 확인을 묻는 문제, 예를 들어 "소유권은 누가 취득하였는가?"라는 문제에서는 청구권기초론에 따라 검토할 수 없다. 이러한 문제에서는 청구권규범 대신에 문제된 권리와 연관된 법률규정이 문제된다. 소유권과 관련하여서는 법률행위와 법률을 통한 소유권의 취득 또는 상실에 관한 규정들(제186조 이하)이 문제된다.

(2) 법률관계의 변경을 가져올 규범을 묻는 경우, 예를 들어 "당사자들은 의사표시의 취소를 주장할 수 있는가?"라는 물음에서도 청

구권기초론을 사용할 수 없다. 이러한 문제가 제기되면, 원칙적으로 소송상의 관철력은 문제되지 않는다. 여기서는 당사자들이 실체법상의 법률관계를 어떻게 형성할 수 있는가의 여부가 문제된다. 따라서 형성권을 담고 있는 규정들이 적용될 수 있는지를 검토해야 한다. 이때에는 시간 순서에 따라 법률관계를 검토하는 역사적 방법(발생사적 구성방법, historische Aufbaumethode)에 따를 수밖에 없다.

이 책의 학습방법

이 책은 다음과 같은 방식으로 읽었으면 한다.

1. 사례는 기본적으로 각 제도 내지 법조문별로 하나를 만들었다. 먼저 제목에 쓰여져 있는 제도에 해당하는 법조문과 교과서를 충분히 학습한 후, 법조문과 교과서를 기초로 사례해결이 어떻게 될 것인지를 생각해 보기 바란다. 그런 후에 이 책에 나와 있는 사례해설을 읽어 보아야 한다. 자신의 고민 속에서만 실력이 늘어날 수 있고 이 책은 자신의 실력을 검증하는 연습교재라는 것을 잊지 말아야 한다.

2. 이 책에 나와 있는 사례해설은 하나의 예시에 불과하다. 다른 해결방식도 가능하니, 너무 그 틀에 구속될 필요는 없다. 그러나 사례를 접근하는 방식은 이 책에 따라 많이 연습하기를 바란다. 이미 언급한 것처럼 적용될 법률규정의 요건을 사실관계에 접목시켜서 차근차근 검토하고 적용하는 연습이 절실히 필요하다고 생각한다. 이론만 나열하고 정작 사례에 적용하는 것을 게을리하는 사례풀이는 좋은 훈련이 되지 못한다. 구체적인 사안이 요건에 해당될 수 있는지, 대립하는 학설에 따라 결론이 어떻게 다르게 나는지에 관한 고민을 하는 과정 속에서 실력이 향상될 것이다.

3. 이 책은 민법의 네 번째 강좌인 채권각론에 해당하므로 사례가 담고 있는 모든 법문제를 되도록 다루어 주려고 노력하였다. 따라서 민법총칙, 물권법, 채권총론 등과 연관된 논점이 있다면 같이 다루었다. 학생들이 채권각론이 어렵게 느껴지는 것은 아마도 다른 민법분야와의 연관성을 동시에 이해해야 하기 때문일 것이다. 그러나 이미 강조하였듯이 민법의 학습은 해안가에서 밀려오는 파도를 보는 것과 같다. 즉 같은 제도를 여러 모습으로 여러 번 경험하게 된다. 따라서 다양한 형태로 그 제도를 익히다 보면 각 제도의 의미와 다른 제도와의 연관성도 점차 배우게 된다. 그러므로 두려움을 갖지 말고 각 제도들을 익혀나가기 바란다.

4. 연습교재이므로 문헌을 충실히 인용하지 않았다. 다만 제시된 논의

가 어떻게 진행되고 있는지를 살펴볼 수 있을 정도로만 인용하였다. 책을 준비하는 과정에서 주요 법조문을 각 사례 앞에 제시하는 것이 더 친절하지 않느냐는 의견도 있었으나, 직접 법조문을 찾아보는 것이 실력향상에 더 좋다는 생각에서 이를 생략하였다. 그렇지만 이 책을 읽어 나가면서 해당 조문번호가 제시되어 있으면 그것은 반드시 찾아서 읽어 보기 바란다. 알고 있다고 생각되는 조문도 직접 찾아보면 의외로 새로운 점들을 많이 발견할 수 있을 것이다. 민법은 1차적으로 법률의 의미내용을 해석하는 학문이라는 사실을 잊어서는 안 된다.

채 권 각 론

[채권각론에 관한 문헌]

곽윤직, 채권각론, 제6판, 2005.
권용우, 민법연습, 1992
김상용, 채권각론, 제3판, 2016.
김주수, 채권각론, 제2판, 1997.
김증한·김학동, 채권각론, 제7판, 2006.
김형배, 채권각론[계약법], 제2판, 2001.
김형배, 사무관리·부당이득, 2003.
김형배, 민법연습, 2003.
송덕수, 신민법강의, 제13판, 2020.
송덕수, 신민법사례연습, 제5판, 2019.
이상광, 하자담보책임론, 2000.
이은영, 채권각론, 제5판, 2007.
이은영, 약관규제법, 1994.
장경학, 민법연습, 1965.
지원림, 민법강의, 제17판, 2020.
지원림, 민법케이스연습, 제3판, 2000.
황적인, 민법연습(하), 1994.
Köhler/Lorenz, Prüfe dein Wissen-Schuldrecht II, 17. Aufl., 2004.
Larenz/Wolf, Allgemeiner Teil des Bürgerlicher Rechts, 9. Aufl., 2004.
Medicus, Gesetzliche Schuldverhältnisse, 4. Aufl., 2002.
Medicus, Bürgerliches Recht, 19, Aufl., 2002.

※ 채권각론 교과서는 주에서 저자명만 인용하였다.

제1장 계 약 총 론

I. 계약의 성립

1. 청약과 청약의 유인

> **사례** 편의점 주인 甲은 개점 5주년 기념행사로 이동막걸리 1병을 2천원에 팔기
> 로 하는 사은행사를 실시하였다. 이 기회를 놓치고 싶지 않은 음식점 주인
> 乙은 甲의 편의점에 가서 막걸리 3박스를 갖고 계산대로 갔다. 乙이 값을
> 지불하려고 하자 甲은 다른 고객에게 팔 막걸리가 없으니 3박스 모두 다
> 팔 수는 없고 몇 병만 팔겠다고 한다. 이에 대하여 乙은 이미 계약이 성
> 립하였기 때문에, 3박스를 다 주지 않으면 손해배상을 청구하겠다고 한다.
> 누구의 주장이 타당한가?

乙의 甲에 대한 손해배상청구권(제390조)

乙의 주장이 타당하기 위해서는 막걸리를 목적으로 하는 매매계약
이 성립했어야 한다(제563조). 그렇다면 甲은 매매대금의 수령과 함께 매
매목적물인 막걸리 3박스의 소유권을 乙에게 이전해야 한다(제568조 제1
항). 그러기 위해서는 甲이 막걸리를 전시하는 것이 청약의 의사표시에
해당하고 乙이 막걸리를 계산대로 갖고 간 것이 승낙의 의사표시에 해당
하여야 한다.

(1) 계약중요부분의 확정성 내지 확정가능성

청약은 승낙자에게 단지 청약을 받아들일 것인지, 아니면 이를 거절할 것인지를 결정할 수 있는 선택권만을 준다. 따라서 청약의 의사표시는 계약의 내용을 결정할 수 있을 정도의 사항을 포함하고 있어야 하고,[1] 청약의 내용은 확정되거나 적어도 확정가능한 정도로 정해져 있는 확정성을 갖고 있어야 한다.[2] 확정성은 매매목적물·매매대금과 같은 매매의 본질적 구성부분에 관하여 요구되는데, 본 사안과 같이 정찰부 상품인 경우에는 모든 계약의 중요요소가 확정되어 있다.

(2) 법적 구속의사

청약의 주관적 요건으로는 청약자의 법적 구속의사가 있어야 한다. 법적 구속의사는 계약협상에서 하는 구속력 없는 제안과 구속력 있는 청약을 구분하는 요소이다. 청약자의 주관적 의사가 밖으로 드러나지 않으면, 외부정황의 해석을 통하여 법적 구속의사의 존재여부를 확정해야 한다. 따라서 당사자의 행위가 계약의 체결을 목적으로 하는 청약인지, 아니면 타인이 청약을 하도록 유도하는 청약의 유인에 해당하는지는 법률행위의 해석 또는 관습에 의하여 정해진다.

본 사안에서처럼 편의점과 같은 셀프서비스 점포에서 정찰부로 상품을 진열하는 경우에 이를 법적 구속의사가 있는 청약으로 볼 수 있는지와 언제 계약이 성립하는지에 관하여 학설이 대립하고 있다. 긍정설에 의하면 가게에 상품을 전시하고 있는 것은 구속력 있는 청약에 해당하며, 고객이 계산대에서 상품을 제시하는 때에 승낙이 있다고 한다.[3] 반면에 부정설에 의하면 상품의 전시는 청약의 유인에 불과하다고 한다. 이에 따르면 고객이 계산대에 상품을 제시하는 것이 청약이고 상인이 계산대에서 상품의 금액을 확인하는 것이 승낙이므로 이때 계약이 성립한다.[4] 이 견해에 따른다

---

1) 대법원 2003. 4. 11. 선고, 2001다53059 판결.
2) 대법원 2003. 5. 13. 선고, 2000다45273 판결.
3) 곽윤직, 37면; 김주수, 81면.
4) 김형배, 99면; 민법주해 XII/지원림, 178면.

면 甲의 주장이 타당하게 된다.

　　청약 또는 청약의 유인이 있었는지는 의사표시의 해석을 통하여 결정해야 한다. 이때 표시된 내용에 표의자를 구속시키는 것이 그에게 특별한 불이익이 되는지, 그리고 표시된 내용에 구속된다는 사정을 상대방이 인식할 수 있었는지가 표준이 된다. 정찰부의 상품진열을 청약으로 보아서 셀프서비스 점포를 운영하는 상인을 이에 구속시키고 상품의 처분을 마음대로 할 수 없게 한다면, 그에게 매우 불리하다고 할 수 있다. 특히 사은행사에서는 편의점 주인은 조금씩이나마 모든 고객에게 사은행사를 통한 이익을 돌아가게 하려는 의사를 가지고 있었다고 보아야 한다. 이러한 사정은 고객 乙도 인식할 수 있었으므로 본 사안에서 사은행사로 막걸리를 진열한 것은 법적 구속의사가 없는 단순한 청약의 유인에 불과하다. 따라서 乙이 막걸리를 계산대에 갖고 간 것은 청약에 해당하고, 甲은 이에 승낙하지 않았으므로 계약은 성립하지 않았다. 그러므로 甲의 주장이 타당하다.

2. 청약과 승낙에 의한 계약체결

> **사례**
>
> 甲이 친구인 乙에게 말하기를: 내가 보기에 너의 컴퓨터는 70만원 정도면 될 거야!
> — 乙이 말하기를: 100만원 이하로는 팔 수 없어.
> — 그에 甲이: 사운드 카드까지 주면 85만원 주지.
> — 乙이 답하기를: 90만원!
> — 甲이 제안하기를: 좋아, 그렇지만 컴퓨터를 내일 넘겨줘야 해.
> — 乙의 대답은: 찬성, 그러나 현금으로 지불해야 돼.
> — 甲이 헤어지면서: 그러면 내일 오후 4시 우리 집에서 보자구.
>
> (1) 위 사안에서 누가 청약자이고, 누가 승낙자이며, 계약은 체결되었는가? 체결되었다면 어떠한 내용의 계약이 성립하였는가?
>
> (2) 만약 甲이 내일 오후 4시 이후에 출장을 가게 되어, 4시까지 꼭 컴퓨터 인도를 받아야 하고, 乙도 그와 같은 사정을 알고 있었다면 청약자와 승낙자는 누구이며, 어떠한 내용의 계약이 체결되었는가?

사안에서와 같이 구두에 의한 협상단계가 있거나, 서면에 의하여 계약이 체결되더라도 계약의 내용이 아주 복잡한 경우에는 언제 청약이 있었고 언제 승낙이 있었는지 판단하기에 곤란한 경우가 많다. 사안에서 계약 당사자들은 乙의 컴퓨터를 목적으로 하는 매매계약을 체결하려고 한다. 당사자들이 "매매계약"이라는 용어를 실제로 쓰고 있지 않더라도, 당사자의 의사표시를 해석함으로써 알 수 있다. 청약과 승낙은 의사표시이므로 의사표시의 의미와 내용을 해석할 때에는 의사표시의 문구뿐만 아니라, 의사표시와 연관된 외부사정도 함께 고려해야 한다.[1) 의사표시의 해석을 통하여 그

---

1) 여기서 주의해야 할 점은 청약과 승낙이 각각 법률행위가 아니라, 의사표시라는 점이다(곽윤직, 30면). 청약과 승낙은 함께 계약이라는 법률행위의 구성요소를 이룰 뿐이다. 그러므로 청약자가 착오를 이유로 취소할 때에는(제109조 제1항) 의사

의미를 확정하면 제534조에 따라 승낙자가 청약에 대하여 조건을 붙였거나 변경을 가했는지를 검토해야 한다. 변경을 가한 승낙인 경우에 청약을 거절하고 새로운 청약을 한 것으로 보기 때문에(제534조), 언제 변경을 가하지 않는 승낙이 이루어졌는지를 확인해야 한다.

【설문 1】 乙이 "찬성, 그러나 현금으로 지불해야 돼"라고 말한 것이 매매계약의 체결을 목적으로 하는 청약이 된다. 계약의 교섭과정에서 이때 현금지급이라는 요구가 비로소 마지막 본질적 요소로서 새롭게 제기되었기 때문이다. 그 전에는 각 당사자들이 새로운 조건들을 제시하여, 그 이전에 한 청약을 거절하고 새로운 청약을 한 것이다(제534조). 그 뒤에 한 乙의 의사표시는 이미 협상이 이루어진 모든 요소들을 포함하고 있으므로 乙이 한 의사표시는 다음과 같은 객관적인 의미를 갖는다. "나 乙은 당신 甲에게 내 컴퓨터를 90만원에 팔기로 하는 매매계약을 체결할 것을 제안하며 이행기가 내일이며 대금은 현금으로 지급해야 한다." 그에 따른 甲의 대답은 청약에 대한 승낙으로 해석될 수 있다. 이행기에 대한 甲의 발언은 계약의 내용이 되지 않고 구속력도 없는 희망사항을 표시하는 데에 불과하다. 왜냐하면 여기에서 시간을 다툰다고 해서 계약의 체결을 원하지 않을 정도로 이행기가 甲에게 중요하게 보이지는 않기 때문이다. 따라서 구속력이 있는 이행기는 다음 날이며 오후 5시 또는 6시에 乙이 인도하여도 이행기를 지킨 것이 된다.

【설문 2】 해석을 통하여 甲이 오후 4시라는 이행시점을 아주 중요한 것으로 생각하여 계약상 구속력이 있는 내용으로 하려는 의사가 있는 것으로 드러나면, 조건이 부과된 것이므로 승낙이 아니라, 새로운 청약으로 보게 된다(제534조). 이 경우 헤어질 때 이와 같은 내용의 청약에 대한 乙의 침묵을 어떻게 해석할 것인가라는 문제가 남는다. 원칙적으로 침묵은 그 자체로는 의사표시로서의 의미를 갖지 못한다(의사표시의 구성요소로서 표시행위, 행위의사 등이 없다). 그러나 침묵도 구체적인 사정에 따라 의사표시로서

표시인 청약을 취소하는 것이고, 이행불능으로 인하여 해제할 때에는(제543조 제1항) 법률행위인 계약을 해제하는 것이다(이를 바꾸어 사용하면 틀린 답이 된다).

의미를 가질 수 있다. 예를 들면 당사자 사이에 사전의 합의를 통하여 침묵에 일정한 의미를 부여하거나, 계속적인 거래관계에서 일정한 관행이 있는 경우 또는 특별한 법률규정(상법 제53조)이 있는 경우에 침묵은 일정한 내용의 의사표시로서 의미를 가질 수 있다.[2] 특히 협상과정을 통하여 모든 중요한 사항들에 대한 합의가 이루어진 후에 한 청약에 대하여 상대방이 침묵한 경우에는 특별한 사정이 없는 한 그 침묵은 승낙으로 해석된다.[3]

위의 사안에서 (甲의 의사표시를 오후 4시라는 이행시점을 중요하게 생각하고 한 새로운 청약으로 보게 되면) 乙의 침묵이 갖는 객관적 의미를 해석을 통하여 도출해야 한다. 계약의 모든 중요한 요소에 대한 합의가 이미 이루어졌고, 甲과 乙은 그 이전까지 상대방이 제시한 조건에 동의하지 않는 경우에는 즉시 이의를 표명했기 때문에, 만약 다른 생각이 있었다면 즉시 항변을 했어야 할 신의칙상의 의무가 있었다고 보아야 한다. 계약내용의 변경이 있었으나 乙이 그에 대하여 즉시 항변하지 않고 침묵하였으므로 甲의 시각에서 乙의 침묵은 4시라는 확정된 이행기에 대한 승낙으로 해석된다.

---

2) 독일의 판례는 신의성실의 원칙상 청약의 수령자가 반대의 의사표시를 했어야 할 특별한 사정이 존재하였으나 침묵한 경우에는 그 침묵을 청약에 대한 동의의 의사표시로서 해석하였다[BGH NJW 1995, 1281; 1996, 919(920)].

3) 민법주해 XII/지원림, 227면 참조.

3. 청약자와 승낙자의 지위

사 례 甲과 乙이 공동으로 교통사고를 일으켜 丙에게 손해를 가해 각자의 보험회사인 A와 B가 丙에 대하여 손해배상책임을 부담하게 되었다. A가 丙에게 손해 전부를 배상하고 B와 손해분담 비율에 관한 화해계약을 체결하기 위해서 청약을 하면서 "7일 이내에 이의를 제기하지 아니하면 승낙한 것으로 간주한다"라는 내용의 서신을 보냈으나 그 당시 B는 아무 답변도 하지 않았다. B가 10일이 지난 후에 승낙을 하면, A와 B 사이에 계약이 체결되었는가?1)

A와 B 사이에 화해계약이 체결되기 위해서는 청약과 승낙의 의사표시가 있었어야 한다. 본 사안에서 문제가 되는 것은 A가 한 청약에 대한 B의 침묵을 승낙으로 볼 수 있느냐이다. "7일 이내에 이의를 제기하지 아니하면 승낙한 것으로 간주한다"는 조항은 상대방인 B에게 계약체결을 원하지 않는 경우에 7일 이내에 반대의 의사를 표시할 '책무'를 부담시킨다. 따라서 이 조항이 유효하다면 B의 침묵은 승낙으로 볼 수 있을 것이다.

청약과 승낙에 의한 계약체결에서 청약자는 내용을 전부 형성할 수 있는 지위에 있고 승낙자는 청약자가 형성한 내용대로 계약을 체결할 것인지를 결정할 수 있는 지위에 있다. 따라서 원칙적으로 청약의 상대방에게는 청약을 받아들일 것인지의 여부를 자유롭게 결정할 수 있고 청약에 대하여 회답할 의무가 있는 것은 아니다.2) 그러므로 청약자 A가 일정한 기간 내에 이의를 제기하지 아니하면 승낙한 것으로 간주한다는 뜻을 표시하여, 상대방 B에게 이 기간 내에 승낙의 의사표시를 발할 책무가 발생하고, 그 책무가 상대방 B에게 구속력을 갖기 위해서는 이러한 책무발생에 대해

---

1) 대법원 1999. 1. 29. 선고, 98다48903 판결 변형.
2) 대법원 1999. 1. 29. 선고, 98다48903 판결.

당사자 사이에 합의가 있어야 한다. 이와 같은 합의 없이 일방적으로 위와 같은 책무를 부과하는 조항은 효력이 없다. 본 사안에서 위와 같은 합의가 없었으므로 B가 침묵을 했어도 7일 이후에 계약이 성립한 것은 아니다.

　　그러면 10일 이후에 B가 한 승낙의 의사표시를 통하여 계약이 성립하였는지가 문제된다. 그런데 사안에서 A가 일방적으로 정한 조항은 해석상 승낙기간을 7일로 정한 것으로 풀이되므로,[3] 승낙기간인 7일을 넘어선 경우에는 더 이상 A는 청약에 구속되지 않고(제528조 제1항), 승낙의 의사표시는 연착된 승낙으로서의 효력만 갖는다(제530조 참조). 연착된 승낙은 청약자가 새로운 청약으로 볼 수 있으므로 A가 새로운 승낙의 의사표시를 해야만 계약이 해결된다. 사안에서 A의 승낙의 의사표시가 없는 한 A와 B 사이에 화해계약은 성립하지 않는다.

---

3) 대법원 1999. 1. 29. 선고, 98다48903 판결.

4. 청약의 구속력

사 례 교사 甲은 학교법인이 경영하는 고등학교의 교원으로 근무하던 중 만성간염으로 교직의 수행이 어려워지자 1988년 12월 초에 사직원을 작성하여 제출하면서 보험혜택을 위해 사직원의 작성일자는 1989년 2월 28일로 하였다. 그러나 甲은 지병이 완치됨에 따라 학교측에 1989년 2월 23일 다시 근무하겠다는 의사를 밝혔으나, 학교측은 이미 제출된 사직원을 근거로 1989년 3월 2일에 이사회에서 甲을 면직시키기로 하는 결의를 거쳐 면직처분하였다. 이에 甲은 자신의 의사표시는 근로계약의 합의해지의 청약의 철회로서 학교법인의 승낙의사가 형성되기 전에 이루어진 것이므로 철회의 효력이 생겼다고 주장한다. 정당한가?[1]

사안에서 甲이 한 철회의 효력이 발생하기 위해서는 철회권을 행사할 수 있어야 한다. 그런데 원칙적으로 청약의 요건이 충족되면 청약자는 청약에 구속된다. 이러한 청약의 구속력은 바로 어떠한 의무가 발생한다는 것을 뜻하는 것은 아니고, 단지 청약자가 청약을 철회할 수 없다는 것을 의미한다(제527조). 따라서 원칙적으로 甲은 일정한 승낙기간 동안에 자신의 의사표시를 철회하지 못한다.

그러나 청약의 구속력이 부정될 수 있는 예외적인 사정이 존재하는 경우에 甲은 자신의 의사표시를 정당하게 철회할 수 있다. 청약의 구속력이 부정되고 청약의 철회를 인정하는 근거로 논의되고 있는 것은 다음과 같다.[2] (1) 제527조가 임의규정이기 때문에 청약자는 청약의 구속력을 배제한다는 특별한 의사표시를 통하여 처음부터 청약의 구속력을 배제할 수 있다. 이 경우 청약을 하지 않고 단지 상대편에게 청약할 것을 유도하는

---

1) 대법원 1992. 4. 10. 선고, 91다43138 판결 변형.

2) 이은영, 82면.

청약의 유인일 수도 있다. 또한 청약이 도달할 때까지 또는 청약이 도달한 직후까지 철회권을 유보한다는 의사일 수도 있다. 어느 경우에 해당하는지는 구체적인 사정에 따라 의사표시의 해석을 통하여 결정해야 할 것이다. (2) 사정변경(제2조)을 근거로 한 철회권도 인정된다. 그 요건으로 기초사정이 현저하게 변화했을 것, 청약자가 그러한 사정을 예견할 수 없었을 것 그리고 청약의 구속력을 인정하는 것이 객관적으로 보았을 때 부당해야 한다. (3) 그 밖에 소비자가 사업자와 계약을 체결하는 경우에 소비자의 철회권을 인정하는 소비자보호 관련 특별법 규정이 있다.[3]

대법원은 근로계약관계의 합의해지를 목적으로 하는 근로자의 청약은 사용자가 승낙의 의사표시를 하기 전까지는 철회 가능하다고 판결하고 있다.[4] 다만 근로계약 종료의 효과발생 전이라고 하더라도 근로자가 사직의 의사표시를 철회하는 것이 사용자에게 불측의 손해를 주는 등 신의칙에 반한다고 인정되는 특별한 사정이 있는 경우에 한하여 그 철회가 허용되지 않는다고 보고 있다.[5]

제527조의 규정을 부정함에 있어서 논거가 제시되어야 함에도 불구하고 판결은 아무 이유를 제시하고 있지 않다. 다만 동일한 입장을 취하고 있는 일본 판례는 "청약의 구속력을 인정하는 민법규정은 계약관계가 없는 당사자 사이에 새로운 계약관계를 창설하는 경우, 즉 계약성립의 경우에 전형적으로 타당한 것이고, 역으로 종래 계속적인 인적 결합관계에 있는 근로계약 당사자 사이에 기존의 계약관계를 해소·종료시키기 위한 계약인 합의해지의 청약인 경우에 있어서는 그 철회를 자유로이 허용하더라도 상대방의 보호에 흠이 되는 것은 아니므로 위 법조의 적용을 부정하여도 상관이 없다고 보아야 할 것이다"는 논거를 제시하고 있다.[6]

---

3) 할부계약(할부거래법 제8조), 방문판매·전화권유판매(방문판매법 제18조), 통신판매·전자상거래(전자상거래소비자보호법 제17조) 등.

4) 대법원 1992. 4. 10. 선고, 91다43138 판결. 근로관계의 합의해지에 대하여 자세한 것은 김상중, "의사표시의 효력과 계약관계의 합의해지 —근로관계에 관한 대법원의 판결례를 중심으로—," 광운비교법학 제5호(윤성천 교수 정년기념), 2004, 235면 이하.

5) 대법원 2000. 9. 5. 선고, 99두8657 판결 참고.

6) 김용균, "근로자의 퇴직 의사표시의 철회의 허용여부," 대법원판례해설 제17호, 296면 참조.

위 사안은 사정변경으로 인한 철회권을 인정하면 충분하고 일반적으로 구속력을 부인하는 것은 문제가 있는 것으로 생각된다. 왜냐하면 甲은 자신이 만성간염을 앓고 있다고 생각하는 사정을 기초로 해서 합의해지의 청약을 하였으나, 만성간염이 나음으로써 현저한 사정의 변화가 있었고 이와 같이 병이 나을 것을 甲이 청약 당시에 예견할 수 없었으므로 객관적으로 보아 청약의 구속력을 인정하는 것이 현저하게 부당해 보이기 때문이다. 논거를 달리하더라도, 어느 입장에 따르든 간에 甲이 한 청약의 의사표시는 구속력이 부정되므로 甲의 철회권 행사는 정당하다.

5. 승낙기간

> **사 례** 골동품상인 甲은 9월 1일 乙에게 서면으로 특정 그림을 400만원에 팔겠다는 의사를 전달하였다. 甲은 9월 16일에 경매를 통해서 그림을 팔 계획이기 때문에 乙의 승낙여부를 9월 15일까지 통지받고 싶다고 하는 내용이 서면에 들어 있었다. 甲의 서신은 9월 3일 乙에게 도달하였고 乙은 9월 5일에 그림을 사겠다는 답장을 써서 보냈다. 그러나 우편으로 보낸 서신은 9월 17일이 되어서야 甲에게 도달하였다. 이미 그림을 500만원에 사려는 다른 고객 丙이 생겼으므로 甲은 비정상적으로 편지가 늦게 도착한 것을 다행으로 여겼다. 甲은 그림을 丙에게 팔고 며칠이 지난 후에 이미 그림이 팔렸다는 사실을 乙에게 알렸다. 丙으로부터 실제 일어난 사실을 모두 안 乙은 甲과 乙 사이에 그 그림을 목적으로 하는 매매계약이 체결되었다고 주장한다. 타당한가?

　　甲과 乙 사이에 그림을 목적으로 하는 매매계약이 체결되기 위해서는 승낙의 의사표시가 제때에 행하여졌어야 한다. 청약의 의사표시가 구속력을 갖는 것은 일정한 기간동안이며 그 기간이 지나면 청약은 더 이상 구속력이 없기 때문이다. 언제까지 승낙이 이루어져야 하는가에 대해서는 제528조와 제529조가 규정하고 있는데, 이 규정들은 승낙기간을 정했는지의 여부에 따라 나누고 있다. 승낙기간이 정해져 있는 경우에 승낙은 승낙기간 내에 해야 한다(제528조 제1항). 승낙도 청약과 마찬가지로 수령을 요하는 상대방 있는 의사표시이므로 승낙의 의사표시는 청약자를 상대로 통지되어야 하며 승낙기간 내에 도달해야만 효력이 발생하게 된다(제111조 제1항). 청약자가 승낙기간을 정하지 않은 경우에는 승낙이 상당한 기간 내에 이루어져야 한다(제529조). 이때 상당한 기간이란 청약이 상대방에게 도달하여 상대방이 그 내용을 받아들일지 여부를 결정하여 회신을 함에 필요한 기간을 가리키는 것으로, 이는 구체적인 경우에 청약과 승낙의 방법, 계약

내용의 중요도, 거래상의 관행 등의 사정을 고려하여 객관적으로 정하여진다.[1]

甲은 승낙기간을 9월 15일로 정했었고 승낙의 의사표시가 그에게 도달하였을 때에는 이미 승낙기간이 지났다. 따라서 승낙은 연착하였으며 제530조에 의하면 연착된 승낙은 새로운 청약이 된다. 이에 따른다면 甲은 乙 또는 丙에게 그림을 팔 것인지를 자유로이 선택할 수 있다. 그러나 이 원칙은 제528조 제2항과 제3항에 의하여 수정된다. 승낙기간이 지난 후에 승낙이 도달하면 보통 그 기간 내에 도달할 수 있었던 경우일지라도 제530조에서 말하는 '연착된 승낙'이 되지만, 청약자가 승낙의 의사표시가 비정상적으로 늦었다는 사실을 인식할 수 있었다면 청약자는 지체 없이 상대방에게 연착되었음을 통지해야 한다. 청약자가 연착의 통지를 하지 아니한 때에는 승낙의 의사표시는 연착되지 않은 것으로 보게 되어(제528조 제3항) 계약이 체결된 것으로 취급된다. 사안에서 甲은 특별한 이유가 없음에도 지체 없이 연착의 통지를 하지 않고 丙에게 그림을 팔고 며칠이 지난 후에야 乙에게 통지를 하였으므로, 승낙의 의사표시는 연착되지 않은 것으로 취급되며 甲과 乙 사이에는 계약이 성립하였다(이 경우 그림에 대한 이중매매가 문제 된다).

---

[1] 대법원 1999. 1. 29. 선고, 98다48903 판결.

6. 의사실현에 의한 계약체결

| 사 례 | 새로운 사업을 구상한 甲은 사업자금을 마련하기 위하여 A은행으로부터 돈을 빌릴 필요가 있었는데, 돈을 빌리기 위해서는 담보를 제공하거나 보증인을 세울 필요가 있었다. 이에 甲은 보증인을 세우는 데 필요한 양식을 A은행으로부터 받아서 친구 乙에게 갔다. 乙이 양식을 작성해 주어 甲은 이를 A은행에 제출하였고, A은행에서는 서류를 접수하여 돈을 甲에게 빌려 주었다. 1년이 지난 후 갑자기 A은행의 서신이 乙에게 도착하였는데, 그 안에는 甲이 대출금을 갚지 못하였기 때문에 책임을 지라는 내용이 있었다. 乙은 보증의 의사표시에 대하여 A은행의 승낙이 없었음을 이유로 유효한 보증계약이 체결되지 않았고, 따라서 자신은 책임이 없다고 주장한다. 정당한가? |

A은행의 乙에 대한 제428조 제1항에 기한 청구권

A은행이 乙에게 책임을 묻기 위해서는 이들 사이에 유효한 보증계약이 체결되었어야 하고, 따라서 보증계약을 목적으로 하는 청약과 승낙의 의사표시가 있었어야 한다.

(1) 유효한 청약의 존재여부

A은행에서 보증계약 양식을 甲에게 제공한 것을 이미 청약의 의사표시로 볼 수 있다. 그러나 그 당시 보증인이 누가 될 것인지가 확정되어 있지 않았으므로 불특정한 사람과 보증계약을 체결하려고 하는 의사를 A은행이 갖고 있었다고 보기는 어렵다. 왜냐하면 보증인이 어떠한 사람이 되느냐는 은행에게 있어서는 매우 중요한 사항이기 때문이다. 또한 보증계약의 내용이 아직 확정되어 있지 않았으므로 내용상의 확정성의 요건도 충족

되었다고 보기 어렵다. 따라서 보증계약 양식을 제공한 A은행의 행위는 청약의 유인으로 해석된다.

보증계약의 체결을 목적으로 하는 청약의 의사표시는 乙이 보증계약 양식을 작성하고 甲에게 줌으로써 이루어졌다고 보아야 한다. 이때 甲이 乙의 표시사자인지 아니면 A은행의 수령사자인지는 사안에서 중요하지 않다. 왜냐하면 청약의 의사표시(보증계약 양식)가 A은행에 접수되면서 이미 도달하였기 때문이다.

(2) 유효한 승낙의 존재여부

乙의 청약에 대하여 A은행에서 승낙을 하였는지가 문제된다. 승낙의 의사표시는 묵시적으로도 가능하기 때문에 A은행에서 서류를 접수한 것을 승낙의 의사표시로 볼 수 있다. 그러나 이러한 승낙의 의사표시는 A은행에서 통지한 적이 없으므로 乙에게 도달하지도 않았다. 따라서 승낙의 의사표시는 없었고 승낙기간이 지났으므로 보증계약은 성립하지 않은 것으로 볼 수도 있다.

그러나 청약자의 의사표시 또는 관습에 의하여 승낙의 통지가 필요하지 아니한 때에는 승낙의 의사표시의 통지 없이도 계약이 체결된다(제532조). 이 규정은 청약자가 승낙의 여부를 알고 싶어하는 이해관계가 없을 때 계약체결을 간편하고 신속하게 처리하려는 목적을 갖고 있다. 그런데 의사실현에 의한 계약체결에서도 승낙의 의사표시라고 해석되는 행위, 즉 의사실현으로 볼 수 있는 행위는 있어야 하고, 다만 승낙의 의사표시를 청약자에게 통지할 필요가 없을 뿐이다.

의사실현에 의한 계약체결이 가능하기 위해서는 청약자의 의사표시 또는 관습에 의하여 승낙의 통지가 필요하지 않아야 한다. 여기서 통지가 필요하지 않다는 청약자의 의사표시는 명시적인 경우는 물론 묵시적으로도 가능하다. 승낙의 통지가 필요하지 않다는 관행이 존재하기 위해서는 해당 거래분야에서 일상적으로 청약자가 승낙의 통지에 관심이 없어야 하고 거래생활에서 이러한 관행이 존재해야 한다. 특히 해당 법률행위가 전적으로 청약의 수령자에게 유리한 경우에는 이러한 이해관계가 존재한다고 보고 있다.[1) 보증계약은 전적으로 A은행에게 유리한 것이므로 승낙의 통지를 보증인 乙이 기대하지 않았던 것으로 보이고 이러한 관행은 보증계약의 경우 존재하는 것으로 생각된다. 따라서 보증인을 요구한 A은행에서 보증서류를 접수하고 甲에게 대출을 하여 줌으로써 객관적으로 乙을 보증인으로 인정한다는 것을 표시하여 승낙으로 볼 수 있는 의사실현을 하였으므로 의사실현에 의한 계약성립이 인정된다.[2] 그리고 A은행에서 청약의 의사표시에 대하여 즉시 승낙의 의사표시로 볼 수 있는 의사실현을 하였으므로 승낙기간이 도과되었다고 보기도 힘들다. 따라서 보증계약이 유효하게 체결되었으므로 乙은 책임을 부담해야 한다.

---

1) BGH NJW 2000, 276, 277.
2) 판례는 예금계약과 관련하여, 예금자가 예금의 의사를 표시하면서 금융기관에 돈을 제공하고 금융기관이 그 의사에 따라서 그 돈을 받아 확인을 하면 그로써 예금계약이 성립한다고 한다(대법원 2005. 12. 23. 선고, 2003다30159 판결).

7. 사실적 계약관계론

사 례 여중생인 甲은 부모의 반대에도 불구하고 한 연예인의 극성팬들이 모인 팬클럽에 가입하고 그 연예인이 주연을 맡은 영화 시사회에 참석하기 위해서 지하철을 탔다. 그런데 혹시 시사회장에서 돈이 필요하게 될지 몰라 지하철을 무임승차하였는데, 지하철에서 나오는 도중 지하철의 직원에게 무임승차한 사실이 발각되었다. 서울교통공사 여객운송약관 제27조 제1항에는 무임승차자에 대하여 운임의 30배에 달하는 부가금을 지급할 것을 명시하고 있었으므로, 지하철 직원은 운임 1,350원의 30배에 달하는 40,500원을 甲에게 요구하였다. 이에 甲은 운송계약을 체결하려고 하였던 의사가 없었으며, 설혹 계약이 체결되었더라도 의사표시를 취소하겠다고 주장한다. 이 경우 서울교통공사는 甲에게 40,500원을 요구할 수 있는가?

서울지하철의 甲에 대한 계약벌 지급청구권

공공운송수단의 운송규정에서 무임승차시에 운임의 몇 배에 해당하는 부가금의 징수를 규정하고 있다. 이 부가금은 운임(도급계약에 기한 보수)과 약관에 규정된 계약벌에 해당한다. 서울지하철공사가 이 부가금을 甲에게 요구할 수 있기 위해서는 운송계약이 甲과 체결되었고 운송약관이 유효하게 운송계약의 내용으로 편입되었어야 한다.

(1) 계약의 성립과 약관의 편입여부

지하철과 같은 공중운송수단은 고객을 개별적으로 선택하지 않을 뿐만 아니라, 체약강제가 부과되어 있다. 따라서 지하철의 운행은 불특정 다수인에 대한 급부의 제공이지만, 이미 청약의 의사표시로 볼 수 있다.[1] 사안에서 甲은 계약을 체결할 의사 없이 지하철을 이용하였는데, 이와 같이 계약체결의사 없이 지하철을 이용한 경우에도 그 행위를 승낙의 의사표시로 보고 계약성립을 긍정할 수 있는지가 문제된다.

사적 자치를 강조하는 입장을 견지한다면 계약체결을 하지 않겠다고 하는 당사자의 표시된 의사에 반하여 계약의 성립을 인정할 수 없다. 그렇다면 공중운송수단을 누구나 이용할 수 있도록 제공하는 지하철의 경우에는 무임승차자에게 계약상의 요금을 청구할 수 없을 뿐만 아니라 30배의 부가금도 청구할 수 없다는, 서울교통공사에게 매우 불리한 결과에 이를 것이다. 이와 같은 불합리한 결과를 피하기 위해서 통신, 교통기관의 이용, 생존배려를 위하여 필요로 하는 수도, 전기 등에서는 당사자의 의사와 상관없이 사실상의 급부를 이용하는 행위만 있으면 계약의 성립을 인정하는 사실적 계약관계론이 등장하게 되었다.[2]

그런데 사실적 계약관계론은 법률행위적 기초 없이, 순수한 사실적 행위만 있어도 계약의 성립을 인정하는 것인데, 현대사회의 대량거래의 필요성만을 이유로 해서 기존의 계약관을 깨뜨릴 수는 없었다. 그래서 현재의 대다수의 견해는 법률행위론을 기초로 해서 사실적 계약관계론과 동일한 결과에 이르고 있다.[3] 그에 따르면 승객이 공중운송수단을 이용하는 행위는 제공되는 급부를 이용하는 계약을 체결하고 운송약관에 동의한다는 의사를 드러낸 것으로 해석한다. 왜냐하면 운송업체들은 이 조건하에서만 운송계약을 체결하려고 하기 때문이다. 따라서 승객의 무임승차행위는 일반적으로 유효한 의사표시의 요건을 충족한다.

다만 문제가 되는 것은 승객이 명시적으로 운임을 지급할 의사가 없다는 것, 즉 계약의 체결을 원하지 않는다는 의사를 밝히거나 의사표시에 하자가 있는 경우이다. 이에 대하여 다수설은 척도가 되는 것은 그 행위의 객관적 의미이며, 계약을 체결하지 않겠다는 의사는 고려될 수 없기 때문에(모순행위 금지의 원칙) 유효한 의사표시가 존재하는 것으로 보고 있다.

---

1) Larenz/Wolf, §29 Rz.1.

2) 최종길, "사실적 계약관계에 관한 약간의 고찰," 법학 제5권, 1963, 40면 이하; 곽윤직, 41면 이하.

3) 이은영, 109면 이하. 명시적으로 운임을 지급할 의사가 없다는 것을 밝힌 경우 모순된 행위 금지의 원칙이 적용될 수 없고 부당이득 반환청구로 충분하다는 견해로 김중한·김학동, 51면 이하.

본 사안에서는 고객이 제공된 급부를 이용함으로써 의사실현에 의한 승낙의 의사표시를 한 것으로 보아야 한다.[4]

(2) 취소권 행사로 인한 계약의 무효 여부

운송계약이 유효하게 체결되었더라도 甲이 유효하게 취소권을 행사하였다면, 계약의 효력이 없기 때문에 서울교통공사는 운송계약 및 약관에 기초한 계약벌을 甲에게 요구할 수 없을 것이다. 기존의 사실적 계약관계론에 의하면 의사표시 없이 계약이 성립할 수 있었으므로 제한능력자와 관련된 규정이 적용되지 않을 가능성이 존재하였다. 그러나 사실적 계약관계가 포기된 이상 무임승차한 미성년자도 제한행위능력자라는 이유로 보호를 받을 수 있다.[5] 따라서 甲이 법정대리인의 동의 없이 지하철 이용계약을 체결하였다는 이유로 취소권을 행사하면 계약상의 청구권은 부정될 수 있다(제5조, 제141조 본문). 이 경우 서울교통공사는 부당이득 또는 불법행위로 인한 청구권만을 행사할 수 있고,[6] 계약의 존재를 기초로 하는 계약벌의 지급은 요구할 수 없다. 즉, 甲의 지하철 탑승구간에 대한 정상요금은 청구할 수 있으나 30배 부가금은 청구할 수 없다.

---

4) 최광준, "무임승차하는 행위무능력자의 보호," 민사법학 제25호, 2004, 269면.
5) 김증한·김학동, 52면 이하.
6) 이에 관하여 자세한 것은 최광준, "무임승차하는 행위무능력자의 보호," 274면 이하 참조.

8. 규범적 합의와 자연적 합의

사 례

지번이 250과 520인 토지를 갖고 있는 A는 지번이 520인 토지를 팔려고 하였으나, 잘못하여 지번이 250인 토지를 팔겠다고 하는 청약을 B에게 하였다.

(1) 이러한 사실을 모르는 B는 지번이 250인 토지를 사겠다는 승낙을 하였다.

(2) 소문을 들어서 A가 지번이 520인 토지를 팔려고 한다는 사실을 알고 있던 B는 A의 실수를 알아채고 지번이 520인 토지를 사겠다는 승낙을 하였다.

위의 경우 계약은 성립하였는가? 성립하였다면 어느 토지를 목적으로 한 계약이 성립하였는가?

계약이 성립하기 위하여는 당사자의 의사표시에 나타나 있는 사항에 관하여 모두 일치하고 있어야 하고, 계약 내용의 '중요한 점' 및 계약의 객관적 요소는 아니더라도 특히 당사자가 그것에 중대한 의의를 두고 계약성립의 요건으로 할 의사를 표시한 때에는 이에 관하여 의사의 합치가 있어야 계약이 적법·유효하게 성립할 수 있다(이에 관한 자세한 내용은 사례 9. 참조).[1] 사안에서 당사자들이 체결하려고 하는 매매목적물은 매매계약의 객관적 요소로서 매매계약의 중요한 점에 해당하는데, 이에 관하여 당사자의 의사표시가 일치해야 매매계약이 성립할 수 있다.

합의가 인정되기 위해서는 양 당사자의 의사표시가 일치해야 하는데, 양 당사자의 의사표시를 비교하기 위해서는 의사표시로서 각 당사자의 의사표시가 성립하고 해석을 통하여 각 의사표시가 어떠한 내용을 갖고 있는지를 확정해야 한다. 상대방 있는 의사표시에서 해석의 목적은 "당사자가

---

1) 대법원 2003. 4. 11. 선고, 2001다53059 판결.

그 표시행위에 부여한 객관적인 의미를 명백하게 확정하는 것"에 있다.2)
그러나 표의자의 주관적 의사를 상대방이 실제로 안 경우에는 표시된 내용
과 상관없이 주관적 의사가 법률행위 해석의 기준이 될 수 있다. 객관적
의미가 표준이 된 것은 법률행위의 상대방이 갖는 신뢰를 보호하기 위해서
인데, 상대방이 표의자의 주관적 의사를 알고 있는 경우에는 상대방의 신
뢰가 보호될 필요가 없다. 의사표시의 해석에 관한 이론을 합의개념에 대
입해 보면 우선 표시된 내용이 일치하면 합의가 인정된다. 이를 규범적 합
의라고 한다. 또한 표시된 내용과 상관없이 당사자의 의사가 일치하면 합
의가 인정되는데 이를 자연적 합의라고 한다.3) 이에 따라 합의가 되지 않
은 상태, 즉 불합의는 계약당사자의 의사는 물론 표시된 내용 모두 일치하
지 않은 경우에 인정된다.

사안 (1)에서 당사자의 의사는 일치하지 않았으나, 표시된 내용은 일
치하였으므로 지번이 250인 토지로 계약이 성립하였다. 다만 표시된 내용
에 따라 지번이 250인 토지로 계약이 성립하더라도 계약당사자인 A의 의
사가 성립된 계약의 내용과 일치하지 않으므로 A는 표시상의 착오를 이유
로 의사표시를 취소할 수 있다(제109조).

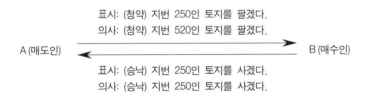

사안 (2)에서 당사자의 표시는 일치하지 않았으나, 주관적인 의사는
일치하였으므로 지번이 520인 토지로 계약이 성립하였다.

---

2) 대법원 1999. 11. 26. 선고, 99다43486 판결.
3) 규범적 합의와 자연적 합의의 개념은 객관적 의미를 기초로 한 규범적 해석과 당
　사자의 주관적 의사를 표준으로 하는 자연적 해석의 결과로부터 나온 개념들이기
　때문에 이와 같이 명명되었다(동일한 설명으로 송덕수, 신민법강의, 1063~1064면).

표시: (청약) 지번 250인 토지를 팔겠다.
의사: (청약) 지번 520인 토지를 팔겠다.

A (매도인) ← ─────────────────────→ B (매수인)

표시: (승낙) 지번 520인 토지를 사겠다.
의사: (승낙) 지번 520인 토지를 사겠다.

9. 객관적 본질적 구성부분에 관한 불합의

사 례   甲은 아내의 생일선물을 고르기 위해 그 전부터 거래해 오던 금속공예가 乙에게 갔다. 甲은 乙이 최근에 만든 반지가 마음에 들었으나, 100만원이라는 가격이 너무 비싸게 생각되었다. 돈이 궁한 乙도 팔 수 있는 기회를 놓치지 않으려고 했다. 따라서 두 당사자는 다음과 같은 내용의 합의를 보았다: "甲은 반지를 매수하고 아내에게 선물하기 위해서 이를 갖고 가도 되며, 가격에 대해서는 추후에 합의를 본다". 그러나 甲과 乙은 나중에 가격에 대한 합의를 이끌어내지 못하고 그에 따라 乙은 甲에게 반지의 반환을 요구하였다. 정당한가?

乙의 甲에 대한 반지의 반환청구권

乙이 제213조 또는 제741조에 기하여 甲에게 반지의 반환을 청구하기 위해서는 매매계약이 유효하게 성립하지 않았어야 한다. 매매계약이 성립하기 위해서는 당사자들이 매매목적물과 매매대금을 확정하거나 확정가능한 정도로 합의를 보아야 한다. 본 사안에서는 목적물에 관한 합의는 있으나, 매매대금에 관해서는 당사자들이 의식적으로 합의를 하지 않았다(열린 불합의). 그럼에도 불구하고 당사자들은 계약을 이행함으로써 계약을 체결하려는 법적 구속의사를 표시하였다고 볼 수 있다.

계약이 성립하기 위한 합의의 대상이 있는데, 이를 계약의 중요요소 내지 본질적 구성부분(*essentialia negotii*)이라고 한다. 본질적 구성부분은 체결될 계약유형의 본질로부터 법률이 요구하는 구성부분이 있고(객관적 본질적 구성부분) 계약당사자의 의사에 의하여 인정되는 본질적 구성부분이 있다(주관적 본질적 구성부분).[1] 객관적 본질적 구성부분은 법률규정의 해석, 특히 채

---

1) 이에 대하여 자세한 것은 이병준, "계약의 합의에서 본질과 비본질 ―계약성립을 위한 필수적 합의사항을 중심으로―," 사법질서의 변동과 현대화 (김형배 교수 고

권각론상에 있는 전형계약의 해석을 통하여 도출된다. 객관적 본질적 구성부분으로는 주된 급부의무, 주된 급부의무의 채무자 그리고 급부의무의 구체적인 내용을 들 수 있다. 계약의 객관적 본질적 구성부분에 해당하지 않는 계약의 다른 내용들은 원칙적으로 당사자들이 합의를 통하여 구체적으로 형성할 필요가 없다. 이 내용들은 당사자들이 특별히 합의하지 않아도 되는 부수적인 구성부분에 해당한다. 그러나 당사자들은 사적 자치의 원칙에 따라 이 부수적인 구성부분에 대한 합의를 계약성립의 요건으로 할 수 있다. 이 경우 이러한 당사자의 의사에 따른 부수적인 구성부분이 주관적 본질적 구성부분이 된다.

객관적 본질적 구성부분은 사적 자치의 원칙상 당사자의 합의에 맡겨져 있고 이에 관한 합의가 없으면 이 부분의 내용을 자의적으로 채워 넣을 수 없다. 이 경우 계약의 규율에 흠결이 있을 뿐만 아니라 확정되지 않은 내용을 실행할 수도 없으므로 계약은 성립하지 못한다.[2] 그에 따라 계약당사자가 계약에 구속되려고 하는 법적 구속의사가 있더라도 계약의 내용을 보충할 수 있는 방법이 없으므로 계약은 언제나 성립하지 않는다. 그에 반하여 주관적 본질적 구성부분의 경우에는 당사자의 의사에 의하여 본질적 구성부분이 되었으므로 언제든지 당사자가 다시 본질적 구성부분으로서의 성질을 빼앗을 수 있다는 데에 그 특징이 있다. 그러므로 한 당사자가 이 구성부분에 대한 합의가 없다는 이유로 계약의 구속력을 부정할 때에는 그 구성부분이 계속하여 본질적 구성부분으로서의 성격을 계약체결과 이행과정 중에 갖고 있었는지의 여부를 해석을 통하여 확정해야 한다.

그러나 매매대금은 객관적 본질적 구성부분에 해당하기 때문에, 설혹 당사자들이 그에 관한 합의 없이 계약을 체결하겠다는 의사를 표시하였더라도 계약은 성립하지 않는다. 왜냐하면 당사자들이 매매대금에 대하여 합의에 이르지 못한 경우에 이를 보충할 수 있는 보충수단이 없기 때문이다. 사안의 경우 반지 가격에 대한 합의가 없으므로 반지에 대한 매매계약이 성립하지 않았다. 따라서 법률상 원인 없이 반지가 甲에게 인도되었으므로 乙은 甲에게 반지를 반환청구할 수 있다.

희기념 논문집), 2004, 247면 이하 참조.

2) 같은 설명으로는 송덕수, 신민법강의, 1064면.

10. 열린 불합의

사 례 甲은 乙에게 자신의 중고차를 팔려고 하였는데, 매매대금에 관해서는 금방 합의를 보았다. 그러나 甲이 담보책임을 부담하지 않겠다는 의사를 표시하자, 乙은 면책특약을 인정하는 것이 너무 부담스럽다고 하면서 계약체결을 포기하려고 한다. 이에 甲은 하자담보책임에 관해서는 나중에 합의를 보면 되기 때문에 우선 차를 갖고 가라고 乙에게 제안하였다. 계약이 성립하였는가?

당사자들이 이 사안에서처럼 의식적으로 합의하지 않은 부분을 남겨 둔 경우에 열린 불합의가 있게 된다. 열린 불합의가 있는 경우에 계약은 성립하지 않는 것이 원칙이다. 담보책임에 관한 규정은 임의규정이므로 사안에서처럼 당사자 사이에 이에 관한 합의가 없더라도 계약은 성립하며, 담보책임에 관한 규정이 적용된다.

그런데 담보책임에 관한 면제의 특약(제584조 참조)처럼 당사자들이 담보책임에 관한 법률규정과 다른 내용의 합의를 원하는 경우에는 이 내용은 계약의 객관적 본질적 요소는 아니지만, 당사자의 의사에 의한 주관적 본질적 구성부분이 되어 이에 관한 합의가 없으면 계약은 성립하지 않는다. 왜냐하면 계약당사자들은 협상과정에서 그 부분에 관한 합의를 원했기 때문에 그 부분에 관한 합의가 이루어지기 전에는 당사자들에게 계약을 체결하려는 법적 구속의사가 원칙적으로 없다고 보아야 하기 때문이다.[1] 그러나 계약을 실제로 이행하는 단계로 들어가는 것과 같이 합의가 없음에도 불구하고 계약의 성립을 인정하겠다는 법적 구속의사를 당사자들이 표현하게 되면 계약은 성립하게 된다.[2] 결국 열린 불합의에서는 당사자가 실제로

---

1) 김형배, 96면.
2) 송덕수, 신민법강의, 1064면.

합의가 되지 않은 사항이 남아 있음에도 불구하고 계약의 체결을 의도하였는가라는 '실재하는 의사'를 기초로 계약의 성립여부를 판단해야 한다.

본 사안에서 만약 면책특약에 관하여 논의를 하다가 당사자들이 더 이상 이 쟁점은 합의 성립에 있어서 중요하지 않은 것으로 보고 계약의 이행단계로 들어가면 계약은 성립하게 될 것이다. 하지만 乙은 이행단계로 들어갈 것을 제안하면서 단서로 하자담보책임에 관한 합의를 유보하고 있다. 즉 담보책임에 관한 합의를 계약성립의 중요요소로 보려고 하는 의사가 남아 있다. 따라서 양 당사자 모두 담보책임 면책특약을 중요한 합의사항으로 보겠다는 점을 포기하지 않는 이상 주관적 본질적 구성부분에 관한 불합의가 있게 되므로 계약은 아직 유효하게 성립하지 않았다.

11. 숨은 불합의

사 례 변호사 甲은 건물주 乙로부터 사무실을 임차하려고 한다. 이때 乙은 보증금에 관한 합의를 보려고 하는데, 보증금의 액수에 관한 합의가 이루어지지 않자, 이를 뒤로 미루었다. 그 후 乙은 계약서를 甲에게 제시하고 이를 기초로 계약을 체결하였다. 그러나 그 계약서에는 보증금에 관한 규정은 없었다. 乙은 자신이 잘못하여 빠뜨린 보증금의 액수에 관한 합의가 없다는 이유로 甲에게 사무실의 인도를 거부할 수 있는가?

甲의 乙에 대한 사무실의 인도청구권(제618조, 제623조)

사무실을 목적으로 하는 임대차계약이 성립하지 않는 경우에 乙은 사무실을 甲에게 인도하지 않아도 된다. 임대차계약서 자체는 확정된 내용으로 합의가 이루어진 상태이다. 그러나 계약협상단계에서 당사자들이 합의하려고 했던 보증금에 관한 사항이 무의식적으로 빠져 있다. 보증금은 원래 부수적인 계약요소에 해당하나, 당사자가 이에 관한 합의를 보려고 하였으므로 보증금에 관한 합의는 주관적 본질적 구성부분이 되었고 사안에서 이에 관한 숨은 불합의가 존재하게 된다. 아주 경미한 부분에 숨은 불합의가 있는 경우에도 계약이 성립하지 않는다는 견해에 따르면 본 사안에서 계약은 성립하지 않게 된다.[1] 그러나 제137조 단서를 유추할 수 있다는 타당한 견해를 따른다면 원칙적으로 숨은 불합의가 있는 경우, 계약은 성립하지 않으나, 그 사항에 관한 합의가 없더라도 당사자들이 계약을 체결했으리라고 생각되는 당사자의 "가정적 의사"를 인정할 수 있는 때에는 계약이 성립한다.[2] 이러한 가정적 의사는 계약의 체결과정에서 나타난 정

---

1) 곽윤직, 29면.
2) 황적인, "불합의," 고시계 1980/9, 50면; 이은영, 89면; 같은 취지로 송덕수, "불합의," 고시연구, 1990/1, 83면.

황을 기초로 판단해야 할 것이다. 사무실을 임대함에 있어서 보증금의 액수에 관한 합의가 계약의 성립을 부정할 정도로 큰 중요성을 갖고 있다고는 볼 수 없다. 따라서 계약체결 당시에 이에 관한 합의가 없었더라도 당사자들은 계약의 성립을 인정하였을 것으로 해석된다. 그에 따라 본 사안에서 계약은 성립하였으며 보증금에 관한 내용은 계약의 보충해석을 통하여 결정되어야 할 것이다. 따라서 甲이 그 지역에서 관례적으로 지급하는 적정한 금액의 보증금을 주면 乙은 사무실을 인도해야 할 것이다.

12. 객관적으로 다의적인 표현으로 인한 숨은 불합의와 손해배상

사례 신학기를 맞이하여 G대학의 법과대학생들은 구내서점 A에서 H대학의「김동훈 교수의 법학개론」책을 사러 갔다. 재고가 부족하여 A서점에서는 전자우편으로「김동훈 교수의 법학개론」책을 B도매상에 주문하였다. 주문한 책들이 도착하여 확인하여 보니 그 책들은 H대학이 아닌 동명이인인 K대학의 김동훈 교수의 법학개론 책으로 드러났다. 이 경우 B는 A에 대하여 매매대금의 지급 또는 적어도 발송비의 배상을 요구할 수 있는가?

Ⅰ. B의 A에 대한 매매대금지급청구권(제563조, 제568조 제1항)

B가 A에 대하여 매매대금의 지급을 청구하기 위해서는 매매계약이 유효하게 성립하고 있어야 한다. 당사자의 의사표시는 표면적으로 보았을 때는 일치하는 것으로 보이나 객관적으로는 다의적이다. 왜냐하면 당사자들이 사용한 표현이 H대학과 K대학의 김동훈 교수가 쓴 법학개론 책을 모두 지칭할 수 있으며, 특정한 교수가 쓴 책을 지칭하는 다른 특별한 사정이 존재하지 않기 때문이다.

객관적으로 다의적인 의미를 갖고 있는 청약의 의사표시가 내용상의 불명확성으로 인하여 처음부터 효력이 없는 것은 아니다. 의사표시의 수령자가 표의자와 동일한 의미로 해당 의사표시를 이해하면 객관적으로 다의적인 표현을 사용했다고 하여도 의사표시의 효력에 영향을 미치지 못한다 (오표시무해의 원칙). 그에 반하여 본 사안에서처럼 당사자들이 표시된 내용을 다르게 이해한 경우에는 합의가 이루어지지 않았기 때문에 계약은 성립하지 못한다. 여기서 숨은 불합의가 존재한다고 하여 당사자의 가정적 의사를 고려할 필요는 없다. 왜냐하면 매매목적물은 객관적 본질적 구성부분에 해당하여 제137조 단서의 유추적용을 고려할 필요가 없기 때문이다. 매

매계약이 성립하지 않았으므로 B는 A에 대하여 매매대금의 지급을 요구할
수 없다.

II. B의 A에 대한 손해배상청구권

비용배상을 근거짓는 손해배상청구권은 견해에 따라서는 계약체결상의
과실책임에 의하여 근거지어질 수 있다.[1] 계약협상이 시작되면서부터 양
당사자들은 상대방의 신뢰보호를 위한 일정한 배려의무를 부담하는데, 한
당사자가 과실로 다의적인 청약을 하면 이러한 의무를 위반하게 되어 원칙
적으로 그로 인하여 발생한 손해를 배상할 책임을 부담한다는 것이다. 그
러나 이때에도 상대방이 다의적인 표현임을 인식할 수 있었음에도 불구하
고 다의적인 표현을 인식하지 못하고 계약을 체결한 경우 과실상계(제396
조)를 통하여 이를 고려해야 한다고 주장한다. 이 견해에 따르면 사안에서
처럼 양 당사자 모두 책의 판매를 영업으로 하는 자로서 다의성을 인식할
수 있었다면 과실상계제도를 통하여 손해를 분담해야 하는 것이 타당하다
는 것이다.

한 당사자가 불명확한 표현을 썼더라도 상대방이 그 불명확성을 인식
하지 못하고 표의자와 다른 내용으로 이해한 경우에만 불합의가 발생하므
로 다의적 표현으로 인한 무의식적 불합의인 경우에는 한 표의자에게만 일
방적으로 과실이 존재한다고 할 수 없을 것이다. 그렇다고 하여 양 당사자
의 과실정도를 엄격히 구분하여 과실상계를 하기도 힘들다. 왜냐하면 잘못
표현한 자의 과실의 정도와 이를 또다시 잘못 이해하고 다시금 다의적인
표현을 쓴 자의 과실정도가 다르다고 할 수 없기 때문이다. 그러므로 본
사안에서 B는 A에 대하여 손해배상을 청구할 수 없다.[2]

---

1) 김형배, 96면.
2) 곽윤직, 30면.

Ⅱ. 약관에 의한 계약체결

13. 약관의 편입하의 계약체결

사 례　자동차 소유자 甲은 주유를 하고 나서 세차를 하기 위하여 주유소 A에 있는 세차시설이 있는 쪽으로 차를 몰고 갔다. 입구에 붙어 있는 표지판에는 잘 보이도록 다음과 같은 내용이 쓰여 있었다. "A주유소는 세차 중에 일어난 라크손상과 유리, 안테나, 와이퍼와 같이 자동차 외부에 부착된 물건에 대한 손상에 대하여 중과실이 없는 한 책임을 부담하지 않습니다." 그러나 甲은 표지판내용을 주의 깊게 보지 않고 직원에게 세차비를 지불하고 세차시설에 차를 몰고 들어갔다. 이 경우 위 면책조항이 甲과 A 사이 계약의 내용이 되었는가?

　　甲과 A 사이에는 자동차의 세차를 목적으로 하는 도급계약이 체결되었다(제664조). A는 표지판에 기재된 면책조항이 계약내용이 되었으면 하지만, 甲이 표지판의 내용을 읽지 않은 상황에서 이 면책조항이 계약의 내용이 되었는지가 문제된다. 계약이 체결되었는지 그리고 어떠한 내용으로 체결되었는지에 관하여는 민법 제527조 이하의 규정들에 의하여 결정되나, 약관이 계약의 내용이 되었는지는 약관규제법 제3조에 의하여 결정된다.

(1) 약관의 존재

　　표지판에 담겨져 있는 면책조항은 약관으로 볼 수 있는데, (1) 미리 마련한 계약내용으로서, (2) 다수의 고객과의 계약을 체결하기 위하여, (3) 일정한 형식을 갖추고, (4) A가 사업자로서 세차를 목적으로 하는 계약체결에서 이를 사용하였기 때문이다(약관규제법 제2조 제1, 3항). 약관은 그 명칭이나 형태 또는 범위를 불문하므로 면책조항이 표지판에 기재되어 있고 계약서면에 담겨져 있지 않다는 점은 여기서 중요하지 않다.

(2) 약관의 편입

약관의 편입이 인정되기 위해서는 (1) 약관이 명시되고, (2) 약관 내용에 대한 고객의 인식가능성이 있어야 하며, (3) 고객이 약관에 동의해야 한다. 사업자가 당해 약관을 계약의 내용으로 주장하기 위해서 명시의무를 다해야 하므로(약관규제법 제3조 제2항), 사안에서 A가 명시의무를 다했는지가 문제된다. A가 명시의무를 다하지 않은 채 약관에 의한 계약을 체결한 때에는 당해 약관을 계약의 내용으로 주장할 수 없다(동법 제3조 제4항).

A는 甲과의 계약체결 시에 직접 약관을 제시하지는 않았지만, 사업자가 계약체결에 있어서 고객에게 약관의 내용을 계약의 종류에 따라 일반적으로 예상되는 방법으로 명시하면 충분하다(약관규제법 제3조 제1항 본문). 세차장에서는 약관을 직접 제시하여 명시하는 것이 상당히 어렵기 때문에, 계약체결 장소에 명백히 잘 볼 수 있는 곳에 약관을 붙여 놓은 것만으로도 명시가 인정될 수 있다. 또한 사업자는 고객에게 약관의 내용을 기대가능한 방법으로 인식할 수 있는 기회를 제공해야 한다. 본 사안에서는 표지판을 잘 읽을 수 있도록 세차장 입구에 걸어 두었고 그 내용도 일반인에 의하여 이해 가능하므로 이 요건도 충족되었다. 마지막으로 고객이 약관의 편입에 동의를 하였어야 한다. 이러한 동의는 물론 다른 의사표시처럼 묵시적으로도 행하여질 수 있다. 원칙적으로 앞의 두 가지 요건이 충족되었다면 고객의 동의하에서 계약이 체결된 것으로 볼 수 있다. 본 사안에서처럼 고객이 약관의 인식가능성을 활용하지 않아서 약관을 읽어보지 않은 것은 중요하지 않다.[1]

사안의 경우, 모든 요건이 충족되었으므로 면책조항은 계약의 내용이 되었다고 할 수 있다.

---

1) 이은영, 약관규제법, 120면. 이 경우 원칙적으로 계약내용에 관한 착오의 문제도 발생하지 않는다.

14. 약관의 내용통제

> 사 례 앞의 사례에서 자동차의 세차도중 세차용 솔이 甲의 차에 있는 와이퍼에
> 걸려서 와이퍼가 뜯어져 버렸다. 나중에 밝혀진 바에 의하면 A주유소 직
> 원의 점검 소홀로 인하여 이와 같은 사고가 발생하였다. 甲은 A에 대하여
> 손해배상을 청구하였고 A는 면책조항이 있음을 이유로 이를 거절한다. 누
> 구의 주장이 타당한가?

I. 甲의 A에 대한 채무불이행을 이유로 한 손해배상청구권(제390조)

도급계약상 A에게는 세차하는 동안 甲의 자동차가 손상되지 않도록
할 부수적 주의의무를 부담하고 있으나, A의 직원이 점검을 소홀히 하여
사고가 발생하였으므로 의무위반에 대한 책임 있는 사유가 인정된다(제391
조). 그러나 사안에서 직원에게는 경과실만 있고 중대한 과실이 없었으므로
면책약관이 적용된다면 A가 책임을 면할 수 있다. 여기서 이러한 면책약관
이 약관규제법에 의하여 금지되고 있는지가 문제된다.

약관의 내용을 통제하는 규정 중에서 약관규제법은 면책조항을 금지
하고 있는 규정을 두고 있다(약관규제법 제7조). 그러나 본 사안에서 사업
자, 이행보조자 또는 피용자의 고의 또는 중대한 과실로 인한 법률상의 책
임을 배제하는 조항을 두고 있지 않으므로(동법 제7조 제1호) 제7조에 의하
여는 면책조항이 무효로 되지 않는다. 따라서 일반조항인 약관규제법 제6
조에 의하여 무효로 되지 않는지가 문제된다.[1] 이 중 약관규제법 제6조
제2항 제3호에 의하면 "계약의 목적을 달성할 수 없을 정도로 계약에 따르
는 본질적 권리를 제한하는 조항"은 공정을 잃은 것으로 추정된다.

세차계약의 본질적인 의무 내용에는 세차도중 자동차가 손상되지 않

---

1) 이러한 입장으로 이은영, 약관규제법, 214면.

도록 할 의무도 포함된다. 자동차 외부에 부착된 시설의 손상으로 인한 책임을 중과실로 제한함으로써 계약목적의 달성이 어렵다고 보여진다. 왜냐하면 계약목적이 달성되기 위해서는 고객이 계약의 이행을 통하여 통상적으로 기대하는 이익도 충족되어야 하기 때문이다. 자동차 세차에 있어서는 자동차가 손상되지 않거나, 손상된 경우 적어도 주유소측의 귀책사유가 있는 한도에서 이를 배상받을 이익은 고객의 정당한 기대에 해당한다. 또한 고객의 경우 이와 같은 자동차 손상에 대하여 전혀 대비할 수 없음에 반하여 세차시설의 운영자는 보험의 가입을 통하여 이와 같은 위험에 대비할 수 있다는 점도 고려해야 한다. 따라서 면책조항은 불공정약관으로서 약관규제법 제6조 제2항 제3호에 위반하여 무효이다. 이에 따라 A는 채무불이행을 이유로 한 손해배상책임을 부담해야 한다.

II. 甲의 A에 대한 불법행위를 이유로 한 손해배상청구권(제750조)

甲의 소유권이 A의 과실로 인하여 침해되었으므로 동시에 불법행위로 인한 손해배상책임이 성립한다. 이 경우에도 면책약관은 효력이 없으므로 A는 불법행위를 이유로 한 손해배상책임도 부담해야 한다.

Ⅲ. 계약체결상의 과실책임

15. 계약체결 과정에서의 보호의무위반과 손해배상책임

> **사 례** 甲은 아이스크림을 사기 위해서 乙의 구멍가게에 들어갔다. 그러나 물건을 나르고 있던 종업원 丙의 부주의로 丙이 甲을 쳐서 넘어지게 하였다. 甲은 넘어지면서 바닥에 있는 유리 조각으로 인하여 깊은 상처를 입게 되었다. 이때 乙이 丙을 주의 깊게 선임하였고 평소에 안전교육을 하는 등 丙에 대한 감독을 충분히 한 경우에도 甲이 乙에 대하여 손해배상청구를 할 수 있는가?

甲의 乙에 대한 손해배상청구권

(1) 제756조 제1항의 사용자책임

사안에서 甲과 乙 사이에는 계약이 아직 체결되지 않았으므로 계약상의 채무불이행책임은 문제되지 않는다. 따라서 원칙적으로 불법행위책임만이 문제되는데, 사무집행 중에 피용자 丙의 과실로 인하여 甲이 손해를 입었으므로 乙의 사용자책임에 기하여 손해배상책임이 고려될 수 있다. 그러나 사안에서 乙은 丙에 대한 선임·감독상의 주의의무를 다하여 면책이 되므로(제756조 제1항 단서) 손해배상청구를 할 수 없게 되어 피해자에게 부당한 결과에 이르게 된다.

(2) 제535조 유추에 기한 계약체결상의 과실책임

그러나 면책가능성이 없는 제391조의 이행보조자책임을 적용하기 위해서 계약체결상의 과실책임을 인정하면 본 사안에서 손해배상의 청구가 가능할 수 있다. 계약체결상의 과실책임의 법적 성격을 계약책임 또는 계약책임과 유사한 독자적인 책임으로 보기 때문이다. 계약체결상의 과실책임이 성립하기 위해서는 (1) 직접적인 거래접촉으로 법정채권관계가 형성되었을 것, (2) 그로부터 발생하는 행위의무를 위반할 것, (3) 위반한 행위의무로 인하여 손해가 발생할 것, (4) 행위의무자 또는 행위의무자가 거래접촉을 위해서 사용한 자에게 귀책사유가 존재할 것 등의 요건이 충족되어야 한다.

계약체결상의 과실책임을 인정하는 견해에 따르면 계약체결을 목적으로 하는 협상단계는 물론 그 전 단계로서 계약체결을 위한 거래적 접촉이 이루어지는 순간부터 당사자에게 법정채권관계가 발생하고 그에 따른 일정한 행위의무가 부과된다.[1] 그러나 비를 피하기 위해서 백화점에 들어가는 것과 같이 처음부터 계약체결의 의도가 없는 경우에는 단순한 사회적 접촉만이 있으므로 특별한 법정채권관계가 인정되지 않는다. 본 사안에서는 甲이 아이스크림을 사기 위해서 乙의 구멍가게에 들어갔으므로 계약체결을 의도한 거래적 접촉이 인정된다.

다음으로 계약체결상의 과실책임이 성립하기 위해서는 일정한 행위의무의 위반이 있어야 하는데, 계약체결을 의도하는 당사자들은 상대방에게 인적 손해와 물적 손해가 발생하지 않도록 할 주의의무(보호의무)를 부담한다. 이에 따라 계약체결을 목적으로 제공하는 공간을 안전하게 유지하여 상대방에게 손해가 발생하지 않도록 할 의무가 부과된다. 사안에서 丙은 가게 안에서 부주의하게 甲을 쳐서 넘어지게 하고, 가게 내의 유리 조각을 치우지 않아 손님의 신체에 대한 손해가 발생하지 않도록 할 보호의무를 위반하여 甲에게 상처가 나는 손해를 입혔다.

마지막으로 채무자 乙의 귀책사유가 요구되는데, 乙의 행위의무와 관

---

1) 예를 들어 아직 확실한 구매의사가 없더라도 물건을 살 목적으로 백화점에 들어가는 순간부터 거래상의 접촉이 시작된다고 한다.

련하여 丙은 이행보조자에 해당하므로 제391조에 기하여 丙의 과실을 乙의
과실로 인정할 수 있다. 따라서 계약체결상의 과실책임을 인정하는 견해에
따르면 甲은 乙에게 손해배상을 청구할 수 있다. 그러나 계약체결상의 과
실책임의 확대적용을 부정하는 견해에 따른다면 甲은 乙에게 손해배상을
청구할 수 없고 丙에게만 청구할 수 있을 것이다.

우리 민법이 명문의 규정을 통하여 계약체결상의 과실책임을 인정하고
있는 것은 제535조의 원시적 불능의 경우에 한정되어 있다. 계약체결상의
과실책임을 다른 영역에서도 인정할 것인지의 여부에 대해 현재 학설이
극도로 대립하고 있는 실정이다. "타인의 생명, 건강과 신체에 대한 주의
의무의 사례군"에서 계약체결상의 과실책임이 인정된 것은 특히 이행보조
자 책임, 입증책임의 전환, 소멸시효기간에서 계약책임이 불법행위책임보
다 유리하므로 계약책임을 적용하기 위함이다.

그러나 우리나라에서는 사용자책임에 관한 면책규정을 실무상 적용하고
있지 않고, 입증책임에 관하여도 불법행위 영역에서 피해자의 보호를 위해
입증책임의 완화 및 전환이 이루어지고 있으며 소멸시효에서도 큰 차이점
이 없다는 점(제766조, 제162조 제1항 참조)에서 불법행위규정을 통하여
해결하더라도 피해자 보호에 큰 불이익이 없다는 확대부정설의 논거가 상
당히 설득력이 있다.

본 사안의 해결에서 제756조 제1항의 검토에서 사용자의 면책사유 주장
을 받아들였고 그에 따라 피해자에게 부당한 결과가 발생할 수 있다는 것
을 전제하였으나, 우리 판례에서 제756조상의 면책을 인정하지 않기 때문
에 현실적으로는 계약체결상의 과실책임을 인정할 필요성이 크지 않다고
할 수 있다.

16. 계약의 부당파기로 인한 손해배상책임 ─ 불법행위책임

사 례　A회사는 창업 50주년을 맞아 회사의 상징물을 만들기로 하고 실제 크기의 1/20 크기의 모형을 현상공모하면서 1등을 한 자에 대하여 실제 상징물 제작을 맡긴다는 내용을 적시하였다. 공예가인 甲은 모형을 제작하여 출품하였으며 다른 경쟁작을 제치고 1등을 하였다는 통보를 받았다. 이에 甲은 기간을 단축하기 위하여 실제 조형물을 만들기 위한 재료를 구입하고 제작에 돌입하였다. 그러나 A회사의 사정으로 인해 상징물 건립계획은 백지화되었고 A회사측은 이를 甲에게 일방적으로 통지하였다. 甲은 실제조형물 제작을 위한 재료구입 및 제작에 투입된 노력과 현상공모 시 제출한 모형 제작에 소요된 경비를 A회사에 배상청구하였다. 정당한가?[1)]

甲의 A에 대한 손해배상청구권

(1) 손해배상청구권의 성립요건

甲과 A 사이에는 보수금액 및 조형물의 건립시기 등 계약내용의 중요한 사항에 관하여 합의가 없으므로 현상공모에서 1등을 하였다는 통보만으로 조형물건립에 관한 도급계약(제664조)이 체결되었다고 볼 수 없다. 따라서 甲은 계약을 기초로 한 채무불이행으로 인한 손해배상책임을 A에게 물을 수 없다.

본 사안에서 문제되는 것은 A가 甲에게 계약이 체결될 것이라는 신뢰를 야기하였는데, 정당한 이유 없이 계약협상을 파기하였다는 점이다. 이와 같이 계약교섭의 부당한 중도파기로 인한 손해배상에 있어서 제535조를 적용 또는 유추적용하여 손해배상을 인정하자는 견해가 유력하게 제기되고

---

1) 대법원 2003. 4. 11. 선고, 2001다53059 판결 변형.

있으나,2) 판례3)는 불법행위로 인한 손해배상책임(제750조)만을 인정하고 있다. 그러나 어느 견해에 의하든 손해배상책임이 발생하기 위해서는 (1) 파기자가 상대방에게 계약이 확실하게 체결되리라는 정당한 기대 내지 신뢰를 부여하였을 것, (2) 상대방이 그 신뢰에 따라 행동하였을 것, (3) 파기자가 상당한 이유 없이 계약의 체결을 거부하였을 것 등의 요건이 충족되어야 한다.4) 사안에서 A는 현상공모에서 1등을 하였다는 통보를 통하여 조형물건립에 관한 계약이 체결될 것이라는 정당한 기대를 부여하였고 甲은 이를 근거로 계약체결을 신뢰할 수 있었는데, A는 상당한 이유 없이 계약의 체결을 거부하였으므로 모든 요건이 충족되었다. 그러므로 어느 견해를 취하든 간에 甲은 계약협상의 부당파기를 이유로 A에게 손해배상을 청구할 수 있다.

(2) 손해배상청구권의 배상범위

사안에서 甲은 실제조형물 제작을 위한 재료구입 및 제작에 투입된 노력과 현상공모 시 제출한 모형제작에 소요된 경비를 A에게 배상청구하려고 하는데, 이 손해가 계약협상의 부당파기로 인한 손해배상청구권의 배상범위 안에 포함되는지가 문제된다. 판례는 계약의 부당파기로 인한 손해배상책임의 범위를 부당파기와 상당인과관계에 있는 신뢰손해로 한정하고 있다.5) 즉 계약의 성립을 기대하고 지출한 계약준비비용과 같이 그러한 신뢰가 없었더라면 통상 지출하지 아니하였을 비용 상당의 손해만을 배상받

---

2) 김형배, 130면.
3) 대법원 2003. 4. 11. 선고, 2001다53059 판결: 어느 일방이 교섭단계에서 계약이 확실하게 체결되리라는 정당한 기대 내지 신뢰를 부여하여 상대방이 그 신뢰에 따라 행동하였음에도 상당한 이유 없이 계약의 체결을 거부하여 손해를 입혔다면 이는 신의성실의 원칙에 비추어 볼 때 계약자유원칙의 한계를 넘는 위법한 행위로서 불법행위를 구성한다. 대법원 2013. 6. 13. 선고 2010다65757 판결.
4) 김동훈, "계약교섭의 중도파기와 손해배상책임," 고시연구 2003/8, 211면.
5) 대법원 2003. 4. 11. 선고, 2001다53059 판결. 이와 같은 입장은 민법 제535조를 유추적용하여 손해배상의 범위를 산정하려고 하였던 학설의 경향과 같다(주석민법 채권각칙(1)/전하은, 225면; 지원림, "계약의 협상이 부당하게 파기된 경우의 법률관계," 민사판례연구 XXV, 182면).

을 수 있다고 한정하고 있다. 그러나 아직 계약체결에 관한 확고한 신뢰가 부여되기 이전 상태에서 계약교섭의 당사자가 계약체결이 좌절되더라도 어쩔 수 없다고 생각하고 지출한 비용은 여기에 포함되지 않는다. 예를 들어 사안에서처럼 경쟁입찰에 참가하기 위하여 지출한 제안서, 견적서 작성비용 등은 신뢰손해의 범위에 포함되지 아니한다. 사안에서 甲의 모형제작에 들어간 비용은 아직 계약체결에 대한 확고한 신뢰가 부여되기 이전 상태에서 계약교섭 당사자가 계약체결이 좌절되더라도 어쩔 수 없다고 생각하고 지출한 비용에 해당하므로 배상액의 범위에 포함되지 않는다. 그러나 현상공모에서 1등을 통지받은 후 실제 조형물 제작을 위한 재료구입 및 투입된 노력 등의 손해는 계약협상의 부당파기와 상당인과관계에 있는 신뢰손해에 해당하므로 甲은 이에 관한 손해배상을 A회사에게 청구할 수 있다.

17. 계약의 부당파기로 인한 손해배상책임 – 채무불이행책임

> **사 례** 甲은 A의 축구단에서 선수로서 활동하기로 하는 입단계약을 체결하였다. 입단계약서에는 이후 외국구단으로 이적할 경우 甲은 귀국 시에 A의 축구단으로 조건 없이 복귀하기로 하고 이적 시 외국구단으로부터 받게 되는 이적료를 A와 甲이 5 : 5로 배분하기로 하는 조항이 있었다. 그 후 甲은 A와의 협상을 거쳐 프랑스 프로축구단으로 이적하게 되었는데, 당시 A는 그 구단으로부터 이적료 중 절반에 해당하는 금액을 위의 약정에 따라 甲에게 지급하였다. 몇 년 후 甲은 프랑스 프로축구리그에서 활동하다가 국내복귀를 추진하기로 하고 甲의 형을 통하여 몇 차례 A와 협상을 벌이다가 A가 합리적인 조건을 제시하였음에도 불구하고 대리인을 통하여 S구단과 입단계약을 체결하여 甲은 현재 S구단에서 활동 중이다. 이 경우 A는 甲을 영입하지 못함으로써 축구단이 필요로 하는 팀의 구성과 운영에서 지장을 받았고 축구단의 홍보와 광고 등에서 부정적 영향을 받았음을 이유로 손해배상을 甲에게 청구하였다. 정당한가?[1]

A의 甲에 대한 채무불이행을 이유로 한 손해배상청구권(제390조)

(1) 손해배상청구권의 성립요건

사안에서 구단복귀약정은 甲이 국내에 복귀하였다는 사실만으로 곧바로 입단계약이 체결되도록 하는 효력을 갖지는 못한다. 그러나 복귀약정과 – 구단에게 전속적으로 귀속하는 것이 일반적인 – 이적료의 절반을 선수에게 주기로 하는 약정내용을 고려하면 甲의 구단선택대상에서 A는 우선협상의 대상이되며 甲에게 협상에 성실하게 응하여야 할 의무를 부과한 것으로 계약내용을 해석할 수 있다. 즉 구단이 제시하는 입단조건을 무조건 받아들여 A의 축구

---

1) 대법원 2004. 6. 24. 선고, 2002다6951, 6989 판결 변형.

단으로 복귀하여야 한다는 것으로 해석할 수는 없다고 하더라도 위의 약정내용과 입단계약의 체결 경위 등을 참작하면 甲은 이적료 협상과 별개로 A와의 입단협상에 성실하게 응하여 합의에 이를 수 있도록 노력하여야 할 의무를 부담한다고 봄이 상당하다.2) 따라서 구단복귀약정의 당사자인 선수에 대하여는 입단계약에 대한 성실교섭의무가 있음이 구단복귀약정에 의한 '계약책임'으로 인정된다.

독자적이고 배타적인 협상을 할 수 있는 지위는 계약이 확실하게 체결될 것이라는 신뢰를 발생시킬 뿐만 아니라, 협상에 성실하게 응하라고 요구할 수 있는 권리를 A의 축구단에게 발생시킨다. 그에 반하여 甲은 특별한 사정이 없는 한 A의 계약체결 요구에 응할 의무(배타적 협상의무)를 부담하게 된다. 따라서 甲은 특별한 이유 없이 A 이외의 제3자와 입단계약을 체결하여서는 안 되고, 쌍방은 계약협상과정에서 일반거래사정이나 사회통념에 비추어 현저히 부당하다고 보여지는 사항을 계약내용으로 할 것을 주장하지 아니할 의무가 있다. 본 사안에서 구단이 제시한 입단조건이 일방적으로 선수에게 불리한 것도 아니었는데, 타 구단과 비밀리에 교섭하여 입단계약까지 체결하였다면 이는 甲의 구단복귀약정에 기한 배타적 협상의무의 위반에 해당하고 그에 따른 손해배상책임을 인정할 수 있다.

(2) 손해배상청구권의 배상범위

배타적 협상의무를 계약상의 의무로 인정한 이상 그 불이행으로 인한 손해배상책임의 근거는 채무불이행으로 구성하는 것이 타당하며, 채무불이행책임이 인정된 이상 손해배상의 범위는 이행이익의 배상으로 된다.3) 따라서 계약상의 의무위반이 없는 단순한 계약교섭의 부당파기로 인한 불법행위책임으로 신뢰손해의 배상이 인정되는 경우와 다르다. 사안에서 甲을 영입하지 못함으로써 팀의 구성과 운영에서 지장을 받았고 축구단의 홍보와 광고 등에서 부정적 영향을 받은 것으로 인한 손해는 소극적 손해로서 이행이익에 해당한다. 따라서 A의 주장은 정당하다.

---

2) 대법원 2004. 6. 24. 선고, 2002다6951, 6968 판결.
3) 대법원 2004. 6. 24. 선고, 2002다6951, 6968 판결.

IV. 계약의 효력

18. 일부의 이행과 동시이행의 항변권

> **사 례** 커피숍을 새롭게 차린 甲은 매장에 설치하기 위하여 乙로부터 같은 모델의 에어컨 2대를 200만원에 구입하는 계약을 체결하였다. 甲은 에어컨을 인도받기로 한 날 현금 100만원과 1개월 후 만기가 되는 100만원의 약속어음으로 대금을 지급하고 에어컨을 받으려고 한다. 이에 대해 乙은 어음이 지급될 때까지 에어컨을 인도하지 않겠다고 한다. 누구의 주장이 정당한가?

甲의 乙에 대한 에어컨의 인도청구권(제563조, 제568조 제1항)

甲과 乙은 매매계약이라는 쌍무계약을 체결하였는데(제563조), 쌍무계약의 당사자는 상대방이 그 채무이행을 제공할 때까지 자기의 채무이행을 거절할 수 있는 동시이행의 항변권을 갖는다(제536조 제1항). 즉 쌍무계약에서 발생하는 채권·채무는 그 자체로는 독립한 것이지만, 서로 동시에 이행되어야 하는 이행상의 견련관계에 있기 때문에(제568조 제2항) 반대급부가 아직 행하여지지 않은 경우에는 이행을 거절할 수 있다(제536조 제1항). 따라서 동시이행의 항변권 요건이 충족되었다면 乙이 甲의 이행청구에 대하여 거절하는 것은 정당화된다.

(1) 동시이행 항변권의 요건

동시이행의 항변권이 성립하기 위해서는 (1) 상환관계에 있는 채권이 존재할 것, (2) 상대방의 채무가 변제기에 있을 것, (3) 상대방이 채무이행을 제공하지 않고서 이행을 청구하였을 것 등의 3가지 요건이 충족되어야 한다. 매매계약이라는 쌍무계약이 체결되어 매매대금지급의무와 매매목적물의 소유권이전의무라는 주된 급부의무 사이의 문제가 되고 있어 첫 번째 요건은 충족되었다. 또한 에어컨의 인도기일이 도래하였는데 특별한 사정이 없다고 한다면 매도인이 선이행의무를 부담하지 않는다고 보아야 하므로 매매대금지급의무의 변제기도 도래하였다고 해석된다. 문제는 세 번째 요건으로서 甲 자신이 이행을 하지 않고 乙에게 이행을 청구하였느냐이다. 사안에서 甲이 전혀 이행을 하지 않는 것이 아니라, 현금 200만원을 대신하여 100만원의 현금과 100만원의 약속어음을 지급하였다. 약속어음은 현금과 동일시할 수 없으므로 특별한 사정이 없는 한 변제를 위하여 지급된 것으로 해석된다. 따라서 어음의 결제가 완료되기 전까지는 채무변제의 효력이 생기지 않으므로 甲은 채무 200만원 중 일부인 100만원만을 이행한 것으로 볼 수 있다.

(2) 일부이행과 동시이행 항변권

이와 같이 일부만을 이행하였거나 이행이 불완전한 경우 어느 한도에서 동시이행의 항변권을 행사할 수 있는지가 문제된다. 학설은 급부가 가분인 경우와 불가분인 경우로 나누어서 보고 있다. 급부가 가분인 경우에는 원칙적으로 이행되지 않은 부분 또는 불완전한 부분에 상응하는 채무의 이행만을 거절할 수 있다는 것이 통설이다.[1] 한편 불가분인 경우에는 일부이행의 거절이라는 것이 있을 수 없으므로 원칙적으로 전부의 이행을 거절할 수 있다.[2]

---

1) 곽윤직, 63면.
2) 이때 불이행 또는 불완전한 부분의 중요도에 따라 해결해야 한다는 견해(곽윤직, 77면), 어느 경우나 계약의 목적을 달성할 수 없을 때에는 채무의 전부에 대한 동시이행의 항변을 행사할 수 있다는 견해(김형배, 152면), 그리고 일부이행이나 불완전이행은 채무의 본래의 내용에 따른 이행이 아니므로 원칙적으로 언제나 동시

사안에서 에어컨 자체는 불가분이지만, 에어컨 2대가 급부의 목적이므로 그 한도에서는 급부를 나눌 수 있다. 그런데 대금의 반인 100만원이 지급되었으므로 乙은 에어컨 1대는 인도를 해야 하고 다른 1대는 어음금이 지급될 때까지 동시이행의 항변권을 행사하여 그 인도를 거절할 수 있다.

이행의 항변권을 행사할 수 있지만 구체적인 사정에서 기본적으로 신의·공평의 이념에 따른 동시이행의 항변권 제도의 목적을 고려해서 판단해야 할 것이라는 견해(민법주해 ⅩⅢ/최병조, 32면)로 나뉘고 있다.

19. 하자보수청구권과 동시이행의 항변권

사 례 벤처기업 사장 甲은 사무실을 임차하고 사무가구를 제작하는 회사 乙에게 사무실 크기에 맞게 사무가구를 제작하도록 주문하였다. 사무가구 제작이 마무리되어 사무실로 가구를 이전하였으나, 사무가구에 큰 하자들이 발견되어서 그 보수를 위해서는 대략 1500만원이 들 것으로 추정되었다. 이에 따라 甲은 乙에게 하자보수를 할 때까지 나머지 보수에 해당하는 3000만원을 지급하지 않겠다고 한다. 정당한가?

乙의 甲에 대한 보수지급청구권(제664조)

甲과 乙 사이에는 사무가구의 제작을 목적으로 하는 도급계약이 체결되었다(제664조). 乙의 보수지급청구권은 완성된 목적물의 인도와 함께 이행기에 있게 되는데(제665조 제1항), 사무가구 제작이 마무리되어 가구가 벤처기업의 사무실로 이전되었으므로 목적물의 인도가 있다고 보아야 한다. 甲이 보수지급을 거절하기 위해서는 급부의무를 부담하지 않을 항변권이 존재하여야 한다.

(1) 동시이행 항변권의 성립

일의 완성의무에는 완성된 목적물에 하자가 없는 상태로 만들 의무가 포함되어 있다. 따라서 목적물에 하자가 있는 경우에는 그 하자의 보수를 청구할 수 있다(제667조 제1항). 사안에서 甲이 하자보수를 끝낼 때까지 보수를 지급하지 않겠다고 하는 것은 하자보수의무와 보수지급의무가 동시이행의 관계에 있음을 전제로 하고 있다.

원칙적으로 이행을 요구하는 자의 채무와 동시이행의 항변권을 행사하는 자의 채무가 쌍무계약을 통해서 발생해야 하므로 그 채무들은 상환관계에 있어야 한다. 따라서 주된 급부의무 사이에서만 동시이행의 항변권을 행사할 수 있는 것이 원칙이다. 이에 따라 도급계약에서는 목적물의 인도의무와 보수지급의무가 동시이행의 관계에 있게 된다. 그러나 당사자가 갖는 이해관계의 공평한 조정을 위해서 우리 민법1)은 물론 판례2)에 의하여 많은 예외가 인정되고 있다.

민법은 수급인의 담보책임에 관한 규정에서 동시이행의 항변권을 준용하는 규정이 있다(제667조 제3항). '전항'이라는 표현으로 말미암아 제2항에 규정된 도급인의 손해배상청구권과 수급인의 보수청구권과 관련하여서만 동시이행의 관계를 명문으로 인정하는 것과 달리, 제1항에 규정된 하자보수청구권에 관하여는 동시이행항변권의 준용여부에 관한 명문의 규정이 없다. 이에 대하여 하자보수청구권은 아직 이행청구권의 연장선상에 있는 것이므로 하자보수청구권은 보수지급청구권과 동시이행의 관계에 있다고 보는 것이 학설3)과 판례4)의 입장이다(제536조 유추). 다만 보수지급거절이 있기 위해서는 하자가 존재하는 것만으로는 안 되고 도급인이 하자보수청구권을 행사했어야 한다.5) 사안에서 하자보수청구권이 행사되었으므로 甲

---

1) 민법에서 동시이행의 항변권에 관한 규정이 준용되는 경우: 1. 계약해제로 인한 원상회복의무(제549조), 2. 부담부증여(제561조), 3. 매도인의 담보책임(제583조), 4. 수급인의 담보책임(제667조), 5. 종신정기금계약의 해제로 인한 반환청구권(제727조) 등.

2) 판례는 "동시이행의 항변권은 당사자 쌍방이 부담하는 각 채무가 고유의 대가관계에 서는 쌍무계약상 채무가 아니라 하더라도 구체적 계약관계에서 당사자 쌍방이 부담하는 채무 사이에 대가적 의미가 있어 이행상 견련관계를 인정하여야 할 사정이 있는 경우에는 이를 인정하여야 할 것이다(대법원 1993. 2. 12. 선고, 92다23193 판결)"라는 입장을 취하여 널리 민법 제536조를 유추하고 있다. 판례에 의하여 동시이행의 항변권이 인정되는 경우: 1. 계약의 무효 또는 취소로 인하여 당사자 쌍방이 부담하는 반환의무(대법원 1996. 6. 14. 선고, 95다54693 판결), 2. 부동산 매매에서 인도 및 명도의무와 잔대금지급의무(대법원 1980. 7. 8. 선고, 80다725 판결), 3. 임대차계약 종료 시 임차목적물반환의무와 임차보증금반환의무(대법원 1983. 11. 22. 선고, 82다카1696 판결).

3) 곽윤직, 259면.

4) 대법원 1965. 11. 16. 선고, 65다1711 판결; 대법원 2001. 6. 15. 선고, 2001다21632, 21649 판결; 대법원 2001. 9. 18. 선고, 2001다9304 판결.

5) 대법원 1965. 4. 6. 선고, 64다1802 판결; 대법원 1991. 12. 10. 선고, 91다33056

은 乙이 하자보수를 완료할 때까지 보수를 지급하지 않아도 된다.

(2) 동시이행 항변권의 행사범위

乙은 하자 있는 급부의 이행으로 완전한 이행은 못하였지만, 부분적으로는 이행하였으므로 甲이 어느 정도까지 동시이행의 항변권을 행사할 수 있는지가 문제된다. 원칙적으로 상대방이 아직 이행하지 않은 부분 또는 불완전한 부분에 상당한 채무의 이행만을 거절할 수 있을 것이다. 그에 따르면 추정되는 1500만원의 보수비용에 해당하는 부분만 이행을 거절할 수 있게 된다. 그러나 하자보수청구권을 기초로 한 동시이행의 항변권 행사로 3000만원의 대금지급을 거절하는 것이 신의칙에 위배되는지를 기초로 판단하는 것이 더 타당할 것이다. 통상 사무가구 제작회사가 보수를 해주는 데에 큰 관심을 갖지 않기 때문에 사무가구 제작회사에 이행을 강제하고 빠른 하자보수가 가능하도록 하기 위해서 하자보다 많은 금액의 보수지급도 동시이행의 항변권을 통하여 거절할 수 있는 것으로 해석하는 것이 타당하다.[6] 이 입장에 따른다면 甲이 乙에 대하여 하자보수를 할 때까지 3000만원을 지급하지 않겠다고 주장하는 항변은 정당하다.

판결.
[6] 그러나 하자보수에 갈음하는 손해배상청구권의 경우는 물론 다르다. 그러므로 도급인의 하자보수에 갈음하는 손해배상채권과 동시이행관계에 있는 수급인의 공사잔대금채권의 범위는 위 손해배상채권액과 동액의 금원에 한정된다(대법원 1990. 5. 22. 선고, 90다카230 판결).

20. 불안의 항변권

사 례
화가 甲은 乙의 가게에서 물감을 주문하면서 물감을 먼저 외상으로 받고 3개월 후에 돈이 생기는 대로 대금을 지급하기로 약속하였다. 도착날짜에 맞추어 甲이 물감을 찾기 위해서 乙의 가게를 찾아갔을 때 乙은 甲의 재산상태가 악화되었다는 이유로 물감의 인도를 거절한다. 정당한가?

甲의 乙에 대한 매매목적물 인도청구권(제563조, 제568조 제1항)

매매계약에서 매매목적물의 인도와 매매대금지급의무는 주된 급부의무로서 서로 동시이행의 관계에 있다. 그런데 사안에서 乙은 甲에게 먼저 물감을 인도하기로 함으로써 선이행의무를 부담하였다. 이와 같이 당사자들의 합의 내지 법률규정(반대급부의 후지급: 제633조, 제656조, 제665조, 제683조, 제701조)을 통하여 선이행의무를 부담하는 경우 선이행의무가 있는 자는 동시이행의 항변권을 행사할 수 없다.

그러나 선이행의무를 부담하는 자라도 후이행의무자에게 의무의 이행을 할 수 없는 곤란한 현저한 사유가 있는 때에는 선이행의무자에게 동시이행의 항변권이 인정된다(제536조 제2항). 이를 불안의 항변권이라 하는데, 이는 선이행채무를 지게 된 채권자가 계약성립 후 채무자의 신용불안이나 재산상태의 악화 등의 사정으로 반대급부를 이행받을 수 없는 사정변경이 생기고 이로 인하여 당초의 계약내용에 따른 선이행의무를 이행케 하는 것이 공평과 신의칙에 반하게 되는 경우에 행사할 수 있는 항변권을 말하는 것이고, 이와 같은 사유는 당사자 쌍방의 사정을 종합하여 판단하여야 한다.[1] 따라서 사안에서 乙이 계약체결 후 甲의 재산상태가 악화되어 매매대금을 지급할 수 없다는 사정을 입증할 수 있다면 물감의 인도를 거절하는 것은 정당하다.

---

1) 대법원 1990. 11. 23. 선고, 90다카24335 판결.

21. 위험부담과 대상청구권

사 례   甲은 乙과 시가 300만원인 중고 티코를 乙에게 250만원에 팔기로 하는 매매계약을 체결하면서 10월 3일에 티코를 인도하고 동시에 매매대금을 지급하기로 약정하였다. 그러나 양 당사자는 10월 3일이 되어도 만나지 않았다. 10월 7일이 되자 돈이 필요하게 된 甲은 乙의 집으로 가기 위해서 티코를 타고 가던 도중 丙의 과실로 교통사고가 발생하여 티코가 완전히 고장나서 폐차처리되었고 甲은 丙으로부터 300만원을 손해배상으로 받았다. 이때 甲과 乙 사이의 법률관계는 어떻게 되는가?

I. 乙의 甲에 대한 매매목적물의 인도청구(제563조, 제568조 제1항)

사안에서 계약이 체결된 후 특정물인 중고 티코가 사고로 인하여 완전히 고장나서 폐차처리되었다. 1차적 급부의무인 매매목적물의 인도의무(제563조, 제568조 제1항)는 불가능하므로 乙은 甲에게 티코의 인도를 청구할 수 없다.

II. 乙의 甲에 대한 손해배상청구권

급부불능 자체에 대하여 채무자에게 과실이 있거나(제390조) 이행지체 중에 급부의 이행이 불가능하게 된 경우(제392조)에는 乙이 甲에게 매매목적물의 인도를 대신하여 2차적 급부의무인 손해배상을 청구할 수 있으므로 급부의무가 소멸하지 않는다. 따라서 본 사안에서는 1차적 급부의무가 불가능하게 된 것에 대하여 2차적 급부의무인 손해배상청구권이 발생하였는지를 검토해야 한다. 만약 손해배상청구권이 발생하지 않으면 채무자의 귀책사유 없는 불능으로서 위험부담의 문제가 발생하게 된다.

우선 티코의 인도가 불가능한 것에 대하여 채무자에게 귀책사유가 있다면 제390조에 기한 전보배상을 청구할 수 있으나, 사안에서 사고가 발생한 것에 대하여 채무자 甲의 과실이 없으므로 제390조는 성립하지 않는다. 그러나 이행기가 도과된 후에 급부의 이행이 불가능하게 되었으므로 제392조에 기하여 손해배상청구권이 발생하는지가 문제된다. 제392조가 적용되기 위해서는 이행지체 중에 손해가 발생해야 하는데, 동시이행의 항변권이 존재하는 매매계약에서는 이행의 제공이 한 당사자 측에만 있어야 지체책임이 발생한다. 사안에서는 이행기가 도래한 후 어느 당사자의 이행제공도 없었으므로 이행지체의 요건이 충족되지 않았다. 따라서 제392조에 기한 손해배상청구권도 발생하지 않았다.

Ⅲ. 甲의 乙에 대한 매매대금지급청구권(제563조, 제568조 제1항)

특정물인도채무에서 채무자는 제374조에 따라 선량한 관리자의 주의로 급부목적물을 보관해야 하는데, 이 의무의 위반 없이 목적물이 멸실되어 급부의 이행이 불가능하게 된 경우에 급부의무는 소멸한다(따라서 급부위험은 채권자가 부담한다).[1] 급부의무가 소멸하였으므로 견련성이 있는 쌍무계약에서는 반대급부의무의 존속이 문제되는데, 원칙적으로 반대급부인 매매대금지급청구권도 소멸한다(제537조, 따라서 반대급부위험은 채무자가 부담한다). 채권자지체가 성립하였거나, 급부불능에 대하여 채권자의 귀책사유가 존재하는 예외적인 사정이 있는 경우에만, 급부의무의 소멸에도 불구하고 채권자는 반대급부를 이행할 의무를 부담한다(제538조). 본 사안에서는 이와 같은 예외적인 사정이 존재하지 않으므로 반대급부인 매매대금지급의무도 소멸하였다.

Ⅳ. 乙의 甲에 대한 대상청구권

사안에서 티코가 멸실됨으로 인하여 발생하게 된 甲의 丙에 대한 손

---

1) 여기서 주의할 것은 우리 민법 제537조 및 제538조에서 사용하고 있는 '채권자' 내지 '채무자'라는 표현은 급부의무를 기준으로 하는 것이고, 사안에서는 매매목적물의 인도의무를 기준으로 하여 그 의무의 채권자 내지 채무자를 말한다는 점이다.

해배상청구권 내지 甲이 이미 이를 행사하여 300만원의 배상금을 받은 경우
에, 이 배상금을 티코를 대신한 대상으로서 乙이 청구할 수 있느냐가 문제
된다. 대상청구권이 성립하기 위해서는 (1) 후발적인 급부불능이 있어야 하
고, (2) 대상을 취득하였어야 하며, (3) 급부와 대상 사이의 보상관계가 존
재하여야 하고, (4) 쌍무계약인 경우 반대급부의 변제제공이 있어야 한다.

　　이미 살펴본 바와 같이 사고로 인하여 티코의 인도의무는 후발적으로
불능이 되었고 그로 인하여 甲의 丙에 대한 손해배상청구권이 발생하였으
므로 (1)~(3)의 요건은 충족되었다. 따라서 사안에서 乙은 甲이 이미 손해
배상을 받은 경우에는 손해배상금을 청구할 수 있고 아직 손해배상청구권
을 행사하지 않은 경우에는 손해배상청구권의 양도를 요구할 수 있다. 그
런데 대상청구권은 급부의 이행청구권을 대신하여 행사하는 것이므로 乙은
甲에게 자신의 반대급부의무를 이행해야 한다. 본 사안에서는 乙이 시가보
다 싼 가격으로 티코를 구입하는 매매계약을 체결하여 300만원의 지급청구
를 하기 위해서 반대급부로 250만원만 지급하면 되므로 乙이 대상청구권을
행사하는 실익이 있다.

22. 채권자의 협력거부로 인한 불능과 반대급부위험

사례 건축회사 A는 영화관건축에 관한 공개입찰에 참가하기 위해서 5월 10일까지 회사홍보영상물을 제작해야 했다. 이에 A는 영상물제작회사 B와 3월 1일에 1차 시사회, 4월 1일에 2차 시사회를 거쳐 5월 1일까지 영상물을 제작하고 그 대가로 1억원을 지급하기로 하는 영상물제작계약을 체결하였다.

그 후 B는 회사 내부사정으로 1차 시사회를 일주일 연기할 필요성이 발생하여 그 연기를 A에게 요청하면서 2차 시사회와 완성물의 납품은 차질 없이 진행하겠다고 약속하였다. 그러나 A는 1차 시사회를 연기할 수 없다고 하면서 계약을 해제하고 그 후 영상물제작에 관한 일체의 자료를 제공하지 않았다. 그로 인하여 B가 5월 1일까지 A가 원하는 홍보물을 제작하지 못한 경우에 B는 A에게 보수 1억원을 청구할 수 있는가?[1)]

B의 A에 대한 보수지급청구권(제664조)

A와 B 사이에는 홍보영상물의 제작을 목적으로 하는 도급계약이 유효하게 체결되었다(제664조). 그런데 만약 도급계약의 효력이 그 후 없어졌다면 B는 A에게 보수의 지급을 청구할 수 없을 것이다.

(1) A의 계약해제권 행사로 인한 소멸

사안에서 A는 1차 시사회 연기를 이유로 계약을 해제하였는데, 이러한 A의 해제권행사가 유효한지가 문제된다. 만약 A의 해제권행사가 정당하다면 아직 이행하지 않은 보수지급청구권은 소멸하게 된다. 본 사안에서

---

1) 대법원 1996. 7. 9. 선고, 96다14364 판결 변형.

는 당사자 사이에 특별한 약정해제사유가 보이지 않으므로 법정해제사유가 존재해야 하는데, 1차 시사회의 연기는 주된 급부의무의 이행지체로는 볼 수 없고 계약의 목적이 된 주된 채무를 이행하는 과정에서 부수적인 절차적 의무를 불이행한 것에 불과하다. 부수적 의무의 불이행으로 인한 해제에 관하여 명문의 규정은 없지만 학설과 판례는 "계약은 유지되어야 한다"는 원칙 아래 부수적 의무위반으로 계약의 목적을 달성할 수 없는 경우에 한해서만 계약을 해제할 수 있다고 보고 있다.[2] 1차 시사회가 연기되더라도 5월 1일까지 영상물의 완성이라는 주된 채무의 이행은 아직 가능하므로 계약의 목적을 달성할 수 없는 상태라고 보기는 어렵다. 따라서 A의 해제권 행사는 정당한 사유가 없으므로 해제의 효과는 발생하지 않았다.

(2) 주된 급부의무의 불능으로 인한 소멸

사안에서 홍보영상물의 제작의무는 수급인인 B가 기한 내에 이행을 하지 아니하면 계약의 목적을 달성할 수 없는 정기행위에 해당한다. 따라서 이행기인 5월 1일이 도과함으로써 영상물 제작의무는 이행이 불가능하게 되었다. 쌍무계약의 당사자 일방의 채무가 이행할 수 없게 된 때에는 원칙적으로 채무자가 대가위험을 부담하므로 반대급부인 보수지급의무도 소멸하는데(제537조), 채권자의 책임 있는 사유로 이행할 수 없게 된 때에는 채권자가 대가위험을 부담하고 반대급부의무는 소멸하지 않으므로 채무자는 상대방의 이행을 청구할 수 있다(제538조 제1항 1문). 영상물 공급계약상 수급인인 B의 제작의무는 도급인인 A의 협력 내지 지시·감독을 통하여 완성할 수 있는 것이므로 A의 이러한 협력 없이는 완전한 이행이 불가능하다. 그런데 사안에서 A는 B에게 영상물제작과 관련하여 일체의 자료를 제공하지 않음으로써 협력을 거부하였고 그 결과 B는 A의 의도에 부합

---

2) 곽윤직, 95면; 대법원 2001. 11. 13. 선고, 2001다20394, 20400 판결: 민법 제544조에 의하여 채무불이행을 이유로 계약을 해제하려면, 당해 채무가 계약의 목적 달성에 있어 필요불가결하고 이를 이행하지 아니하면 계약의 목적이 달성되지 아니하여 채권자가 그 계약을 체결하지 아니하였을 것이라고 여겨질 정도의 주된 채무이어야 하고 그렇지 아니한 부수적 채무를 불이행한 데에 지나지 아니한 경우에는 계약을 해제할 수 없다.

하는 영상물을 기한 내에 제작하지 못하여 이행불능이 발생하였다. 따라서 본 사안에서는 채권자인 A의 귀책사유에 기하여 급부의무의 이행이 불가능하게 되었으므로 B는 반대급부인 보수 1억원을 청구할 수 있다.[3]

---

3) 제538조 제1항에 기하여 채권자가 반대급부를 부담하는 경우에, 채무자는 자신의 의무를 면함에도 불구하고 반대급부를 청구할 수 있게 된다. 이때 채권자는 채무자가 채무를 면함으로써 얻은 이익을 청구할 수 있다(제538조 제2항). 이러한 이득상환은 일반적으로 채권자의 반대급부와 상계되므로 이득공제의 성격을 갖게 된다(이은영, 186면).

23. 제3자를 위한 계약의 성립요건과 수익의 의사표시

사 례

甲은 손자 乙이 대학원에 입학하면, 자동차를 사주겠다고 乙에게 약속하였다. 그 후 乙이 대학원에 입학하게 되어 甲은 손자 乙에게 자동차를 선물하려고 한다. 중고자동차상 丙은 '포니Ⅱ'를 300만원에 살 것을 제안하였다. 甲은 이 제안에 만족하여 승낙하였고, 자동차를 乙이 직접 찾아가도 되고 그때 자동차서류 전부를 乙에게 주라는 내용으로 丙과 합의를 보았다.

(1) 이 경우 어떠한 형식의 계약이 체결되었는가?

(2) 손자 乙이 포니Ⅱ가 너무 낡았다고 하면서 차를 받지 않겠다고 한다. 甲이 계약체결 당시에 乙이 낡은 포니Ⅱ를 좋아하지 않아서 받지 않을 수 있다는 사정을 알고 있었던 경우 丙은 甲에게 포니Ⅱ를 인도하면서 매매대금을 청구할 수 있는가?

Ⅰ. 제3자를 위한 계약의 체결 (설문 1)

甲과 丙 사이에 매매계약이 체결되었지만, 이로 인하여 발생하는 매매계약관계에서 제3자인 乙의 지위가 어떠한 역할을 하느냐에 따라 계약의 형식이 결정된다. 사안과 관련하여 세 가지 경우를 생각할 수 있다. 첫째는 채무자가 제3자에게 이행해야 할 의무를 부담하는 것이 아니라, 채권자가 아닌 제3자에게 이행을 함으로써 채무를 면할 수 있는 권리를 획득하는 경우이다. 이때 제3자 乙은 급부를 유효하게 수령할 수 있는 변제수령자의 지위에 있게 되므로 丙이 乙에게 자동차를 인도하면 채무를 면하게 된다. 둘째는 채권자가 제3자에게 급부를 이행하라고 채무자에게 요구할 수 있는 권리를 갖는 경우이다(부진정한 제3자를 위한 계약). 이때 제3자인 乙은 직접 丙에게 급부의 이행을 청구할 수 없다. 셋째는 채권자뿐만 아니라, 제3자가 독자적으로 급부의 이행을 청구할 수 있는 권리를 갖는 경우이다. 이때 우리 민법에서 정하고 있는 진정한 제3자를 위한 계약(제539조)이 체결된 것이다. 제3자도 채권을 취득하므로 당사자를 구분하기 위하여 제3자를 위한 계약을 체결한 당사자 중 채무자를 "낙약자" 그리고 채권자를 "요약자"라고 부른다. 채무자는 제3자에게 이행할 것을 약속한 자이며 채권자는 이러한 약속을 하게 만든 자라는 의미에서 이러한 명칭이 붙여졌다.

구체적인 사안에서 당사자들이 어떤 유형의 계약을 체결하였는지는 의사표시의 해석을 통해서 확정해야 한다.[1] 이 문제는 계약 체결의 목적, 계약에 있어서의 당사자의 행위의 성질, 계약으로 인하여 당사자 사이 또는 당사자와 제3자 사이에 생기는 이해득실, 거래 관행, 제3자를 위한 계약제도가 갖는 사회적 기능 등 제반 사정을 종합하여 계약 당사자의 합리적 의사를 해석함으로써 판별할 수 있다.[2] 특히 채권자가 제3자의 이익을 위해서 계약을 체결하는 것으로 드러나는 경우, 즉 "제3자의 재산적 사정의 호전이 목적인 경우"에는 진정한 제3자를 위한 계약이 존재한다고 할 수 있다. 사안에서 자동차의 인도와 자동차 서류의 전달을 乙에게 하도록 약정하였으므로 계약을 전적으로 乙의 이익을 위해서 체결한 것으로 보인다. 따라서 乙에게 독자적인 청구권을 형성시키려는 의사가 계약당사자들에게 있는 것으로 해석되므로 진정한 제3자를 위한 계약이 체결되었다고

---

1) 이 문제는 실무에서도 등장하는 문제로서 예를 들어 병존적 채무인수와 이행인수는 제3자를 위한 계약인가의 여부가 문제된 적이 있다. 결론부터 말하면 병존적 채무인수는 진정한 제3자를 위한 계약에 해당하나, 이행인수에서는 이익을 받는 제3자에게 독립된 청구권이 발생하는 것이 아니므로 부진정한 제3자를 위한 계약에 해당한다. 이에 관하여 우리 대법원은 "채무자와 인수인의 계약으로 체결되는 병존적 채무인수는 채권자로 하여금 인수인에 대하여 새로운 권리를 취득하게 하는 것으로 제3자를 위한 계약의 하나로 볼 수 있고, 이와 비교하여 이행인수는 채무자와 인수인 사이의 계약으로 인수인이 변제 등에 의하여 채무를 소멸케 하여 채무자의 책임을 면하게 할 것을 약정하는 것으로 인수인이 채무자에 대한 관계에서 채무자를 면책케 하는 채무를 부담하게 될 뿐 채권자로 하여금 직접 인수인에 대한 채권을 취득케 하는 것이 아니므로 결국 제3자를 위한 계약과 이행인수의 판별 기준은 계약당사자에게 제3자 또는 채권자가 계약당사자 일방 또는 인수인에 대하여 직접 채권을 취득케 할 의사가 있는지 여부에 달려 있다"고 판시한 바가 있다 (대법원 1997. 10. 24. 선고, 97다28698 판결).

2) 대법원 1997. 10. 24. 선고, 97다28698 판결.

보는 것이 타당하다.

II. 丙의 甲에 대한 매매대금지급청구권(제563조, 제568조 제1항) (설문 2)

甲이 매매계약에 기하여 발생한 매매대금을 지급하지 않기 위해서는 매매대금지급청구권이 소멸하였어야 한다.

제3자를 위한 계약이 성립하면 제3자가 아무런 행위를 하지 않아도 제3자가 권리를 취득하는 것은 아니다. 제3자는 채무자인 낙약자에게 계약의 이익을 받을 의사가 있음을 표시(수익의 의사표시)한 때에 비로소 권리를 취득하게 된다(제539조 제2항).3) 그런데 사안에서 제3자인 乙이 확정적으로 수익을 거절한 경우에 제3자인 乙은 丙에 대한 급부청구권은 취득하지 못하였다. 이 경우 甲의 급부청구권의 운명은 어떻게 되고, 낙약자와 요약자 사이의 보상관계가 어떻게 되는지가 문제된다. 이에 관하여 법률에 직접적인 명문의 규정은 없다.

우선은 제3자가 수익을 거절한 경우에 계약의 해석을 통하여 급부가 타인(요약자 또는 요약자에 의하여 새롭게 정해진 제3자)에게 이행되어야 하는지, 아니면 급부가 아예 소멸하는지의 여부를 확정해야 한다. 특히 요약자가 계약의 존속을 원하고 낙약자도 누구에게든 급부를 이행하는 것이 상관이 없는 경우에는 타인에게 이행되어야 하는 쪽으로 해석할 수 있을 것이다. 그러나 사안에서는 乙의 이익을 위하여 계약을 체결하려고 하였으므로 요약자가 계약을 계속 존속시키려고 하는 의사를 가졌다고 보기는 어렵다.

일반적으로 당사자의 의사가 불분명한 경우 약정된 급부의 청구권이 요약자에게 귀속된다는 견해가 있다.4) 이 견해에 따른다면 사안에서 당사자의 의사가 무엇인지 드러나 있지 않으므로 甲이 포니 II를 자신에게 이

---

3) 위와 같이 해석하는 것이 일반적이다. 즉 이 권리발생요건설에 따르면 제3자의 수익의 의사표시에 의하여 제3자의 권리가 발생하며 계약의 효력은 제3자의 수익의 의사표시에 관계없이 발생한다. 이에 반하여 제3자가 수익을 하지 않겠다는 의사표시를 해제조건으로 당사자의 계약이 효력을 발생한다고 하는 견해[장재현, "제3자를 위한 계약에 관한 일시론," 민법학의 회고와 전망(민법전시행20주년기념논문집), 1993, 535면]가 있다.

4) 민법주해 XII /송덕수, 171면; 이은영, 203면.

행하라고 丙에게 요구할 수 있으며, 이때 甲은 매매대금을 丙에게 지급해야 한다.

이에 반하여 제3자의 거절을 통하여 제3자에게 이행해야 하는 급부는 이행불능이 되었다는 견해가 있다.5) 이에 따르면 요약자가 반대급부를 이행해야 하는가의 문제는 제537조, 제538조에 의하여 정해진다. 따라서 요약자인 甲은 이미 乙이 다른 차를 사려고 한다는 사실 또는 포니를 좋아하지 않는다는 사실 등으로 인하여 거절할 것이라는 것을 예견할 수 있었을 경우에는 매매대금을 지급해야 할 것이다(제538조 제1항). 사안에서 甲은 젊은 층에 해당하는 손자 乙이 이미 단종된 포니 II를 좋아하지 않을 수 있다는 사실을 어느 정도 예견하고 있었으므로 매매대금을 지급해야 할 것이다. 그러나 채무자 丙은 자기의 채무를 면함으로써 乙에게 포니 II를 인도하지 않아도 되는 이익을 얻고 있으므로 이 이익을 채권자인 甲에게 상환해야 한다(제538조 제2항). 즉 포니 II를 甲에게 주어야 한다. 이행불능으로 취급하여 구체적인 사정에 따라 당사자의 이해관계를 조절하는 이 견해가 더 타당하다고 생각된다. 그러나 본 사안에서는 어느 견해를 취하든 설명의 방식이 다를 뿐 그 결론은 같다. 즉 甲은 매매대금을 丙에게 지급하고 포니 II를 직접 인도받아야 한다.

---

5) 김상용, 107면.

24. 제3자를 위한 계약에서 항변권

사 례
(1) 사안 23에서 손자 乙이 포니 II를 찾으러 가자 丙은 아직 할아버지 甲이 매매대금을 지급하지 않았으므로 자동차를 인도할 수 없다고 한다. 이에 대하여 丙은 그것은 할아버지와 관계되는 문제로 자신과는 상관없으니 자동차를 인도하라고 요구한다. 누구의 주장이 정당한가?

(2) 사안 23에서 甲은 손자 乙이 대학원에 입학하게 된 것을 조건으로 자동차를 선물하기로 약속하였으나, 乙이 돌연 사랑하는 여인과 결혼하고 취직하여 대학원을 가지 않자 자동차를 선물할 생각이 없어졌다. 그런데 乙이 이미 자동차를 찾아간 후였다. 丙이 잔금을 청구하기 위하여 甲에게 오자, 甲은 손자에게 자동차를 선물할 요건이 충족되지 않았다고 하면서 잔금을 지급하지 않겠다고 한다. 이 경우 丙은 甲에게 잔금을 청구할 수 있는가?

Ⅰ. 乙의 丙에 대한 자동차의 인도청구권(제563조, 제568조 제1항) (설문 1)

甲과 丙 사이에 제3자인 乙 없이 보통의 매매계약이 체결된 경우라면 甲이 매매대금의 지급 없이 포니 II의 인도를 청구하면 丙은 동시이행의 항변권(제536조)을 행사할 수 있다. 그런데 본 사안에서는 낙약자인 丙과 요약자인 甲 사이에 발생한 항변권을 낙약자인 丙이 제3자인 乙에게도 주장할 수 있는지가 문제된다.

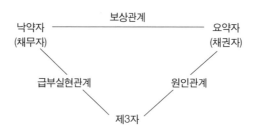

　　제3자를 위한 계약에서 낙약자와 요약자 사이의 법률관계를 '보상관계'라고 부른다. 보상관계라고 부르는 것은 낙약자가 제3자에게 급부를 하는 데에 대한 '보상'을 이 관계를 통하여 얻기 때문이다. 요약자와 제3자 사이의 법률관계를 '원인관계'라고 부른다. 원인관계로부터는 요약자가 낙약자로 하여금 제3자에게 급부를 하도록 하는 이유가 나타난다. 낙약자와 제3자와의 관계를 '급부실현관계' 또는 '제3자수익관계'라고 부른다. 대부분의 경우에 보상관계에서 이 관계를 정해 버리기 때문에 특별히 언급하지 않는 경우가 많다. 본 사안에서 문제되고 있는 쟁점을 다시 한 번 말하자면, 보상관계에서 발생한 항변권을 급부실현관계에서 주장할 수 있는지가 문제되는 것이다.

　　앞에서 살펴본 것처럼 낙약자는 보상관계에서 동시이행의 항변권을 행사할 수 있는데, 제3자를 위한 계약을 통하여 낙약자가 채권자가 아닌 제3자에게 급부를 이행해야 한다는 점으로 인하여 낙약자가 불이익을 당하면 안될 것이다. 또한 낙약자는 보상관계를 원인으로 하여 제3자를 위한 계약을 체결하므로 보상관계는 계약의 내용이 된다. 따라서 보상관계에서 발생한 사유는 제3자를 위한 계약의 효력에 영향을 미친다. 그에 따라 낙약자는 보상관계에서 발생한 모든 항변권을 갖고 제3자에게 대항할 수 있다(제542조). 계약당사자인 甲과 丙이 제542조의 효력을 특별히 부인한다는 사정이 보이지 않으므로 제542조에 의하여 丙은 甲에 대한 동시이행의 항변권(제536조)을 갖고 乙에게 대항할 수 있다. 따라서 丙은 甲이 매매대금을 지급하기 전까지는 자동차를 乙에게 인도하지 않아도 된다.

II. 丙의 甲에 대한 매매대금지급청구권(제563조, 제568조 제1항) (설문 2)

　　甲과 乙 사이에는 乙이 대학원에 입학한다는 조건부 증여계약이 체결되었으므로, 乙이 그 조건을 충족하지 않는 한 계약의 효력이 발생하지 않는다. 그런데 사안에서는 甲과 乙 사이의 원인관계에서 증여계약의 효력이 발생하지 않았다는 항변권을 갖고 요약자인 甲이 이를 보상관계에서 丙에게 주장할 수 있는지가 문제된다.

　　보상관계와 원인관계는 서로 독립되어 있다. 요약자가 낙약자로 하여금 제3자에게 급부를 하도록 하는 이유는 제3자와 요약자의 관계와 관련이

없기 때문이다. 원인관계의 흠결은 제3자를 위한 계약의 성립 내지 효력에
영향이 없으므로, 낙약자는 요약자와 수익자 사이의 법률관계에 기한 항변
으로 수익자에게 대항하지 못하고, 요약자도 원인관계의 부존재나 효력의
상실을 이유로 자신이 보상관계에 기하여 낙약자에게 부담하는 채무의 이
행을 거부할 수 없다.[1] 그러므로 낙약자는 원인관계에서 유효한 계약이 성
립하지 않고 있더라도 제3자에게 급부를 이행할 의무를 그와 관계없이 부
담하므로 甲은 丙에게 잔금을 지급해야 한다(다만 제3자를 위한 계약을 기초
로 제3자가 낙약자로부터 급부의 이행을 받았으나, 이를 근거짓는 요약자와 제3자
사이에 법률상의 원인이 존재하지 않는 경우에 요약자는 제3자에게 부당이득반환
을 청구할 수 있다. 따라서 甲은 乙에게 부당이득을 이유로 자동차의 반환을 청구
할 수 있다. 그러나 제3자를 위한 계약은 유효하므로 낙약자가 제3자에 대하여 이
행한 급부는 반환청구하지 못한다).

---

1) 대법원 2003. 12. 11. 선고, 2003다49771 판결; 곽윤직, 73면.

25. 제3자를 위한 계약과 해제권 행사

> **사 례** 甲은 친구 乙이 장애인을 위한 복지시설을 만들고 싶다고 하자, 조그마한 보탬이 되고 싶다면서 유명한 침대제작자 丙에게 복지시설의 장애인용 침대를 주문하였다. 이때 甲은 복지시설에 필요한 침대가 무엇인지 잘 모르므로 침대의 크기 및 갖추어야 할 특성에 대하여는 권리자인 乙과 협의하도록 丙에게 부탁하였다. 그 후 乙은 주문의 내용을 구체화시키는 편지를 丙에게 보냈는데, 이행기가 지난 후에 계속된 독촉에도 불구하고 丙은 침대를 만들지 않았다. 이 경우 甲과 乙은 단독으로 계약을 해제할 수 있는가?

이행지체를 이유로 한 해제권(제544조)

사안에서 甲과 丙은 장애인침대를 제작하기로 하는 제3자를 위한 도급계약(제664조, 제539조 제1항)을 체결하였고 제3자인 乙은 침대제작과 관련한 편지를 보냄으로써 수익의 의사표시를 낙약자에게 하였다(제539조 제2항).[1] 이러한 수익의 의사표시로 제3자인 乙의 권리는 확정적으로 발생하였다. 그런데 이행기가 지나 여러 번의 독촉에도 불구하고 낙약자인 丙이 이행을 하지 않음에 따라 이행지체를 이유로 한 계약해제를 할 수 있는 요건은 충족되었다(제544조). 문제는 제3자를 위한 계약에서 해제권을 요약자와 제3자 중 누가 행사할 수 있으며, 어떠한 요건하에서 행사할 수 있느냐이다.

---

1) 수익의 의사표시는 묵시적으로도 가능한데 제3자가 낙약자에 대하여 직접 급부를 청구하는 것도 수익의 의사표시가 있는 것으로 해석된다(대법원 1972. 8. 29. 선고, 72다1208 판결).

(1) 乙의 해제권

제3자를 위한 계약을 통하여 제3자에게 급부의 이행을 청구할 수 있는 권리가 발생하지만, 그렇다고 하여 제3자인 乙이 甲과 丙 사이에 체결된 도급계약의 당사자가 되는 것은 아니다. 그런데 보상관계의 존속과 관련된 취소권, 해제권 등은 계약당사자들에게만 인정되므로 계약당사자가 아닌 제3자에게는 이러한 권리가 인정되지 않는다.[2] 따라서 사안에서 제3자인 乙은 해제권을 행사할 수 없고 계약당사자인 요약자 甲만이 행사할 수 있다.

(2) 甲의 해제권

그런데 문제는 계약당사자인 甲이 단독으로 계약해제권을 행사할 수 있는가이다. 왜냐하면 제3자가 수익의 의사표시를 하면 제3자의 권리가 확정되어 낙약자와 요약자는 그 권리의 내용을 변경 또는 소멸시키지 못하기 때문이다(제541조). 그런데 다수설[3]과 판례[4]는 낙약자의 채무불이행이 있는 경우에 계약을 해제하여 자기의 채무를 면하려는 것을 금할 이유가 없다는 이유로 요약자가 단독으로 해제할 수 있음을 인정하고 있다. 이에 반하여 제3자가 수익의 의사표시를 한 이후에는 제3자의 동의를 얻은 경우에만 해제할 수 있다는 유력한 견해가 제기되고 있다.[5] 이 견해는 기본적으로 요약자가 단독으로 해제권을 행사하는 것을 인정하게 되면 제541조에 반하는 부당한 결과에 이르게 된다는 것을 전제로 하고 있다.

계약을 해제하면 제3자가 손해배상을 청구할 수 있다는 점에서는 동일하고(제551조), 따라서 제3자의 권리의 내용이 변경되는 것은 아니라고 생각할 수 있다. 그러나 본 사안에서처럼 이행지체가 성립하는 경우에 계약이 해제되기 전까지 제3자는 본래의 급부를 대신하여 전보배상을 청구할 수 있는 권리를 갖고 있는 데 반하여(제395조), 계약이 해제되면 손해배상

---

2) 곽윤직, 76면.
3) 곽윤직, 79면.
4) 대판 1970. 2. 24. 선고, 69다1410, 1411 판결.
5) 이은영, 205면; 김형배, 188-189면.

을 청구할 수는 있지만 더 이상 이행을 청구할 수 없으므로 그 손해배상
의 내용이 지연배상으로 축소된다(제390조).[6] 따라서 해제권 행사로 제3자
의 권리내용이 이와 같이 변경된다고 보는 것이 올바른 해석이다. 권리가
확정된 후 제3자의 동의 없이 권리를 변경해서는 안 된다는 제541조의 취
지를 충분히 살리고 있는 유력설의 견해가 타당하므로 甲도 수익자의 동의
가 없는 한 단독으로 해제권을 행사할 수 없다.

---

6) 계약을 해제하면 손해배상의 범위는 이행이익을 한도로 한다. 그렇지만 해제 후에
   는 미이행급부는 이행의무를 면하고 기이행급부는 원물반환 또는 가액반환으로서
   원상회복되므로, 채권자가 미이행급부의 수령권을 전제로 하는 전보배상을 청구할
   수 없고 지연배상만을 청구할 수 있을 뿐이다(주석민법 채권각칙(2)/이은영, 138
   면].

V. 계약의 해제와 해지

26. 계약의 합의해제

> **사례** 甲은 소금을 아이템으로 한 찜질방 사업을 하기 위해서 건물을 임차하고 乙에게 내부 장식을 5월 1일까지 완성하도록 하는 계약을 체결하였다. 그런데 乙은 사업체의 내부사정으로 인하여 5월 말이 되어도 50%밖에 완공을 하지 못하였다. 이에 甲은 乙에게 공사중단을 요구하였고 乙은 보수의 50%를 받는 것을 조건으로 이를 수용하였다. 그 후 甲은 乙에게 이행지체를 이유로 한 손해의 배상을 청구하였다. 정당한가?

甲의 乙에 대한 손해배상청구권(제390조)

甲과 乙 사이에는 찜질방의 내부장식을 5월 1일까지 완성하도록 하는 도급계약(제664조)이 체결되었으나, 乙이 5월 1일까지 내부장식을 완공하지 못하였으므로 이행지체를 이유로 한 손해배상책임이 발생한다(제390조). 사안에서 甲이 공사중단을 요구한 것과 이를 乙이 일정한 조건하에서 수용한 것은 기존에 존재하는 법률관계를 해소하겠다는 의미로 해석되는데, 이를 법률적으로 어떻게 평가할 것인지에 따라 손해배상을 받을 수 있는지가 결정된다.

우리 민법상 계약관계를 해소하는 제도로는 해제권이 있는데, 해제권의 행사가 있더라도 손해배상의 청구에는 영향을 미치지 않으므로(제551조) 甲은 乙에게 이행지체를 이유로 한 손해배상청구권을 행사할 수 있다. 한

편 해제권은 당사자의 약정 또는 법률규정에 의하여 발생하는데(제543조), 본 사안에서는 특별한 약정해제사유가 존재하지 않으므로 법정해제사유만이 문제된다. 본 사안에서는 乙의 이행지체가 있었으므로 이행지체로 인한 해제권(제544조)이 고려될 수 있는데, 이를 행사하기 위해서는 해제권자가 상대방에게 상당한 기간을 정하여 이행의 최고를 했어야 한다. 그런데 甲은 이와 같은 유예기간을 설정한 적이 없으므로 甲의 공사중단을 요구하는 의사표시를 해제권행사로 해석하더라도 해제권행사의 효과는 발생하지 않는다.

그 외에 명문의 규정은 없지만 계약당사자의 합의를 통하여 기존의 계약관계를 해소하는 해제계약 내지 합의해제라는 것도 사적 자치의 원칙상 당연히 인정된다. 그런데 합의해제의 효과는 그 합의의 내용에 의하여 결정되고 여기에는 원칙적으로 해제에 관한 민법상의 규정이 적용되지 않는다.[1] 따라서 계약의 합의해제가 성립할 때 당사자 일방이 상대방에게 손해배상을 하기로 특약하거나 손해배상청구를 유보하는 의사표시를 하는 등 다른 사정이 없는 한 채무불이행으로 인한 손해배상을 청구할 수 없다.[2]

계약이 합의해제되기 위하여는 일반적으로 계약이 성립하는 경우와 마찬가지로 해약의 청약과 승낙이라는 서로 대립하는 의사표시의 합치가 있어야 하는데,[3] 사안에서 甲은 乙에게 공사중단을 요구하였고 乙은 보수의 50%를 받는 것을 조건으로 이를 수용함으로써 합의해제가 성립하였다. 그런데 합의해제 시 손해배상을 유보한다는 특약이 없었으므로 甲은 乙에게 이행지체를 이유로 한 손해배상을 원칙적으로 청구할 수 없다. 이때 배상의 특약이나 손해배상청구를 유보하였음은 이를 주장하는 당사자가 증명해야 한다.[4]

---

1) 대법원 1997. 11. 14. 선고, 97다6193 판결.
2) 대법원 1989. 4. 25. 선고, 86다카1147, 1148 판결.
3) 대법원 1996. 2. 27. 선고, 95다43044 판결.
4) 대법원 2013. 11. 28. 선고, 2013다8755 판결.

27. 계약해제의 효과

사 례

甲은 1월 20일 乙에게 A토지를 금 2억원에 매도하고, 계약금 및 중도금으로 금 1억원을 계약 당일 乙로부터 지급받으면서 소유권이전등기에 필요한 서류를 넘겨주었으며, 잔대금 1억원은 2월 10일에 받기로 약정하였다. 乙은 1월 30일 자기 앞으로 소유권이전등기를 마쳤다. 그런데 乙이 지급약정일에 잔대금을 지급하지 않자 甲은 2월 11일 잔대금지급을 최고하고, 그 후 상당 기간이 지나도록 변제가 없자 3월 1일에 계약을 해제하였다. 그 후 甲은 乙에게 소유권이전등기의 말소를 요구하였다. 정당한가?

Ⅰ. 甲의 乙에 대한 원상회복청구권(제548조 제1항)

甲이 乙에게 원상회복청구권을 기초로 소유권이전등기의 말소를 청구하기 위해서는 甲이 乙에게 한 해제의 의사표시가 유효하게 행사되었어야 한다. 제544조에 기한 해제가 성립하기 위해서는 (1) 채무의 이행이 없을 것, (2) 채권자의 최고가 있을 것, (3) 상당한 유예기간을 부여할 것, (4) 유예기간 내에 이행하지 아니할 것 등의 요건이 충족되어야 한다. 사안에서 甲은 乙에게 소유권이전등기를 경료하였으므로 乙은 동시이행의 항변권을 잃은 상태에서 지급기일에 잔금을 지급하지 않아 이행지체에 빠졌다. 그리고 甲이 상당한 기간을 정하여 최고하였지만 乙은 그 기간 내에 자신의 의무를 이행하지 않았다. 따라서 甲은 모든 요건이 충족된 상태에서 유효하게 해제권을 행사하였으므로 원상회복청구권에 기하여 소유권이전등기의 말소를 청구할 수 있다.

II. 甲의 乙에 대한 소유물방해제거청구권(제214조)

甲이 계약을 유효하게 해제한 경우에 乙에게 소유물방해제거청구권에 기하여 소유권이전등기의 말소를 청구할 수 있는지가 문제된다. 해제권 행사로 인한 효과에 관한 직접효과설에 의하면 해제의 효과는 소급효가 있으므로 해제권을 행사하면 채권·채무는 처음부터 존재하지 않았던 것처럼 소급해서 소멸하게 된다. 그런데 직접효과설에서도 유인설의 입장에서 소유권이전의 효과도 당연히 소멸하여 상대방은 처음부터 소유권자가 아니었던 것처럼 된다는 물권적 효과설[1]과 채권행위의 부존재 또는 하자는 물권행위에 영향을 미치지 않는다는 무인설의 입장에서 채권관계만 소멸하며 물권행위는 계속하여 유효하다는 채권적 효과설이 대립하고 있다.

이에 반하여 청산관계설[2]은 기존의 계약의 목적이 계약의 이행에 있었다면 계약해제로 계약의 목적이 청산으로 변하여 당사자의 관계가 청산관계로 변한다고 한다. 청산관계설에서는 계약해제로 인하여 청산해야 하는 채무만 발생하기 때문에 물권행위로 이전한 소유권은 당연히 복귀하지 않는다. 결국 직접효과설 중 물권적 효과설에 의해서만 해제권 행사로 소유권이 甲에게 복귀하여 甲은 소유물방해배제청구권에 기하여 등기의 말소를 청구할 수 있다. 그러나 직접효과설 중 채권적 효과설과 청산관계설에 의하면 해제권이 행사되더라도 소유권은 乙에게 있으므로 甲은 소유물방해배제청구권에 기초하여 등기의 말소를 청구할 수 없다.

---

1) 대법원 1977. 5. 24. 선고, 75다1394 판결; 대법원 1995. 5. 12. 선고, 94다18881, 18898, 18904 판결.
2) 김형배, 204면 이하; 이은영, 251면 이하.

28. 계약해제와 제3자

> **사례** 앞의 사안에서 乙은 소유권이전등기를 마친 후, 같은 날 丙에 대한 8천만 원의 채무를 담보하기 위하여 저당권을 설정하여 주었다. 또한 甲이 계약을 해제한 후인 3월 5일 乙은 이러한 사정을 잘 알고 있는 丁에게 5천만 원의 채무를 담보하기 위하여 저당권을 설정하여 주었다. 이 때 甲은 丙과 丁에게 각 저당권설정등기의 말소를 요구할 수 있는가?

Ⅰ. 甲의 丙에 대한 저당권설정등기 말소청구

(1) 계약해제의 효과

계약이 유효하게 해제되더라도 원상회복청구권은 채권적 청구권에 불과하므로 甲은 이를 기초로 해서 직접적으로 丙에게는 아무런 주장을 하지 못한다. 또한 물권적 청구권인 소유물방해배제청구권을 행사하기 위해서는 해제권 행사로 인하여 소유권이 바로 甲에게 복귀해야 하는데, 직접효과설 중 채권적 효과설과 청산관계설에 의하면 소유권이 乙에게 남아 있으므로 甲은 丙에 대하여 소유권에 기한 청구권을 행사하지 못한다. 그에 반하여 직접효과설 중 물권적 효과설에 의하면 소유권에 기한 방해배제청구권이 행사될 수 있다.

(2) 보호되는 제3자의 범위

다만 제548조 제1항 단서는 해제는 "제3자의 권리를 해하지 못한다"고 규정하고 있다. 여기서 말하는 제3자는 그 계약으로부터 생긴 법률관계를 기초로 하여 새로운 이해관계를 가졌을 뿐만 아니라 등기, 인도 등으로 완전한 권리를 취득한 자로 해석된다.[1] 丙은 계약을 해제하기 전에 乙로부터 저당권설정등기를 경료받았으므로 제548조 제1항 단서에 의하여 보호되는 제3자에 해당하여, 甲의 丙에 대한 저당권설정등기 말소청구는 어느 입장에 따르더라도 인정될 수 없다.

II. 甲의 丁에 대한 저당권설정등기 말소청구

丁은 해제의 의사표시가 있은 후에 그러나 등기를 말소하지 않은 동안에 이해관계를 맺은 제3자에 해당한다. 이 경우 청산관계설과 직접효과설 중 채권적 효과설에 의하면 해제권이 행사되더라도 乙이 소유자이므로 丁은 소유자로부터 저당권을 유효하게 설정받은 것이 된다. 따라서 이 견해에 따르면 甲은 丁의 선의·악의와 상관없이 저당권설정등기의 말소를 청구할 수 없다.

그에 반하여 직접효과설 중 물권적 효과설에 의하면 해제권이 행사된 후에 乙은 더 이상 소유자가 아니므로 丁은 무권리자로부터 저당권을 설정받은 것이 된다. 따라서 甲은 소유권에 기한 방해배제청구권을 丁에게 행사할 수 있다. 다만 판례는 "해제의 의사표시가 있은 후 그 해제에 의한 말소등기가 있기 이전"에 이해관계를 갖게 된 선의의 제3자를 제548조 제1항 단서의 범위에 포함시키고 있다.[2] 해제의 의사표시는 계약당사자 사이에서 이루어지기 때문에 비록 계약을 해제하였더라도 등기가 복귀되기 전까지는 제3자로서는 계약이 해제되었다는 사실을 알기 어려우므로 이러한 사실을 모르는 자를 보호할 필요가 있다는 점을 제3자의 범위가 확대되는 논거로 하고 있다. 그러나 丁은 해제의 의사표시가 있은 후 그 해제에 의한 말소등기가 있기 전에 저당권을 설정받은 자이기는 하지만, 甲과 乙 사이에 매매계약이 해제된 사실을 알고 있었으므로(악의) 제548조 제1항 단서의 제3자에 해당하지 않으므로 甲의 말소청구에 응하여야 한다.

---

1) 대법원 1997. 12. 26. 선고, 96다44860 판결.
2) 대법원 1996. 11. 15. 선고, 94다35343 판결.

29. 계약해제로 인한 원상회복의 범위

> **사례** 甲은 새 차를 乙로부터 구입한 후에 유효하게 계약을 해제하였다. 乙은 甲이 그동안 자동차를 사용한 것에 따른 이익과 자동차를 등록함으로써 발생한 가격하락에 대한 배상을 요구한다. 정당한가?

乙의 甲에 대한 원상회복청구권(제548조 제1항)

본 사안에서 유효하게 계약이 해제되었으므로 각 당사자는 상대방에 대하여 계약이 행하여지지 않았던 것과 같은 상태로 복귀시킬 원상회복의무를 부담한다. 따라서 당사자의 선의·악의 또는 이익의 현존 여부를 묻지 않고 받은 이익 전부를 상대방에게 반환해야 한다.[1] 그러므로 각 당사자가 받은 물건이나 권리로부터 생긴 과실은 반환되어야 한다. 본 사안에서 甲이 자동차를 사용하여 얻은 이익은 법정과실에 준하여 취급되므로 계약해제로 인하여 甲이 원상회복의무를 부담함에 있어서 甲은 목적물의 사용에 의한 이익을 乙에게 반환하여야 한다(제548조 제1항).

甲이 자동차를 등록함으로써 발생한 가격하락은 물건의 용법에 맞는 사용으로 인한 감가상각비에 해당한다. 그런데 이와 같이 자동차가 양수인 甲에 의하여 등록되어 사용됨으로 인하여 감가 내지 소모가 되는 요인이 발생하였다고 하더라도 그것으로 인해 양수인 甲이 이득을 얻은 것은 없다. 따라서 감가상각을 훼손으로 볼 수 없는 한 乙은 甲에게 원상회복의무로서 감가상각비 상당을 반환청구할 수 없다.[2]

---

1) 대법원 1998. 12. 23. 선고, 98다43175 판결.
2) 대법원 2000. 2. 25. 선고, 97다30066 판결.

30. 해제의 효과와 동시이행

사 례 자취생 甲은 전공공부를 더 열심히 하기로 결심하고 TV를 팔기 위해서 乙이 운영하는 중고 전자제품가게에 갔다. 거기에 마침 甲이 사고 싶던 중고 냉장고가 있어 10만원을 더 주고 냉장고를 TV와 교환하기로 하였다. 乙의 직원 丙은 냉장고를 甲의 집으로 배달해 주었는데, 이 과정에서 甲이 아끼는 오디오를 丙이 망가트렸다. 甲이 준 TV가 전혀 작동하지 않자 乙은 계약을 해제하고 냉장고를 돌려달라고 甲에게 요구하였다. 甲은 오디오 시설의 배상을 해줄 때까지 냉장고를 돌려줄 수 없다고 한다. 정당한가?

I. 불완전이행을 이유로 한 계약의 해제

甲은 乙과 체결한 교환계약(제596조)에 따라 TV의 소유권을 乙에게 이전하였으나, 제대로 작동하지 않는 TV를 인도하였으므로 불완전이행이 성립하였다. 불완전이행의 경우 명문의 규정은 없지만 제544조 내지 제546조의 유추를 통하여 해제권이 인정된다. 이때 채무의 이행을 제대로 할 수 있으면, 계약의 해제를 하기 위해서는 상당한 기간을 정하여 그 이행을 최고하고 그 기간 내에 이행이 없어야 한다.[1] 본 사안에서 TV가 전혀 작동하지 않은 것으로 보아서 이행의 최고 없이 계약의 해제가 가능하다. 따라서 乙의 해제권 행사는 정당하게 이루어져서 해제의 효과가 발생하였다.

II. 해제의 효과와 동시이행

乙의 해제권 행사로 甲과 乙은 교환계약에 기하여 이루어진 급부를 원상회복해야 한다(제548조 제1항). 그에 따라 甲과 乙은 각각 TV 및 10만

---

1) 대법원 1996. 11. 26. 선고, 96다27148 판결.

원과 냉장고를 서로 반환해야 할 의무를 부담하므로 乙이 甲에게 냉장고의 반환을 요구한 것은 정당하다. 하지만 이행과정에서 乙의 이행보조자 丙의 과실로 인하여 발생한 甲의 손해배상청구권(제390조, 제391조)이 乙의 반환 청구권과 동시이행의 관계에 있느냐가 문제된다. 제549조에서 원상회복의 무 사이에는 동시이행의 관계에 있음을 규정하고 있으나, 원상회복의무와 손해배상의무가 동시이행의 관계에 있는지에 관하여는 규정이 없다. 본 사안의 손해배상의무는 기존의 채권관계에서 발생한 것이며 해제권의 행사는 이러한 손해배상의무에 영향을 주지 않을 뿐만 아니라(제551조), 원상회복 의무와도 동시이행의 관계에 있다고 해석된다.[2) 따라서 오디오 시설의 배 상을 할 때까지 냉장고의 반환을 거절하겠다는 甲의 주장은 정당하다.

---

2) 대법원 1996. 7. 26. 선고, 95다25138 판결. 청산관계설에 의하면 기존의 채권관계
   가 존재하기 때문에 동시이행의 관계를 인정하기 어렵지 않다. 반면에 직접효과설
   에서는 채권관계가 해제권의 행사로 소급적으로 소멸하므로 원칙적으로 동시이행의
   관계를 인정하기 어렵지만, 공평의 관념상 필요성이 있다는 이유로 이를 긍정하고
   있다(곽윤직, 107면).

31. 계약의 해제와 손해배상의 범위

사 례

수출입업을 하는 회사 A는 캐나다에서 판매할 목적으로 甲으로부터 면제품 셔츠 6,000벌을 수입하기로 하는 계약을 체결하여, 그 대금으로 미화 20,000달러를 지급하고 캐나다에서 이를 인도받았다. 그러나 면제품 셔츠에는 세탁하면 심하게 줄어드는 하자가 있어 이를 판매할 수가 없게 되어 A는 매매계약을 유효하게 해제하였다. A는 甲의 채무불이행으로 인하여 판매사원의 고용비 등으로 미화 4,000달러를 지출하였으므로 甲은 이 손해를 배상할 의무가 있다고 주장한다(A가 청구하고 있는 판매사원 고용비용의 내용은 A의 고용 판매사원 1인이 본 계약상의 제품의 판매를 위한 홍보 및 계약체결 기타 경비를 지출하였는데, 그 지출한 비용과 기타 그의 2개월분 월급을 합한 액수이다). 만약 정상적인 셔츠를 받아 판매하였을 때 A의 이익이 미화 5,000달러로 추정되는 경우 A의 주장이 정당한가?[1]

A의 甲에 대한 채무불이행을 이유로 한 손해배상청구권(제390조)

(1) 손해배상의 요건

A가 유효하게 계약을 해제하였더라도 계약의 해제는 손해배상청구에 영향을 미치지 않으므로(제551조) 채무불이행이 성립하였다면 A는 甲에게 손해배상을 청구할 수 있다. 사안에서 甲은 하자가 있는 물품을 인도함으로써 채무내용에 좋은 이행을 하지 않았으므로 A는 채무불이행으로 인한 손해배상을 청구할 수 있다.

---

1) 대법원 1992. 4. 28. 선고, 91다29972 판결 변형.

(2) 손해배상의 범위

그런데 면제품 셔츠의 판매를 위하여 지출된 비용과 직원의 고용비 등이 손해배상의 범위에 포함되느냐가 문제된다. 계약해제 시 손해배상의 청구는 채무불이행으로 인한 손해배상에 해당하므로 계약의 이행으로 인하여 채권자가 얻을 이익(이행이익)을 손해로서 청구하여야 한다. 그런데 본 사안에서의 손해는 계약이 해제되지 아니하였을 경우 채권자가 그 채무의 이행으로 소요하게 된 비용, 즉 소위 신뢰이익의 손해에 해당한다. 이를 인정할 것인지에 관하여 과거의 판례는 부정적이었으나,[2] 현재 판례는 이와 같은 지출비용을 신뢰이익의 손해라고 하여 원칙적으로 손해배상의 범위에 속한다고 보고 있다. 즉 채무불이행을 이유로 계약해제와 아울러 손해배상을 청구하는 경우에 이행이익의 배상을 구하는 것이 원칙이지만, 그에 갈음하여 그 계약이 이행되리라고 믿고 채권자가 지출한 비용, 즉 신뢰이익의 배상을 구할 수도 있다고 한다.[3]

손해배상의 범위는 제393조에 의하여 결정되므로 신뢰이익 중 계약의 체결과 이행을 위하여 통상적으로 지출되는 비용은 통상의 손해로서 상대방이 알았거나 알 수 있었는지의 여부와는 관계없이 그 배상을 구할 수 있고(제393조 제1항), 이를 초과하여 지출되는 비용은 특별한 사정으로 인한 손해로서 상대방이 이를 알았거나 알 수 있었던 경우에 한하여 그 배상을 구할 수 있다(제393조 제2항). 다만 그 신뢰이익은 과잉배상금지의 원칙에 비추어 이행이익의 범위를 초과할 수 없다.[4] 본 사안에서 판매사원의 고용비 지출 등으로 인한 손해는 이른바 특별손해에 해당한다. A가 수출입업을 하는 회사이므로 면제품 셔츠를 판매의 목적으로 매수한다는 사실을 甲이 알 수 있었고, 그렇다면 그 판매를 위하여 A가 비용을 지출하리라는 것도 甲이 알 수 있었던 것으로 보아야 할 것이다. 따라서 판매사원의 월급도 그것이 면제품 셔츠 판매를 위하여 지출된 것이라면 판매를 위한 비용에 포함되어 甲이 배상하여야 할 손해를 이룬다. 그리고

---

2) 대법원 1983. 5. 24. 선고, 82다카1667 판결.
3) 대법원 2002. 6. 11. 선고, 2002다2539 판결.
4) 대법원 2002. 6. 11. 선고, 2002다2539 판결.

신뢰이익의 손해(미화 4,000달러)가 이행이익의 손해(미화 5,000달러)의 범위 내에 있으므로, A가 甲에게 미화 4,000달러를 손해배상으로 청구한 것은 정당하다.

32. 계약목적물의 멸실과 해제권의 소멸

사 례

웰빙 열풍으로 다이어트를 결심하게 된 甲은 어떠한 방식으로 할 것인지를 고민하고 있는 도중에, 乙이 야채다이어트를 하라고 권유하였다. 이에 甲은 乙로부터 믹서기를 샀는데, 계약상 계약체결 후 2주 동안은 특별한 이유 없이도 계약을 해제할 수 있다고 합의를 보았다. 다음의 경우 계약체결 후 2주가 지나지 않았다면 甲은 계약을 해제할 수 있는가? 해제가 가능하여 해제권을 행사한 경우 당사자 사이의 법률관계는?
(1) 甲의 잘못으로 믹서기가 떨어져서 완전히 망가진 경우
(2) 甲의 잘못 없이 믹서기를 도둑맞은 경우

甲은 약정해제사유에 의하여 해제권을 갖고 있는데 이행된 급부목적물이 멸실·훼손된 경우에 해제권을 행사할 수 있는지, 그리고 행사할 수 있다면 멸실 내지 훼손으로 인한 불이익은 누가 부담해야 하는지가 문제된다.

Ⅰ. 해제권자에게 멸실 등에 대한 고의·과실이 있는 경우 (설문 1)

해제권자의 고의 또는 과실로 계약의 목적물이 현저히 훼손되거나 이를 반환할 수 없게 된 때, 또는 가공이나 개조로 인하여 다른 종류의 물건으로 변경된 때에는 해제권은 소멸한다(제553조). 사안에서 甲의 과실로 인하여 믹서기가 완전히 망가진 경우에는 그 목적물이 현저히 훼손되었다고 보아야 한다. 따라서 해제권은 소멸하였으므로 甲은 해제권을 행사할 수 없다.

II. 해제권자에게 멸실 등에 대한 고의·과실이 없는 경우 (설문 2)

해제권자의 고의 또는 과실 없이 계약의 목적물이 멸실된 경우 또는 해제의 상대방에 의하여 계약의 목적물이 멸실·훼손된 경우에는 해제권 행사가 가능하다(제553조의 반대해석). 사안에서 甲의 과실 없이 믹서기를 도난당하였으므로 甲은 해제권을 행사할 수 있고, 해제권을 행사하면 甲과 乙은 원상회복의무(제548조 제1항)를 부담하게 된다. 사안에서처럼 목적물이 멸실·훼손·소비되어 원물반환이 불가능하게 되었을 때 가액반환을 해야 하는지, 아니면 원상회복의무를 면하는지가 문제된다. 이 문제는 결국 물건의 멸실위험을 누가 부담하지는지와 연관되어 있다.

직접효과설을 취하는 다수설에서는 상대방에게 책임 있는 사유로 물건이 멸실·훼손된 경우에만 가액반환을 인정하는 것이 공평하다고 보고 있다.[1] 그에 따라 본 사안에서와 같이 책임 없는 사유로 계약목적물이 멸실된 경우에는 가액반환의무가 없다. 이와 같이 가액반환을 인정하지 않고 물건의 멸실로 원상회복의무를 면한다고 보면 상대방도 반대급부를 면하는지가 문제된다. 이 견해는 위험부담에 관한 준용규정이 없으므로(그에 반하여 동시이행에 관하여는 준용규정이 있음 – 제549조) 위험부담에 관한 규정(제536조, 제537조)이 적용되지 않는다고 보고 있다. 따라서 이 견해에 따르면 목적물의 멸실로 甲의 원상회복의무가 소멸하더라도 상대방인 乙은 받은 매매대금을 원상회복해야 한다.

이에 반하여 청산관계설에서는 채무자의 책임 없는 사유로 원물반환이 불가능하게 된 경우에도 가액반환을 긍정해야 한다고 보고 있다.[2] 이와 같이 가액반환을 인정하면 목적물의 멸실에도 불구하고 원상회복의무가 인정되므로 위험부담에 관한 규정을 적용할 것인지의 문제는 발생하지 않는다.[3] 물건을 인도받은 자는 그때부터 물건멸실로 인한 위험도 인수한 것이

---

1) 곽윤직, 105면; 김주수, 154-155면.
2) 김형배, 242면; 이은영, 262면. 또한 직접효과설을 취하는 견해 중에서도 계약해제로 인한 원상회복의무 역시 부당이득의 한 유형이기 때문에 매수인의 수중에서 목적물이 우연히 멸실된 경우에는 당연히 가액반환의무(제747조)가 있다는 견해가 주장되고 있다(제철웅, "매매에서의 위험부담," 민사법학 제26호, 2004, 380면).
3) 청산관계설에서는 위험부담에 관한 규정도 적용될 수 있다는 입장이다(김형배,

라고 해석되므로 자기에게 책임 있는 사유 없이 멸실이 되더라도 가액반환을 인정하는 것이 타당하다고 생각한다. 따라서 본 사안에서 甲은 믹서기에 해당하는 금액을 乙에게 지급해야 한다. 이때 가액반환을 인정하게 되면 반환의 범위는 제748조 제1항에 따라 이익의 현존여부, 선의·악의에 따라 구분하는 것이 아니라, 이를 불문하고 급부 전체를 반환해야 한다.[4]

249면).
[4] 대법원 1998. 12. 23. 선고, 98다43175 판결.

제2장 매매계약

I. 매매계약 일반

33. 물건과 권리의 매매

| 사 례 | 甲은 농부 乙의 암소 A가 잉태를 한 것을 보고 앞으로 태어나게 될 송아지를 시가보다 10만원이 싼 20만원에 사는 매매계약을 체결하였다. 그러나 암소 A는 병에 걸려서 결국 태어나게 될 송아지를 사산하고 말았다. 이때 乙이 甲에게 매매대금을 청구할 수 있는가? |

乙의 甲에 대한 매매대금지급청구권(제563조, 제568조 제1항)

乙이 매매계약에 기하여 甲에게 매매대금을 청구하기 위해서는 매매계약의 효력이 유지되고 있어야 한다. 그런데 만약 태어나게 될 송아지가 매매계약의 대상인 매매목적물인 경우에는 송아지가 죽음으로써 송아지의 소유권이전이 양 당사자의 귀책사유   없이 불가능하게 되는 후발적 불능이 발생하게 된다. 따라서 이 경우 위험부담의 원리에 따라 乙은 甲에게 매매대금을 청구할 수 없다(제537조). 그러나 매매계약의 목적은 재산권이므로 물건뿐만 아니라, 권리 및 거래의 대상이 될 수 있는 모든 재화(예: 영업을 목적으로 운영하고 있는 공장, 사무실 등)가 매매의 목적이 될 수 사안에서 당사자들이 무엇을 매매계약의 목적으로 하였는지는 의사표시의 해석을 통하여 확정해야 한다.

　사안의 경우 두 가지 해석이 가능하다. 우선 송아지가 태어날 것을 조건으로 하여 송아지를 목적으로 한 매매계약이 체결되었다고 볼 수 있다. 이때에는 이미 살펴본 바와 같이 송아지가 태어나지 못한다면 매매대금을 지급할 필요가 없게 된다. 둘째 매매계약의 해석상 甲이 송아지가 태어날 것이라는 기회를 샀다고 볼 수도 있다. 이 경우에는 송아지가 태어나지 않아도 甲은 매매대금을 지급해야 한다. 어느 경우에 속하는지는 해석의 문제이나, 송아지의 매매대금이 통상 송아지 값에 해당하면 송아지 자체가 목적인 조건부 매매계약이 체결된 것으로 보아야 하고, 송아지 값보다 싼 경우에는 송아지가 태어날 기회가 목적인 매매계약이 체결되었다고 보는 것이 타당하다. 사안에서 甲이 시가보다 상당히 싼 가격으로 매매계약을 체결한 것으로 보아서는 송아지가 태어날 기회가 목적인 매매계약이 체결된 것으로 해석된다. 따라서 송아지가 사산되었더라도 甲은 乙에게 매매대금을 지급해야 한다.

34. 매매목적물로부터 발생한 과실의 귀속

사 례 甲은 乙에게 자신의 부동산 X를 팔기로 하는 매매계약을 체결하고 계약금을 받았다. 그런데 丙이 부동산 X를 무단점유하고 있었으므로 甲이 乙에게 부동산 X를 잔금지급기일에 인도하지 못할 사정이 생겼다. 이에 乙은 甲의 비용으로 丙을 상대로 명도청구의 소를 제기하여 부동산 X를 명도받기로 하였다. 그에 따라 잔금이 지급되지 않은 상태에서 부동산 X에 대한 소유권이전등기를 乙 앞으로 경료하였다. 그리고 명도소송에 소요되는 기간에 대하여는 甲이 乙에게 명도지연으로 인한 손해배상으로 매월 100만원을 지급하기로 약정하였다. 그 후 乙은 丙을 상대로 명도소송과 함께 임료상당 부당이득의 반환을 구하는 소송을 제기하여 승소판결을 받고, 임료상당의 부당이득금으로 2천만원을 지급받았다. 이 경우 甲은 乙에게 임료상당의 부당이득금 2천만원을 달라고 요구할 수 있는가?[1]

甲의 乙에 대한 부당이득반환청구권(제741조)

甲이 乙에 대하여 丙으로부터 지급받은 임료상당의 부당이득금 2천만원을 부당이득을 이유로 반환청구하기 위해서는 乙이 법률상의 원인 없이 이를 지급받았어야 하고, 이로 인하여 甲이 손해를 입었어야 한다. 임료상당의 부당이득금은 丙이 부동산 X를 무단사용함으로 인하여 발생한 부동산 X의 과실에 해당하므로, 부동산 X에 대한 매매계약이 체결된 후의 과실수취권이 매도인 甲과 매수인 乙 중 누구에게 귀속되는지가 문제된다.

일반적으로 특정물인도채무의 경우에 채무자가 이행기까지 과실수취권을 갖고, 이행기 이후에는 인도할 때까지 수취한 과실은 채권자에게 인도할 의무가 있다고 본다. 그런데 민법은 매매계약과 관련하여 예외규정을

---

1) 대법원 1992. 4. 28. 선고, 91다32527 판결 변형.

두어, 매매계약이 있은 후에도 매매목적물이 인도되지 않으면 목적물로부터 생긴 과실은 매도인에게 귀속된다고 규정하고 있다(제587조 제1문). 이 규정은 매수인이 이행기 이후에도 대금지급의무를 이행하지 아니하고 있다는 사실을 전제로 매매목적물의 운용이익과 그 목적물의 관리비용 및 매매대금의 이용수익을 간편하게 처리하려는 목적을 갖고 있다.[2] 따라서 매수인이 매매대금을 전액 지급한 경우에는 목적물을 아직 인도받기 전이라도 매수인에게 과실수취권이 있다. 다만 목적물의 인도 전이라면 계약금 또는 대금의 일부를 지급하였더라도 당사자의 의사는 일반적으로 과실수취권을 매수인에게 이전시키지 않을 것이라고 해석된다. 따라서 사안에서 乙이 아직 부동산 X의 인도를 받지 아니하고, 또한 매매대금을 완납하지 않은 이상, 부동산 X로부터 발생하는 과실수취권은 甲에게 있다고 해석할 수 있다.

다만 乙이 명도소송을 제기하기 위한 명목으로 부동산 X에 대한 소유권이전등기를 경료받은 사실을 어떻게 고려할 것인지가 문제된다. 목적물의 인도 전에 매수인 앞으로 소유권이전등기가 경료된 경우의 등기를 제587조에서 말하는 '인도'와 동일시하여 매수인에게 과실수취권이 이전한다고 볼 수도 있다. 그러나 그렇게 해석하는 것은 부당할 뿐만 아니라, 본 사안에서는 부동산 X의 소유권이 등기부상으로 이전되었더라도 이는 단지 명도소송을 乙이 수행하기 위한 방편이고 실제로 당사자들은 아직 부동산 X가 乙에게 인도되지 않은 것으로 생각한 것으로 보인다. 이는 특히 甲과 乙 사이의 명도지연으로 인한 손해배상을 지급하기로 하는 약정에서 잘 드러난다. 또한 제587조는 임의규정에 불과하므로 과실수취권은 아직 甲에게 있다는 당사자의 합의내용이 우선한다. 결국 과실수취권은 甲에게 있었으므로 甲은 乙에 대하여 丙으로부터 지급받은 임료상당의 부당이득금 2천만원을 부당이득을 이유로 반환청구할 수 있다.

---

2) 특정물의 매매에 있어서 그 목적물이 매수인에게 인도되지 아니하였으면 매수인이 대금지급을 지체하여도 매도인은 매수인에게 인도가 이루어지기 이전의 기간 동안의 목적물의 관리보존비의 상환이나 매매대금의 이자 상당액의 손해배상청구를 할 수 없다(대법원 1981. 5. 26. 선고, 80다211 판결).

Ⅱ. 권리의 하자담보책임

35. 타인권리의 매매와 담보책임

> **사 례** 화랑을 운영하고 있는 甲은 유명화가의 그림을 乙에게 파는 매매계약을
> 체결하였다. 그런데 乙에게 그림을 인도하기 전에 그 그림은 원래 丙의 소
> 유였고, 최근에 도난당하였다는 사실이 드러났다. 이러한 사실을 부주의로
> 모르고 있던 甲은 丙으로부터 사후적으로 그림을 구입하려고 하였으나, 丙
> 이 거절하여 丙에게 그림을 돌려주고 말았다. 실망한 乙은 5년 동안 아무
> 런 조치를 취하고 있지 않다가, 甲과의 말다툼 중에 이전 일이 생각나서
> 甲에게 그림의 시가에 해당하는 손해배상을 요구하였다. 그런데 甲은 이미
> 권리행사기간이 도과하여 청구를 할 수 없다고 주장한다. 정당한가?

乙의 甲에 대한 손해배상청구권(제570조 단서)

(1) 요건의 성립

매매목적물인 그림이 타인인 丙의 소유이더라도 매매계약은 일단 유효
하게 성립하므로 매도인 甲은 이를 취득하여 매수인 乙에게 이전할 의무를
부담한다(제569조). 그런데 乙이 甲에게 손해배상을 청구하기 위해서는 매도
인 甲이 매매목적물인 그림의 소유권을 취득하여 매수인에게 이전할 수 없다
는 것이 확정되어야 한다. 이와 같은 "이전불능"은 이행불능처럼 엄격하게
이해할 필요가 없으며, 사회관념상 매수인에게 해제권 혹은 손해배상청구권
을 인정하는 것이 형평에 맞다고 여겨지는 정도의 이행장애가 있으면 족하
다.[1] 이전불능은 처음부터 이전하지 못하는 경우뿐만 아니라, 목적물을 이전
하였으나 후에 그것이 타인의 소유임이 드러나 매수인이 이를 빼앗긴 경우도

포함된다. 본 사안에서는 丙의 소유임이 드러나 甲이 그림을 돌려주었고, 丙이 그림을 팔 생각이 없다는 것이 확실하므로 甲이 乙에게 그림의 소유권을 이전하지 못하는 것이 확정되었다. 이전불능이 매도인의 책임 있는 사유에 기하였느냐의 여부는 문제되지 않고, 매수인 乙이 선의이므로 손해배상청구권이 성립하였다(제570조 단서).

(2) 청구의 범위

제570조 단서의 손해배상의 경우 그 범위는 신뢰이익으로 한정하고 매도인에게 귀책사유가 있는 경우에만 이행이익의 배상을 인정하자는 견해도 있지만,[2] 판례는 이행이익의 배상을 인정하고 있다.[3] 따라서 배상액의 산정은 불능 당시의 시가이므로 甲이 그림의 시가를 요구하는 것은 정당하다.

(3) 권리행사기간의 도과

사안에서 손해배상청구권의 권리행사기간이 도과하였는지가 다툼의 대상이 되고 있다. 그런데 타인권리의 매매로 인한 담보책임에 관하여는 권리행사기간에 관한 규정이 따로 없다. 그에 따라 학설은 일반적인 소멸시효 규정에 따라 10년 내에 권리를 행사해야 한다는 견해[4]와 제573조를 유추하여 선의의 매수인은 사실을 안 날로부터 1년 내에 권리를 행사해야 한다는 견해[5]로 나뉘고 있다. 전자의 견해를 취하면 아직 10년이 지나지 않았으므로 乙은 손해배상을 청구할 수 있으나, 후자의 견해를 취하면 안 날로부터 1년이 지났으므로 乙은 더 이상 손해배상을 청구할 수 없게 된다. 권리행사기간을 제한하는 특별한 규정이 없고 타인권리의 매매로 인한 담보책임이 채무불이행책임의 성질이 강하다는 측면을 고려한다면, 10년의 권리행사기간으로 소멸한다고 보는 것이 타당하다. 따라서 乙은 甲에 대한 손해배상청구권의 권리행사기간이 도과하지 않았으므로, 甲에게 담보책임에 기한 손해배상을 청구할 수 있다.

---

1) 대법원 1982. 12. 28. 선고, 80다2750 판결.
2) 송덕수, 신민법강의, 1168면.
3) 대법원 1979. 4. 24. 선고, 77다2290 판결.
4) 김증한 · 김학동, 252면.
5) 김형배, 324면; 김주수, 204면.

36. 수량지정매매와 담보책임

> **사 례** 甲은 乙의 토지 X를 평당 10만원에 사기로 하는 매매계약을 체결하였다. 계약체결 당시에 甲은 토지 X를 1천평으로 알고 있었기 때문에 1억원을 매매대금으로 지급하였으나, 실측한 결과 950평인 것으로 드러났다. 계약서에 "토지의 면적이 실제와 다른 경우에는 추후 정산한다"는 내용이 기재된 경우에, 甲은 乙에게 매매대금의 감액을 청구할 수 있는가?

甲의 乙에 대한 대금감액청구권(제574조, 제572조 제1항)

甲이 乙에 대하여 50평이 부족하다는 이유로 대금의 감액을 청구하기 위해서는 (1) 수량을 지정한 매매가 체결되었고, (2) 수량의 부족이 계약체결 당시에 존재했어야 하며, (3) 특정물매매이어야 하고, (4) 매수인이 선의일 것이라는 요건이 충족되어야 한다(제574조, 제572조 제1항). 계약체결 당시에 이미 50평이 부족하였고, 특정물인 토지 X를 매매의 목적물로 하였으며, 매수인이 계약체결 당시에 50평이 부족하다는 사실을 모르는 선의였다. 따라서 사안에서는 수량지정매매가 체결되었는지가 문제된다.

수량을 지정한 매매는 물건이 일정한 수량을 갖는다는 점에 초점이 있고, 그 수량을 기준으로 대금을 정한 매매를 말한다. 따라서 목적물의 수량을 확보하기 위하여 일정한 면적 · 용량 · 중량 등을 계약에 표시하고, 그 표준을 기초로 대금액을 정하는 경우에 수량지정매매가 성립한다. 그러나 목적물이 일정한 수량을 갖는다는 것이 계약에 표시되었다고 하여도 특정물 자체에 착안하여 계약을 체결한 경우에는 수량을 지정한 매매가 성립하지 않는다. 또한 수량을 기준으로 하여 매매대금을 정하는 형식을 갖춘 경우라도 이것이 매매목적물을 특정하거나 매매대금을 정하기 위한 방편에 지나지 않는 때에는 수량을 지정한 매매가 성립하지 않는다. 통상 "등기부

의 면적과 실제의 면적이 다소 상이하여도 이의를 제기하지 않는다" 또는
"실측에 의하여 평수의 증감이 있을 때에도 매매대금은 변경하지 않는다"
는 특약이 있는 경우에는 수량을 지정한 매매계약을 체결할 의사가 없는
것으로 해석된다. 반면에 "실측평수 1평당 금 ○○○원" 또는 "실측의 결과
평수에 변동이 있을 경우에는 대금을 조정한다"는 특약이 있는 경우에는
수량을 지정한 매매가 성립한다고 해석된다.[1] 본 사안에서는 면적에 대한
토지의 평당가격이 가격을 정하는 가장 중요한 요소였고, 실제 면적과 다
르면 매매대금을 조정한다는 특약도 있었으므로 甲과 乙 사이에는 수량지
정매매가 체결되었다.

　　따라서 모든 요건이 충족되었으므로 선의의 매수인인 甲은 乙에게 매
매대금의 감액을 청구할 수 있다.[2]

---

1) 민법주해(XIV)/남효순, 403면.

2) 그러나 매매계약이 그 미달 부분만큼 일부 무효임을 들어 이와 별도로 일반 부당
   이득반환청구를 하거나, 그 부분의 원시적 불능을 이유로 민법 제535조가 규정하는
   계약체결상의 과실에 따른 책임의 이행을 구할 수 없다(대법원 2002. 4. 9. 선고,
   99다47396 판결).

37. 저당권 또는 전세권 행사로 인한 소유권상실과 담보책임

사 례   甲은 乙의 토지 X를 매수하면서 토지 X에 관한 근저당권의 피담보채무를 일부 인수하는 것으로 매매대금의 지급에 갈음하기로 약정하였고 이에 乙은 토지의 소유권을 甲에게 이전하였다. 乙은 자신이 부담하는 피담보채무를 모두 이행하였으나, 甲은 乙로부터 인수한 부분을 이행하지 않음으로써 근저당권이 실행되어 취득한 소유권을 잃게 되었다. 이 경우 甲은 매매계약을 해제하고 매매대금의 반환을 乙에게 청구할 수 있는가?

甲의 乙에 대한 원상회복청구권(제548조 제1항, 제576조 제1항)

(1) 요건의 성립

매수인 甲이 매도인 乙에게 지급한 매매대금을 반환받기 위해서는 해제의 요건이 충족되어 유효하게 해제권이 행사되었어야 한다. 사안에서 매매계약체결 당시 토지 X에 저당권이 설정되어 있었으나, 저당권이 설정되었다는 것 자체로는 甲이 소유권을 취득하는 데에 방해를 받지 않는다. 그러나 이 저당권이 실행되면 甲은 취득하였던 소유권을 상실하게 되고 그에 따라 매수인 甲은 선의·악의를 묻지 않고 해제권을 행사할 수 있다(제576조 제1항). 왜냐하면 이러한 결과는 매도인이 저당권에 의하여 담보된 채권의 이행기에 채무를 변제하여 저당권의 실행을 막지 않은 것으로 인하여 야기되었기 때문이다.

(2) 피담보채무 인수약정의 의미

사안에서 甲이 토지 X에 관한 근저당권의 피담보채무를 인수하는 것으로 매매대금의 지급에 갈음하기로 약정하였는데, 이러한 약정의 의미를 어떻게 해석해야 하는지가 문제된다. 이처럼 매수인이 자신의 출재로 소유권을 보존해야 할 특약을 한 경우에는 매수인으로서는 매도인에 대하여 제576조 제1항의 담보책임을 면제하여 주었거나 이를 포기한 것으로 해석할 수 있다.[1] 왜냐하면 이 경우에는 매수인 자신이 채무의 변제를 하여 저당권의 실행을 막을 의무를 매도인으로부터 인수하였기 때문이다.

    사안에서 甲은 매매목적물에 관한 근저당권의 피담보채무 중 일부만을 인수했다. 그런데 이 경우에도 매도인 乙이 자신이 부담하는 피담보채무를 모두 이행한 이상 甲이 인수한 부분을 이행하지 않음으로써 근저당권이 실행되어 취득한 소유권을 잃게 되었다면, 제576조 소정의 담보책임을 乙에게 물을 수 없는 것으로 해석된다. 따라서 甲은 매매계약을 해제하지 못하므로 매매대금의 반환을 乙에게 청구할 수 없다.

---

1) 대법원 2002. 9. 4. 선고, 2002다11151 판결.

Ⅲ. 물건의 하자담보책임

38. 객관적 하자와 주관적 하자의 개념

> **사 례**
>
> 甲과 乙은 그림 X를 이중섭이 그린 그림이라고 생각하고 이를 목적으로 하는 매매계약을 체결하였다. 甲은 매매대금을 받은 즉시 그림을 乙에게 인도하였다. 그러나 그림 X는 이중섭에 의하여 직접 그려진 것이 아니라, 이중섭의 기법을 따른 다른 화가가 그린 것으로 밝혀졌다.
> 1) 이때 그림 X에 제580조 제1항의 하자가 있는 것으로 볼 수 있는가?
> 2) 乙이 행사할 수 있는 권리는 무엇인가?

　　매매의 목적물에 하자가 있는 경우에 이로 인하여 계약의 목적을 달성할 수 없는 경우에는 계약을 해제할 수 있고 그 밖의 경우에는 손해배상만을 청구할 수 있다(제580조 제1항, 제575조 제1항).

　　(1) 물건의 하자는 매수인이 정당하게 기대했거나, 기대할 수 있었던 물건의 품질에서 매수인에게 불리한 성질, 즉 결함이 있는 경우에 인정될 수 있다. 따라서 물건의 현재상태(Ist-Beschaffenheit)가 물건이 갖추어야 할 상태(Soll-Beschaffenheit)보다 매수인에게 불리하게 다른 경우에 하자가 존재한다.[1] 물건이 갖추어야 할 상태를 어떠한 척도를 기초로 판단하는가, 즉 매수인이 어떠한 품질의 물건을 기대할 수 있는가에 관하여 객관설과 주관

---

1) 이상광, 하자담보책임론, 65면.

설이 대립하고 있다.

객관설2)에 따르면 물건이 갖추어야 할 상태는 객관적 표준에 의하여 결정되며 매매목적물의 종류에 해당하는 물건이 갖추어야 할 성질을 갖지 못하는 때에 하자가 인정된다. 그에 따라 하자가 있다고 하기 위해서는 매매목적물이 그 종류를 특징짓는 모든 특성들을 갖고 있지만 떨어지는 품질을 갖고 있어야 하며, 종류를 특징짓는 특성을 갖고 있지 못하면 이는 물건의 하자가 아니다. 사안의 매매목적물은 이중섭이 그린 그림의 종류에 속하는 것이 아니기 때문에 객관설에 따르면 하자가 존재한다고 볼 수는 없다. 객관설에 의할 때 진품이 아닌 것은 하자가 아닌 것이며 그림 자체가 손상되었다는 것과 같은 사정이 있는 경우에 비로소 하자가 인정될 수 있다.

주관설3)에 따르면 물건이 갖추어야 할 상태를 계약상의 합의를 척도로 판단하여 매매계약상 정해진 성질로부터 벗어나는 경우에 하자가 있게 된다. 주관설에 의하더라도 물건의 성질에 관한 특별한 합의가 없는 경우에는 객관적 표지를 기초로 하여 하자를 판단할 수밖에 없으므로 주관설은 필연적으로 주·객관적 하자개념을 취하게 된다. 주관설에 의하면 합의된 내용과 다르면 되기 때문에, 급부된 물건이 다른 종류에 속하더라도 하자가 있는 것으로 보게 된다. 따라서 가짜 이중섭 그림도 계약상 정해진 내용과 다른 성질을 가지므로 하자 있는 물건으로 보게 된다.

주관설은 당사자의 의사를 우선하여 하자를 판단할 뿐만 아니라, 품질이 떨어지는 물건과 종류가 다른 물건을 구분하는 어려운 문제를 피할 수 있으므로 더 타당한 견해라고 할 수 있다. 따라서 다른 종류의 물건이라도 계약상 정해진 내용의 물건이 아니면 하자 있는 물건이라고 보는 것이 타당하다.

(2) 주관설에 의하면 하자가 있는 것으로 판단되므로 하자담보책임상의 모든 권리를 행사할 수 있다(제580조 제1항, 제575조 제1항). 이때 이중섭

---

2) 곽윤직, 148면; 김주수, 213면.
3) 김형배, 351면; 이은영; 335면; 김증한·김학동, 268면. 대법원 2000. 1. 18. 선고, 98다18506 판결: 매매의 목적물이 거래통념상 기대되는 객관적 성질·성능을 결하거나, 당사자가 예정 또는 보증한 성질을 결여한 경우에 매도인은 매수인에 대하여 그 하자로 인한 담보책임을 부담한다.

의 진품으로 착오를 일으켰으므로 착오와의 경합이 일어나는데, 착오로 인한 취소권을 인정하지 않는 것이 다수설의 입장이다.[4] 반면에 객관설에 의하면 하자담보책임상의 권리는 성립하지 않으므로 착오로 인한 취소권만이 문제된다(제109조).

---

4) 곽윤직, 127면; 김형배, 134면. 그에 반하여 담보책임상의 권리행사기간을 반영하여 착오와의 경합을 인정하면서 그 행사기간을 담보책임상의 권리행사기간으로 제한하는 견해도 유력하게 제기되고 있다(김주수, 222면).

39. 권리의 하자와 물건의 하자의 구분

 사 례 아파트의 건설을 추진 중인 주택조합 A는 경매를 통하여 농부 甲의 토지를 '건설'부지로 매입하였다. 그러나 나중에 매입된 토지가 농지이고 건축금지구역 안에 포함되어 있어서 건축허가를 받지 못하는 것으로 드러났다. 이 경우 A는 甲에게 담보책임을 물을 수 있는가?

(1) 하자의 존재 여부

하자가 존재하는지의 여부를 결정함에 있어서 물건의 품질은 자연적 성질의 종합을 통하여 우선 결정되지만, 환경과의 관계가 거래상 물건의 사용 또는 가치에 영향을 미치는 경우에 환경과의 사실적·경제적·법률적 관계도 물건의 성질에 포함된다. 사안에서 건설부지로 매입된 토지가 건축허가를 받지 못하는 상황에 놓인 것은 법률적 장애에 해당한다.

(2) 법률적 하자의 성격

그런데 이와 같은 공법상의 법률적 제한 또한 법률적 장애(예를 들면 벌채의 목적인 산림이 보안림구역에 포함되거나 공장부지가 하천법의 적용을 받거나 또는 토지가 건축금지구역 안에 있는 경우)가 있는 경우에도 물건의 하자로 볼 수 있느냐에 관하여 물건의 하자로 보는 견해[1]와 권리의 하자로 보는 견해[2]가 대립하고 있다. 물건의 하자로 보면 제580조 제1항이 적용되는데 반하여, 권리의 하자로 보게 되면 제575조 제1항이 적용되어서 법률효

---

1) 이은영, 338면.
2) 김형배, 353면; 곽윤직, 148면; 민법주해(ⅩⅣ)/남효순, 507면; 김주수, 213면.

과 측면에서 다른 결과에 이른다. 즉 물건의 하자로 보게 되면 제580조 제
2항에 의하여 경매의 경우 매도인의 담보책임(제578조)이 인정되지 않는 데
비하여, 권리의 하자로 보게 되면 이러한 제한이 없다.3) 이러한 법률효과
상의 차이를 기초로 다수설은 경락을 받은 매수인의 보호를 위하여 법률적
장애를 권리의 하자로 보아야 한다고 주장한다. 그러나 제575조에 규정되
어 있는 제한물권은 사법적 성격을 가지고 있어서 공법상의 제한과 동일시
할 수 없을 뿐만 아니라, 공법상의 제한이 있는 경우에는 매수인에 대하여
제3자가 행사할 수 있는 권리가 존재하지 않기 때문에 제575조에 규정되
어 있는 제한물권은 공법상의 제한과 본질적으로 다르다고 할 수 있다. 이
러한 성질을 기초로 보았을 때 공법상의 제한을 물건의 하자라고 보는 판
례4)의 입장이 타당하다. 따라서 경매를 통하여 토지를 구입한 A는 甲에게
담보책임을 물을 수 없다.

---

3) 이 차이가 우리 학설에서 강조되고 있다. 그 밖에 권리행사기간에 차이가 있어 권
　리의 하자의 경우 하자를 안 날로부터 1년이나(제575조 제3항), 물건의 하자로 보
　면 6개월이다(제582조).

4) 대법원 2000. 1. 18. 선고, 98다18506 판결; 대법원 1985. 4. 9. 선고, 84다카2525
　판결: 매도인이 불법운행하여 150일간 운행정지 처분된 차량을 매도한 경우, 매수
　인이 그 차량을 매수하여 즉시 운행하려 하였다면 매수인으로서는 다른 차량을 대
　체하지 않고는 그 목적을 달할 수 없는 경우도 예상되므로 매수인이 그런 하자 있
　음을 알지 못하고 또 이를 알지 못한 데에 과실이 없는 때에는 민법 제580조의 매
　도인에게 하자담보책임이 있는 경우에 해당하여 매수인은 그 매매계약을 해제할
　수 있다.

40. 종류물매매에서의 이종물의 인도

> **사례** 정원의 소유자인 甲은 건축업자인 乙에게 정원에 사용하기 위한 목적으로
> 3월 초에 모래를 주문하였다. 그런데 乙은 착오로 그 목적에 적합하지 않
> 은 강에서 채취한 모래를 배달하였다. 여름동안 정원에 모래를 보관하던
> 甲은 10월초가 되어서야 품질에 차이가 있음을 알게 되었으나, 다음 해 5
> 월이 되어서야 乙에게 모래를 바꿔달라고 요구하였다. 乙은 모래에 하자가
> 없다는 이유로 이를 거절하였다. 누구의 주장이 타당한가?

　　종류물매매에서 하자 있는 물건을 인도하는 경우에는 제581조의 특별
규정이 일반적인 급부장애법에 우선하게 된다. 하자 있는 급부와 구별해야
할 것으로 소위 이종물(aliud) 또는 잘못된 인도(Falschlieferung)가 있다. 이
종물의 인도는 '요구된 물건과 다른 것'이 인도되는 경우, 즉 합의된 종류
와 다른 종류에 속하는 물건이 인도된 경우에 있게 된다.[1]

　　이종물이 인도된 경우에 이를 법률적으로 어떻게 취급할 것인가에 관
하여 독일에서는 학설이 나뉘고 있다. 민법이 적용되는 매매에 있어서는
항상 일반적인 급부장애법이 적용될 수 있다고 하는 견해가 있다. 반면에
'승인이 가능한' 이종물의 인도인가에 따라 구분을 하려는 견해가 있다. 이
는 승인이 가능한 이종물인 경우에는 제581조 제1항이 유추적용될 수 있
다는 것이다. 채무의 내용이 된 종류로부터 상당히 벗어나서 일반적으로
승인을 기대할 수 없을 때 승인이 가능하지 않은 이종물이라고 본다.

　　사례에서 승인이 가능하지 않은 것으로 보면 어느 학설을 따르더라도
제581조를 적용할 수 없다. 이 경우, 제568조와 제390조에 의한 청구권은
인정된다. 승인이 가능한 것으로 보면 제581조 제2항의 완전물급부청구권

---

1) 독일 판례는 이때 척도가 되는 종류를 결정함에 있어서 계약당사자의 의사, 매도
　인에게 알려진 목적 그리고 그에 따라 인도되어야 하는 물건의 성질 등을 고려해
　야 한다는 입장을 취하였다(BGH NJW 1986, 695).

이 문제되나 6개월의 제척기간에 걸리게 되어서(제582조) 본래의 이행청구권이 10년이라는 소멸시효에 걸리는 것과의 차이로 인한 법적 성질의 문제가 발생한다.

　본 사안에서는 甲이 승인할 것으로 기대할 수 없었고 실제로도 승인하지 않았으므로 담보책임이 적용되지 않는다. 따라서 甲이 乙에게 모래를 바꾸어 달라고 요구한 것은 정당하다.

41. 종류물매매에서의 특정

사 례 甲이 乙에게 100kg의 사과를 주문하였다. 乙은 이를 배달하고 대금을 받았다. 甲이 사과를 면밀히 조사하는 과정에서 사과가 태풍으로 인해 떨어져서 상당수가 멍든 것으로 드러났다. 이에 대해 甲이 항의하자 乙은 물건을 바꾸어 주겠다고 하였지만, 더 이상 乙을 믿지 못하는 甲은 돈을 돌려받으려고 한다. 乙은 이를 거절한다. 누구의 주장이 타당한가?

　　종류물매매에서 특정된 목적물이 존재하지 않는다면 매도인의 하자담보책임이 발생하지 않는다(제581조 제1항 참조). 이때 제375조 제2항의 특정의 효과가 발생하기 위해서는 제1항에 의한 중등품질의 물건을 이행해야 하는가가 문제된다. 일반적으로 물건에 하자가 있으면 중등의 품질이 있는 것으로 볼 수 없기 때문에 하자 있는 목적물의 제공은 채무의 내용에 따른 제공이 아니며 이행의 효과도 발생하지 않는다고 볼 수 있기 때문이다. 그러나 이와 같이 해석하면 제581조의 적용범위가 아주 좁아질 것이다. 왜냐하면 매수인은 이 경우 다시 채무의 이행을 청구할 수 있을 뿐이므로 하자 없는 물건의 인도만으로 만족을 해야 하기 때문이다.

　　그러나 입법자는 제581조를 통하여 종류물매매도 매도인의 하자담보책임체계 안으로 수용하였다. 이를 통하여 하자 있는 물건의 제공으로 계속하여 (변형된 이행청구권인) 완전물급부청구권이 존속하지만 매수인에게 계약의 해제 또는 손해배상을 청구할 수 있는 선택권을 준 것이다. 따라서 보통의 특정의 방법으로 특정이 이루어지면 하자 있는 물건의 특정이 있다고 보아야 한다.[1] 사안에서 사과에 하자가 있더라도 매수인 甲에게 사과가

---

1) 이것이 우리나라 통설이다[민법주해(XIV)/남효순, 550면]. 이에 반하여 하자담보책임상의 해제권 또는 손해배상청구권을 행사한 때에 비로소 특정이 이루어진다는 견해가 있다(김형배, 채권총론, 66-67면).

인도됨으로써 특정이 이루어졌으므로 하자담보책임이 발생하였다. 따라서 매수인은 완전물급부청구권을 행사할 수 있으나, 매도인은 완전물급부를 요구할 수 없다. 왜냐하면 매도인이 완전물급부를 주장할 수 있다면 제581조상 매수인이 갖는 선택권을 매도인이 침해하기 때문이다.

　　사안에서 매수인 甲이 담보책임상의 권리를 선택할 수 있으므로 甲이 매매계약을 해제하여 매매대금을 돌려받으려 하는 것은 정당하다.

42. 하자담보책임과 불완전이행으로 인한 손해배상책임

> **사 례**   건설업자 甲은 석회석 생산업체 乙로부터 석회석을 구입하여 건물을 지었
> 다. 그런데 석회석의 혼합비율이 부적당한 것이어서 지은 지 얼마 되지 않
> 아 건물에 금이 가기 시작하였고 甲은 건물을 다시 지을 수밖에 없었다.
> 이를 위하여 석회석을 다시 구입하는 데 3천만원, 다른 재료의 구입과 임
> 금의 지불로 4천만원이 들었다. 혼합비율이 잘못되었다는 사실을 안 날로
> 부터 8개월이 지난 후 甲이 비용의 배상을 요구해 오자, 乙은 권리행사기
> 간이 이미 지났음을 이유로 배상을 해줄 수 없다고 주장한다. 정당한가?

甲의 乙에 대한 손해배상청구권

1. 제581조 제1항, 제580조 제1항, 제575조 제1항에 기한 손해 배상청구권

석회석이 제대로 된 혼합비율을 갖추지 못하는 하자가 있었고 매수인
은 하자가 존재함을 알지 못하였고 알 수도 없었으므로 하자담보책임상의
손해배상을 청구할 수 있다. 그러나 이미 하자 있음을 안 날로부터 6개월
이라는 권리행사기간을 도과하였으므로 하자담보책임을 근거로 손해배상을
청구할 수 없다(제582조).

2. 제390조에 기한 손해배상청구권

(1) 하자손해와 하자결과손해

하자담보책임법상의 손해배상청구권은 하자손해에 대하여만 규정하고
있으므로, 하자결과손해(확대손해)에 대하여는 채무불이행을 이유로 한 손해
배상을 청구할 수 있다. 하자손해는 하자 있는 물건의 인도 자체로 인하여

매수인에게 발생하는 손해를 말한다. 이는 이행이익과 일치하며, 하자 있는 물건의 감가된 가격, 하자제거비용, 하자 없는 물건의 구입비용은 물론 물건을 이용하지 못함으로 인하여 발생한 손해, 이익의 상실로 인한 손해 등도 포함된다. 다만 하자손해에 있어서 이행이익으로서 물건의 감가된 가격, 하자제거비용, 물건의 구입비용 등이 담보책임의 배상범위에 포함되느냐에 관하여는 학설이 대립하고 있다.[1] 하자결과손해는 하자로 인하여 매수인의 기타의 법익(생명, 신체 및 재산)에 대한 침해로 발생한 손해로서 하자손해에 속하지 않는 것을 말한다.

구체적인 사안에서 발생한 손해가 하자손해인지, 아니면 하자결과손해에 속하는지를 구분하는 것은 매우 어려울 수 있다. 사안에서 석회석을 새롭게 구입한 비용은 하자손해에 속하나, 이미 권리행사기간이 도과하였으므로 손해배상책임을 묻지 못한다(제582조). 그러나 건물을 짓는 데 사용한 비용은 다른 법익, 즉 매수인의 기타의 법익인 재산에 관하여 발생한 손해로서 하자결과손해라고 할 수 있으므로 이는 불완전이행을 이유로 손해배상책임을 물을 수 있다.

---

1) 손해배상의 내용에 관하여 신뢰이익설, 이행이익설, 규범목적에 의한 절충설 등이 있다. 신뢰이익설은 하자담보책임을 법정책임으로 보는 입장을 취하는데 매매목적물에 원시적 하자가 있어서 매매계약이 적어도 일부무효로 되는 경우에 인정되는 책임이므로, 계약이 유효하다고 믿었음에도 불구하고 효력이 생기지 않은 데 대한 소극적 계약이익, 즉 신뢰이익이 한정되는 것으로 보고 있다(곽윤직, 139면). 하자담보책임을 채무불이행의 시각에서 보면 원칙적으로 이행이익으로 배상범위를 보게 된다(이은영, 317면). 반면에 절충설은 하자담보책임의 규범목적에 따라 배상범위를 결정해야 한다고 보고 있다. 따라서 물건의 하자의 경우에는 과실이 없는 경우가 보통이므로 신뢰이익에 한정(손해배상만 청구하는 경우에는 하자 있는 목적물 자체를 그대로 보유·활용해야 하는 상태에서 남게 되는 손해)하게 되며 권리의 하자는 매도인에게 과실이 인정될 수 있으므로 이행이익을 원칙으로 한다(김형배, 347-348면). 판례는 현재 권리의 하자로 인한 손해배상은 이행이익의 배상으로 인정하고 있다(대법원 1967. 5. 18. 선고, 66다2618 판결). 그러나 물건의 하자에 대한 손해배상은 신뢰이익으로 보고 있다.

(2) 성립요건

단순하게 하자 있는 물건을 인도하였다는 사실 자체만으로는 채무불이행을 이유로 한 손해배상책임을 묻지는 못한다. 매매목적물의 하자로 인한 확대손해에 대하여 매도인에게 배상책임을 지우기 위해서는 하자 없는 목적물을 인도하지 못한 의무위반 사실 외에 그러한 의무위반에 대하여 매도인에게 귀책사유가 있어야 한다.[2] 그 밖에 물건에 하자가 존재하는지를 검사할 조사의무, 하자가 발생하지 않도록 할 보관의무 및 하자가 존재하는 경우에는 통지의무 등 기타의 계약상의 의무위반에 따른 책임이 인정될 수도 있다. 하자의 조사의무는 일반적으로 존재하는 것이 아니라, 하자의 조사에 대한 합의가 존재하거나, 이와 같은 의무를 인정할 만한 특별한 사정이 존재해야 한다. 또한 조사의무에서 제조업자는 하자의 존재를 더 쉽게 확인할 수 있으므로 도매상인보다 더 강한 주의의무가 인정된다.

乙이 석회석을 제조한 업체이므로 제대로 된 비율을 맞추지 못한데 따른 귀책사유가 인정될 수 있을 뿐만 아니라, 제조업자로서 하자의 조사의무 및 통지의무의 위반도 인정될 수 있다. 이러한 의무위반에 대한 과책이 없음을 乙이 입증하지 못하는 한, 乙은 甲에 대하여 채무불이행을 이유로 한 손해배상책임을 부담해야 한다.

(3) 권리행사기간의 도과

하자결과손해로 인한 손해배상청구권의 경우 그 권리행사기간은 10년이라는 소멸시효의 적용을 받는 것으로 보는 것이 일반적이다(제162조 제1항). 그러나 하자 자체에 의한 손해를 둘러싼 분쟁을 신속하게 해결하려는 측면에서 담보책임법상의 단기제척기간을 마련한 이상, 불완전이행을 이유로 손해배상을 청구하더라도 하자로 인하여 발생한 손해에 관하여는 단기제척기간의 적용을 받는 것이 더 타당하다고 본다. 그렇다고 하더라도 하자결과손해는 원래 불법행위로 인한 손해배상을 통해서 구제받을 수 있는 영역이고, 불법행위의 경우에는 단기제척기간이 적용되지 않아서(제766조) 피해자가 충분한 보호를 받을 수 있기 때문이다. 따라서, 단기제척기간이 적용된다고 보는 입장에 따른다면 채무불이행으로 인한 손해배상청구권은

---

2) 대법원 2003. 7. 22. 선고, 2002다35676 판결.

하자를 안 날로부터 6개월 이내에 행사되어야 하며, 일단 손해배상청구권
이 행사되면 10년의 소멸시효에 걸리게 된다. 본 사안에서 하자 있음을 안
지 6개월이 지났으므로 甲은 乙에게 채무불이행을 이유로 한 손해배상청구
권을 행사할 수 없다.

43. 하자담보책임과 불법행위로 인한 손해배상책임

> **사 례** A회사는 차량을 직접 생산하는 B회사로부터 공장청소차량을 구입하였다.
> A회사의 직원이 이 기계로 공장을 청소하던 중 기계가 설계상의 결함으로
> 인하여 과열되었고, 이로 인하여 공장에 화재가 발생하여 A회사는 1억원
> 의 피해를 입었다. 화재가 발생한 후 8개월이 지나 A회사는 B회사에게 화
> 재로 인한 손해의 배상을 요구할 수 있는가? (단 영업용 재산에 대하여
> 발생한 손해에 관하여는 제조물책임법에 따른 책임을 부담하지 않는다는
> 면책특약이 있음)

A의 B에 대한 손해배상청구권

(1) 제581조 제1항, 제580조 제1항, 제575조 제1항에 기한 손해배상청구권

A가 B에게 주장하는 손해는 기계의 결함으로 인하여 직접적으로 발생한 손해가 아닌, 다른 법익에 침해가 발생한 확대손해에 해당하므로 하자담보책임에 기한 손해배상청구권은 문제되지 않는다.

(2) 제390조에 기한 손해배상청구권

하자결과손해는 채무불이행으로 인한 손해배상청구권을 통하여 배상받을 수 있으나, 이미 권리행사기간인 하자를 안 날로부터 6개월이 지났으므로 손해배상청구권을 행사할 수 없다.

(3) 제750조에 기한 손해배상청구권

B가 A에게 설계상의 결함을 갖고 있는 하자 있는 기계를 인도함으로써 A공장에 손해가 발생하였다. 그에 따라 제조회사인 B에게 거래안전의무의 위반이 있었다고 보여진다. 다만 이에 대한 귀책사유가 존재하는지가 문제되나, B가 기계의 제조자라는 측면에서 (제조물책임법의 유추를 통하여) 과실의 입증책임은 제조자 자신이 부담하도록 하는 것이 타당할 것이다. 따라서 B가 설계상의 결함에 대하여 귀책사유가 없다고 입증하지 못하는 한 불법행위로 인한 손해배상책임을 부담해야 한다. 불법행위로 인한 손해배상의 경우 독자적인 소멸시효기간이 진행되는데(제766조), 본 사안에서는 아직 도과되지 않았다.

(4) 제조물책임법 제3조 제1항에 기한 손해배상청구권

제조물의 설계상의 결함으로 인하여 생명·신체 또는 재산에 손해가 발생한 경우에는 제조물책임법에 기하여 손해배상을 청구할 수 있다. 제조물책임법에 기한 손해배상청구권은 손해 및 손해배상책임을 지는 자를 안 날로부터 3년 및 제조업자가 손해를 발생시킨 제조물을 공급한 날로부터 10년 이내에 행사하여야 하나(제조물책임법 제7조), 본 사안에서는 이 권리 행사기간이 지나지 않았다.

그러나 본 사안에서는 제조업자의 손해배상책임을 배제하는 면책특약이 있으며, 이 특약은 원칙적으로 무효이나, 자신의 영업에 이용하기 위하여 제조물을 공급받은 자가 자신의 영업용 재산에 대하여 발생한 손해에 관하여 그와 같은 특약을 체결한 경우에는 그 특약은 유효하다(제조물책임법 제6조). 본 사안에서 청소차량은 A의 영업을 위하여 구입한 제조물이고 발생한 손해도 A의 영업용재산에 한하여 발생하였으므로 위 특약에 따라 B는 제조물책임법상의 책임을 부담하지 않는다.

44. 증여계약의 해제

| 사 례 | 유부남인 甲은 암으로 사망선고를 받자 마지막 인생을 불태우기로 하고 나이가 한참 어린 乙과 연애를 시작하였다. 이 사실을 알게 된 乙의 어머니가 甲에게 강하게 항의를 하자, 甲은 乙의 어머니에게 현재 乙이 살고 있는 자기 소유의 아파트를 乙에게 증여하겠다는 내용을 문서로 작성하여 주었다. 甲의 아내도 乙과의 연애사실을 알게 되었고 乙의 집에 찾아가 남편과의 관계를 끊어 달라고 요구하다가 乙의 어머니와 말다툼을 하게 되었다. 이 과정에서 싸움을 말리다가 감정이 격하게 되어 乙이 甲의 아내를 폭행하였다. 폭행사건이 일어난 지 1개월 후 甲은 암으로 결국 사망하였는데, 사망 직전에 乙에게 甲의 아내에 대한 폭행을 용서하였다. 이 경우 甲의 사망 1개월 후 아들 丙은 乙이 거주하고 있는 아파트를 돌려받고 싶어한다. 가능한가? |

丙의 乙에 대한 아파트의 반환청구권(제213조)

丙은 甲의 상속인으로서 甲의 아파트를 상속받았으므로 소유권에 기하여 아파트의 반환을 乙에게 청구할 수 있는지가 문제된다. 그런데 만약 甲이 乙과 체결한 아파트에 대한 증여계약이 유효하면 乙은 증여계약의 내용에 따라 아파트를 인도받은 것이고, 乙의 점유는 정당한 점유권에 의한 것이므로 丙은 소유물반환청구권을 행사할 수 없게 된다. 본 사안에서 甲과 乙 사이에 체결된 증여계약에 무효사유 내지 해제사유가 존재하는지가 문제될 수 있다.[1] 연애의 대가로 아파트를 증여하겠다는 것만으로는 제103조의 반사회질서행위에 해당하지 않으므로 무효사유는 존재하지 않는다. 하지만 증여계약상의 특유한 해제사유가 존재하느냐가 문제된다.

(1) 서면에 의하지 않은 증여계약의 해제(제555조)

서면에 의하지 않은 증여는 해제할 수 있다. 그렇지만 일단 서면이 작성되면 증여자의 증여의사가 확정적으로 드러났으므로 해제권을 행사할 수 없다. 이때 서면에 의한 증여란 증여계약 당사자 사이에 있어서 증여자가 자기의 재산을 상대방에게 준다는 증여의사가 문서를 통하여 확실히 알 수 있는 정도로 서면에 나타난 증여를 말한다. 따라서 서면의 문언 자체는 증여계약서로 되어 있지 않더라도 그 서면의 작성에 이르게 된 경위를 아울러 고려할 때 그 서면이 바로 증여의사를 표시한 서면이라고 인정될 수 있으면 된다.[2] 사안에서 수증자 乙의 어머니에게 준 문서에도 증여계약서로 되어 있지는 않았지만, 증여의사가 명백히 표현되어 있으므로 제555조의 서면에 해당한다고 볼 수 있다. 그러나 증여의 의사표시는 수증자에 대하여 서면으로 표시되어야 한다.[3] 따라서 증여자의 제3자에 대한 서면이나, 증여자 자신의 내부관계에서 적은 서면(일기 등)으로는 부족하다.[4] 사안에서 문서가 제3자인 乙의 어머니에게 작성되어 제555조에서 말하는 서면에 의한 증여의 요건이 충족되지 못하였으므로 해제할 수 있는 증여계약이 체결되었다.

---

1) 甲의 사망으로 상속인 丙은 피상속인의 일신전속적인 권리·의무를 제외한 모든 권리·의무를 승계하므로(제1005조) 甲의 증여계약 당사자로서의 지위도 승계한다. 따라서 丙은 채권관계와 연관된 형성권인 취소권 내지 해제권 등도 상속하게 된다.
2) 대법원 2003. 4. 11. 선고, 2003다1755 판결.
3) 대법원 1998. 9. 25. 선고, 98다22543 판결.
4) 곽윤직, 148면.

(2) 망은행위에 의한 증여의 해제(제556조 제1항)

증여자 또는 그 배우자나 직계혈족에 대한 수증자의 범죄행위와 같은 망은행위가 있는 경우 증여자는 증여계약을 해제할 수 있다. 사안에서 수증자 乙이 甲의 배우자에 대한 폭행이라는 범죄를 저질렀으므로 해제권이 발생하였다. 그러나 증여자인 甲의 용서가 표시된 이상 망은행위를 이유로 한 해제권은 더 이상 행사될 수 없다(제556조 제2항).

(3) 기이행부분에 대한 해제권의 효과제한

丙이 제555조에 기하여 해제권을 행사할 수 있더라도 계약의 해제는 이미 이행한 부분에 대하여는 영향을 미치지 못한다(제558조). 여기서 이미 이행된 경우란 증여자가 약속대로 재산을 수증자에게 주는 것을 의미한다. 그런데 부동산의 증여에서 등기이전을 통한 소유권의 이전이 있어야 이행이 되었다고 할 수 있는데, 사안과 같이 등기 없이 인도만 있는 경우에도 '이미 이행이 되었다'라고 볼 수 있는지가 문제된다. 이 경우 신의칙상 이행된 것으로 해석하고 있는 견해도 있으나,5) 부동산 물권변동에 관하여 형식주의를 취한 이상 인도만으로는 부족하고 등기까지 있어야 한다고 보는 것이 타당하다.6) 따라서 본 사안에서 丙이 해제를 하면 乙에게 아파트의 반환을 청구할 수 있다.

---

5) 곽윤직, 144면.
6) 대법원 1981. 10. 13. 선고, 81다649 판결; 김증한·김학동, 194면.

45. 증여자의 담보책임

사 례   화랑을 운영하고 있는 甲은 유명화가의 진품이라고 말하면서 乙에게 그림을 생일선물로 주었다. 그 후 乙은 그림의 수선을 맡겼는데, 이 과정에서 이 그림이 모조품임이 드러났다. 乙은 헛되이 지출한 수선비용을 甲에게 청구하면서, 甲이 전문가로서 모조품임을 알았거나 적어도 알 수 있었음을 주장하였다. 이 경우 甲은 乙에게 수선비를 지급해야 하는가?

乙의 甲에 대한 손해배상청구권(제559조 제1항 단서)

진품이라고 전제하고 증여하였으나 모조품임이 드러났고, 당사자들이 증여계약을 통해 전제로 하였던 물건의 성질이 갖추어야 할 상태를 벗어났으므로 물건에 하자가 존재한다. 따라서 수증자인 乙이 증여자인 甲에게 담보책임을 물을 수 있는지가 문제된다.

(1) 증여자의 담보책임

증여자는 증여의 목적물인 물건 또는 권리의 하자나 흠결에 대하여 책임을 지지 않는다(제559조 제1항 본문). 그러나 증여자가 그 하자나 흠결을 알고 수증자에게 고지하지 아니한 때에는 증여자는 담보책임을 진다(제559조 제1항 단서). 사안에서 乙이 보수비용을 청구하기 위해서는 甲이 진품이 아니라는 사실을 알고 있었음에도 불구하고 乙에게 고지하지 않았어야 한다.

(2) 악의의 증여자의 담보책임

악의의 증여자의 담보책임의 구체적인 내용에 관한 규정이 없으므로 담보책임의 내용은 매도인의 담보책임의 내용을 증여의 성질에 맞는 범위에서 유추적용하여야 한다. 담보책임의 내용으로 수증자는 목적물에 대해 하자나 흠결이 없는 것으로 믿은 데서 오는 손해, 즉 신뢰이익 상실을 손해배상으로 청구할 수 있다.[1] 수선비는 하자가 존재하지 않다고 믿고 지출한 비용에 해당하기 때문에 신뢰이익 상실로 인한 손해에 해당하므로 乙이 甲의 악의를 입증할 수 있으면 수선비의 지급을 청구할 수 있다.

---

1) 곽윤직, 124면; 김주수, 177면. 이와 달리 수증자가 계약을 해제하지 않은 경우에는 하자로 인하여 감소된 목적물의 가치에 한정되며 계약을 해제한 경우에는 계약비용이나 운송비용, 그 물건에 들인 필요비·유익비 등의 배상을 청구할 수 있다는 견해도 있다(김증한·김학동, 191면).

46. 부담부 증여

사 례 70세를 맞이한 지방의 유지 甲은 자신의 생일잔치에 지방신문기자인 조카 乙이 왔으면 좋겠다고 생각하면서, 乙에게 100만원을 줄 것이니 그 대신 생일잔치에 반드시 참석하고 자신의 생일내용을 신문기사로 내었으면 좋겠 다고 하는 내용의 편지를 보냈다. 이에 乙은 전화를 통해 승낙을 하였으 나, 甲의 생일을 잊고 참석하지 않았으며 신문기사도 내지 않았다. 이 경 우 乙은 甲에게 100만원을 달라고 요구할 수 있는가?

乙의 甲에 대한 100만원의 지급청구권(제554조)

乙은 甲으로부터 100만원을 받기로 약속받았으나, 그 대신 하기로 약 속한 급부의 이행이 甲의 생일이 지남으로써 불가능해졌다. 乙의 급부의무 불능으로 甲의 급부의무도 소멸하기 위해서는 위험부담에 관한 규정(제537 조, 제538조)이 적용되어야 하는데, 이는 쌍무계약에만 적용된다.

사안에서 甲은 乙에게 100만원을 주는 대신 생일잔치에 참석하고 신문 기사를 낼 채무를 부담시키고 있다. 이와 같이 수증자가 증여를 받는 동시 에 일정한 부담, 즉 일정한 급부를 하여야 할 채무를 부담하는 것을 부관 으로 하는 계약을 부담부 증여라고 한다. 민법은 이를 '상대부담 있는 증여' 라고 하는데, 부담은 증여된 급부의 가치로부터 이행될 수도 있고 이행되지 않을 수도 있다. 사안에서 생일잔치에 참석하는 것과 신문기사를 내는 것 모두 부담에 해당하지만, 생일잔치에 참석하기 위해서 드는 여비는 증여된 급부인 100만원으로부터 사용되나, 기사를 내는 것은 이로부터 드는 비용이 없을 것이다. 부담부 증여에서는 당사자 쌍방이 채무를 지게 되나, 수증자 의 급부는 증여자의 급부에 대한 대가의 의미를 가지지 않기 때문에, 역 시 편무·무상계약이다. 그렇지만 쌍방은 상대방의 급부가 있을 것을 전 제로 자신도 급부를 하기로 한 것이므로 부담부 증여에 대하여는 쌍무계약에 관한 규정이 준용된다(제561조). 따라서 위험부담에 관한 규정이 적용될 수 있다.

그런데 증여의 목적인 급부가 불능으로 된 때에는 위험부담의 법리를 그대로 적용할 수 있지만, 부담의 대상인 급부가 불능으로 된 때에는 이를 제한적으로 적용할 필요가 있다.[1] 대가 관계와 등가성이 없는 부담의 대상인 급부가 불능이 되었다는 이유만으로 증여계약으로 인하여 증여자가 부담하는 급부의무 전체가 소멸하는 것은 타당하지 않기 때문이다. 따라서 증여자의 채무는 불능으로 된 부담의 대상인 급부의 객관적 가치의 범위에서만 소멸한다고 하는 것이 타당하다. 사안에서 여비는 100만원의 급부로부터 사용될 것이었으므로 위험부담의 원리에 따라 이 한도에서는 甲의 의무도 소멸하는 것이 타당하나, 신문기사를 내는 급부는 재산적 가치를 갖고 있지 않을 뿐만 아니라 100만원의 급부로부터 사용될 것이 아니었으므로 위험부담의 원리에서 고려되지 않는다. 그러므로 사안에서 100만원의 급부는 여비한도에서만 소멸하고 나머지 부분은 소멸하지 않으므로 나머지 금액은 청구할 수 있다. 결국 乙은 甲에게 100만원에서 여비를 공제하고 남은 금액을 청구할 수 있다.

---

1) 이와 같은 입장으로 김증한·김학동, 199면; 김주수, 181면.

II. 소비대차

47. 소비대차계약의 법적 성질

> **사 례** 낭비벽이 심한 직장인 甲은 A은행에 매월 들어오는 월급통장 외에 유흥비
> 마련을 위하여 1000만원까지 마이너스로 돈을 쓸 수 있는 마이너스 통장
> 을 개설하였다. 이 경우 甲과 A은행 사이에 체결된 계약은 무엇인가?

　　고객이 통장을 개설하여 은행에 돈을 맡기는 계약은 통상 소비임치계
약에 해당되나(제702조),[1] 본 사안에서는 통장의 잔고가 마이너스로 갈 수
도 있으므로 결국 고객인 甲이 A은행으로부터 돈을 빌릴 수 있는 것도 목
적으로 하는 계약이 체결되었다. 금전의 차용을 목적으로 하는 계약은 통
상 소비대차계약(제598조)에 해당하는데, 소비대차계약을 요물계약이라고 한
다면 금전 기타의 대체물의 소유권을 차주에게 이전해야만 소비대차계약이
성립하게 된다. 이처럼 소비대차계약을 요물계약이라고 본다면, 사안에서는
금전 기타의 대체물에 대한 소유권의 이전이 없는 상태이므로 소비대차계

---

1) 소비임치에 있어서는 수치인이 목적물의 소유권을 취득하고 동종·동질·동량의
　것을 반환하면 된다는 점에서 소비대차와 같고, 이에 따라 민법은 소비대차에 관한
　규정을 소비임치에 준용하고 있다(제702조 본문). 그런데 소비대차에서는 차주의
　이익을 위하여 목적물을 이용한다는 측면에 계약의 초점이 있다면, 소비임치에서는
　임치인이 언제든지 그 반환을 요구할 수 있다는 점을 생각한다면 수치인이 아니라
　임치인의 이익을 위하여 목적물을 수치인이 보관한다는 측면에 계약의 초점이 있
　다. 소비임치는 보관을 위하여 체결되는 것이며, 수치인의 소비는 보관의 한 측면
　에 해당한다(곽윤직, 290면).

약의 예약만 체결한 것이 된다.

그러나 민법상 소비대차계약은 낙성계약에 해당하기 때문에 금전 기타 대체물의 소유권이전을 목적으로 하는 계약을 체결하면 바로 소비대차계약이 성립한다. 소비대차계약이 성립하면 대주는 바로 목적물을 이용하게 할 의무가 발생하며 차주는 목적물반환의무를 부담한다. 본 사안에서와 같이 차용금의 액수가 구체적으로 정해져 있지 않고 그 한도만 정해진 경우에는 소비대차계약의 성격을 갖는 기본계약(Rahmenvertrag)이 체결된 것으로 볼 수 있다.[2] 이 계약을 통하여 甲은 은행에 일정 금액을 청구함으로써 형성권을 행사하고 은행은 대금을 지급해야 할 의무를 부담하게 된다. 甲이 은행으로부터 금액을 인출해 갈 수 있는 소비대차계약관계의 근거는 기본계약이며, 그 내용은 개별적인 금액인출을 통하여 구체화된다.

---

2) BGHZ 83, 76(81).

48. 대물대차

사 례 甲은 乙에게 2천만원을 빌려주기로 하였으나, 乙이 차용금을 찾으러 왔을 때 甲에게는 현금이 없었다. 甲은 乙에게 차용금을 대신하여 시가 1900만원의 유명화가의 그림을 주며 그림을 팔아 그 대가를 차용금으로 쓰라고 하였고, 乙은 유명한 그림이라는 것을 알아보고 따로 차용금을 청구하지 않고 대신 그림을 순순히 받았다. 그런데 그림을 팔기 전에 乙의 과실 없이 그림이 화재로 인하여 멸실된 경우 甲과 乙의 법률관계는?

Ⅰ. 乙의 甲에 대한 차용금지급청구권(제598조)

사안에서 금전소비대차계약에 기하여 乙이 甲에게 차용금 2천만원을 다시 청구하기 위해서는 甲이 그림을 乙에게 인도한 것이 차용금지급의무를 이행한 것이 아니어야 한다. 금전소비대차가 체결된 후 대주인 甲이 금전을 인도하지 아니하고 이에 갈음하여 일방적으로 그림을 인도한다면, 그것은 채무의 내용에 좇은 이행에 해당되지 않으므로 차주인 乙은 수령을 거절할 수 있다. 그러나 사안에서 乙은 甲이 차용금을 대신하여 그림을 인도하는 것에 동의를 하고 받았으므로 이를 이행으로 받아들인 것이다. 그런데 만약 그림을 차용금의 지급을 위하여 주었다면, 乙이 그림을 팔아서 그 대가를 받은 경우에 채무의 만족이 있게 된다. 그러나 사안에서는 그림을 차용금을 대신하여 받았고, 더 이상 차용금을 청구하지 않는 것으로 합의를 하였으므로 차용금에 갈음하여 그림을 받은 대물대차가 이루어졌다. 따라서 실제로 그림을 팔아서 그 대금을 통하여 乙이 만족을 얻었느냐와 상관없이 甲이 乙에게 그림을 인도한 것으로서 乙의 甲에 대한 차용금지급청구권은 甲의 변제로 인하여 소멸하였다. 따라서 乙은 그림을 팔기 전에 그림이 멸실되었더라도 甲에게 차용금의 지급을 청구할 수 없다.

II. 甲의 乙에 대한 차용금반환청구권(제598조)

乙이 차용물을 받았으므로 甲은 차용기간이 도과하면 乙에게 차용물의 반환을 청구할 수 있다. 사안에서는 2천만원을 대신하여 그림을 인도하였으므로 차주인 乙은 금전으로 반환하여야 한다. 그런데 여기서 乙이 반환해야 할 금액이 원래 약속한 2천만원인지 아니면 인도할 당시의 그림의 시가였던 1900만원인지가 문제된다. 민법은 신용을 얻어야 할 불리한 상황에서 계약을 체결하는 차주를 보호하기 위하여 "금전대차의 경우에 차주가 금전에 갈음하여 유가증권 기타 물건의 인도를 받은 때에는 그 인도시의 가액으로써 차용액으로 한다."고 규정하고 있다(제606조). 인도시의 가액은 그 당시의 시가를 의미하므로[1] 甲은 乙에게 1900만원의 반환을 청구할 수 있다.

---

1) 김형배, 544면.

49. 준소비대차

 사례

甲과 乙은 동업으로 소양강 하천 골재채취를 하다가 2000년 3월에 甲이 동업관계에서 탈퇴하였고, 이에 乙은 甲에게 정산금으로 21억원을 지급하기로 하였다. 정산금 중 11억원은 바로 지급하였고 나머지 10억원은 甲으로부터 차용한 것으로 하여, 이자는 월 3푼, 변제기는 2000년 6월 30일로 약정하였다. 2006년 1월에 甲이 乙에게 차용금의 반환을 청구해 오자 乙은 이미 소멸시효가 완성하였다는 이유로 지급을 거절한다. 정당한가?[1]

甲의 乙에 대한 차용금반환청구권(제598조)

사안에서는 甲이 변제기로부터 5년이 지난 후에 차용금의 반환을 청구하였는데, 이때 소멸시효가 완성되었는지가 문제된다. 甲과 乙은 모두 상인으로서, 골재채취 동업관계를 합의청산하면서 발생한 정산채무는 상사채무에 관한 5년의 소멸시효기간이 적용된다. 그런데 정산금 중 일부인 10억원을 소비대차한 것으로 합의한 것을 상사채권으로 보면 5년의 소멸시효기간이 이미 경과한 것이 되나, 민사채권으로 보면 10년의 소멸시효기간이 아직 경과되지 않은 것이 된다. 어느 시효기간이 적용되는지는 정산금채무를 소비대차로 변경한 계약의 법적 성질에 의하여 결정될 것인데, 여기서는 경개와 준소비대차 중 어디에 해당되는지가 문제된다.

---

1) 대법원 1989. 6. 27. 선고, 89다카2957 판결 변형. 이에 관한 평석으로 박창현, "준소비대차와 경개," 판례연구 제1호(부산판례연구회), 1991.

1. 경개와 준소비대차의 구별

(1) 경개의 의의

경개는 당사자가 채무의 중요한 부분을 변경하는 계약을 말하고, 경개로 인하여 신채무가 발생하고 구채무는 소멸한다(제500조). 경개가 성립하기 위해서는 채무의 중요한 부분인 채권자, 채무자, 채무의 목적(그리고 발생원인) 중에 어느 하나가 변경되어야 하고, 당사자에게 기존채무를 소멸시키고 새로운 채무를 발생시키려고 하는 경개의사가 있어야 한다. 따라서 당사자에게 경개의사가 있는 한 정산금채무를 소비대차에 기한 반환채무로 변경하는 내용의 경개가 가능하다. 경개에 의하여 구채무는 소멸하고 신채무가 발생하며, 신채무와 구채무는 동일성이 없으므로 구채무에 관하여 존재하였던 인적·물적 담보 등은 전부 소멸하고(다만 민법 제505조 참조), 또한 항변권은 신채무에 수반되지 않는다. 소멸시효에 관하여도 항상 신채무를 기준으로 판단해야 하므로 구채무가 상사채무였어도 경개계약이 상행위성을 갖지 않으면 신채무는 상사채무가 아니고 민사채무로서 민법의 규정에 의한다. 그리고 상행위에 의한 채무가 민법상의 채무로 경개되어진 때의 시효는 민법규정에 의한다.

(2) 준소비대차의 의의

준소비대차는 당사자 쌍방이 소비대차에 의하지 아니하고 금전 기타의 대체물을 지급할 의무가 있는 경우에 당사자가 그 목적물을 소비대차의 목적으로 할 것을 약정한 때에 성립하며, 소비대차의 효력을 갖는다(제605조). 준소비대차의 효력과 관련하여 다수설과 판례는 기존채무가 소멸하나, 구채무와 신채무가 동일성을 가지므로 담보·보증 등은 그대로 존속한다고 한다.[2] 다만 이 견해에 의하면 소멸시효는 채무 자체의 성질에 의하여 결정되고, 당사자 의사에 의하여 좌우될 수 있는 것은 아니므로 언제나 신채무(즉 준소비대차계약 자체의 성질)를 표준으로 결정해야 한다.[3]

---

2) 곽윤직, 177면.
3) 곽윤직, 178면; 김형배, 552면. 그에 반하여 준소비대차는 채무원인의 변경계약이고 이 변경계약에 의하여 소비대차와 동일한 채권관계가 발생한다고 보는 견해도 있다(존속설). 이 견해에 의하면 담보·보증 등은 당연히 존속하며 원칙적으로 소

2. 경개와 준소비대차의 이동

경개나 준소비대차는 모두 기존채무를 소멸하게 하고 신채무를 성립시키는 계약인 점에 있어서는 동일하지만, 경개에 있어서는 기존채무와 신채무와의 사이에 동일성이 없는 반면, 준소비대차에 있어서는 원칙적으로 동일성이 인정된다는 점에 차이가 있다. 기존채권, 채무의 당사자가 그 목적물을 소비대차의 목적으로 할 것을 약정한 경우 그 약정을 경개로 볼 것인가 또는 준소비대차로 볼 것인가는 일차적으로 당사자의 의사에 의하여 결정되고, 특별한 사정이 없는 한 동일성을 상실함으로써 채권자가 담보를 잃고 채무자가 항변권을 잃게 되는 것과 같이 스스로 불이익을 초래하는 의사를 표시하였다고는 볼 수 없으므로 일반적으로 준소비대차로 보아야 할 것이다.4) 따라서 사안에서 甲과 乙 사이에 경개의사가 없었던 것으로 보아서 당사자 사이에 준소비대차계약이 체결된 것으로 보아야 한다.

소멸시효기간과 관련하여 준소비대차의 경우 신채무의 성질을 기초로 해서 판단해야 하므로 甲과 乙 양자 모두 골재채취를 영업으로 하는 자이어서 상인이라 할 것이고, 양자 사이에 정산금에 관하여 준소비대차로 약정한 이상 상인인 乙이 그 영업을 위하여 한 상행위로 추정된다(이 점은 위 약정을 경개라고 하더라도 마찬가지라 할 것이다). 이에 따르면 새로이 발생한 채권은 상사채권으로서 5년의 상사시효의 적용을 받게 된다.5) 따라서 시효로 인하여 소멸하였다는 乙의 항변은 정당하다.

비대차상의 채무로 변경되기 전의 기존채무를 기준으로 시효기간이 정해진다[박창현, "준소비대차와 경개," 판례연구 제1호(부산판례연구회), 1991, 226면].

4) 대법원 1989. 6. 27. 선고, 89다카2957 판결; 대법원 2003. 9. 26. 선고, 2002다31803, 31810 판결.

5) 존속설에 의하여 원래 상인 간의 정산채무에 해당하였으므로 상사채무에 관한 5년의 소멸시효기간이 적용되므로 준소비대차계약에 의한 반환채무에 관해서도 상사채무에 관한 시효기간이 적용된다.

Ⅲ. 사용대차

50. 대주의 사용 · 수익 허용의무와 차주의 비용상환청구권

사 례 甲은 여행을 떠나기 위해서 친구 乙로부터 자동차를 무상으로 빌렸다.
(1) 여행을 떠나기 직전에 甲의 과실 없이 자동차가 고장난 경우 甲은 乙에게 자동차의 수리를 해달라고 요구할 수 있는가?
(2) 여행을 하는 도중 甲은 마모가 된 부품과 엔진오일을 교체하였다. 여행에서 돌아와서 甲은 乙에게 교체에 들인 비용을 청구할 수 있는가?

Ⅰ. 甲의 乙에 대한 수선청구권

乙의 자동차에 대한 甲의 사용 · 수익이 무상으로 이루어졌고, 당사자 사이에 호의관계가 존재하는 것은 아니므로 甲과 乙 사이에는 자동차를 무상으로 사용 · 수익할 수 있는 사용대차계약(제609조)이 체결되었다. 사용대차에 기하여 대주는 목적물을 사용 · 수익할 수 있도록 허용할 의무는 있으나, 무상인 관계로 임대차와 달리 목적물을 사용 · 수익할 수 있는 적합한 상태를 마련해야 할 적극적 의무는 없다. 따라서 甲은 乙에 대하여 자동차의 수선을 청구하지 못한다.

Ⅱ. 甲의 乙에 대한 비용상환청구권(제611조 제2항, 제594조 제2항, 제203조)

사용대차에서 차주는 차용물의 통상의 필요비를 부담하나(제611조 제1

항), 차주가 지출한 기타의 비용은 대주가 부담한다. 이에 따라 차주는 통상의 필요비 이외의 비용, 즉 통상적이지 않은 필요비와 유익비를 제594조 제2항의 규정에 좇아 청구할 수 있다. 통상적이지 않은 필요비를 지출한 때에는 그 지출한 금액의 상환을 청구할 수 있고, 유익비를 지출한 때에는 그로 인한 차용물 가격의 증가가 현존하는 경우에 한하여 대주의 선택에 좇아서 지출한 금액 또는 증가액의 상환을 청구할 수 있다. 본 사안에서 엔진오일의 교환은 통상의 필요비에 속하여 甲이 부담해야 하나, 마모된 부품의 교체는 보존에 필요한 기타의 필요비에 해당하므로 이에 대하여는 乙에게 비용의 상환을 청구할 수 있다(제203조 제1항).

Ⅳ. 임대차

51. 임차인의 차임지급의무

> 사례
>
> 甲은 A온천호텔에 3박 4일의 일정으로 '스파패키지'를 예약하였는데, 패키지 내용은 1박과 조식 및 온천무료쿠폰을 20만원에 제공하는 것이었다. 甲이 가족과 2박을 한 후 A는 조식과 온천이용 등을 이유로 10만원의 선급을 요청하였다. 그런데 甲은 호텔에서는 통상 체크아웃을 할 때 숙박료를 지급한다는 이유로 지급을 거절하였다. 정당한가?

A의 甲에 대한 차임지급청구권(제618조)

　　임대차계약은 임대인이 임차인에게 목적물을 사용·수익하게 할 것을 약정하고, 임차인이 이에 대하여 차임을 지급할 것을 약정함으로써 성립하는 계약이다(제618조). 임대인이 임차인에 대하여 목적물을 사용·수익하게 할 의무를 부담하는 것이 임대차관계에서 가장 핵심적인 의무이다. 그런데 계약자유의 원칙상 계약의 당사자들은 물건의 사용뿐만 아니라, 음식의 제공과 온천이용 등과 같이 다른 급부를 제공할 것을 목적으로 하는 계약을 체결할 수 있다. 이러한 계약은 순수한 임대차계약이라고는 할 수 없고, 객실의 사용을 내용으로 하는 임대차, 음식물의 판매를 내용으로 하는 매매, 서비스의 제공을 내용으로 하는 고용 등 여러 개의 계약 유형이 결합된 하나의 혼합계약에 해당한다. 이와 같은 혼합계약의 경우에도 물건을 사용·수익하게 할 의무와 관련되는 한도에서는 임대차계약이 적용될 수 있다. 다른 급부와 관련하여서는 해당 급부가 속하는 계약유형의 규정이 적용된다. 다양한 급부에 대한 대가로 일률적으로 계산되는 반대급부에 대하여는 해당 법률문제와 체결된 계약의 특수성에 따라 임대차 내지 다른 계약유형의 규정이 적용된다.

　　본 사안에서 '스파패키지' 계약은 혼합계약으로서(호텔객실, 서비스, 조식 등), 다양한 급부에 대하여 하나의 일률적인 대가가 지불된다. 그런데 A의 급부의무 중에서 가장 중요한 의미를 차지하는 것은 호텔객실의 임대이다. 또한 금전적인 측면에서도 甲이 부담하는 반대급부가 호텔객실의 임대에 대한 대가의 의미를 가장 크게 가지고 있다. 따라서 반대급부의 이행기도 임대차에 의하여 결정되어야 할 것이다. 차임의 지급시기에 대하여 당사자가 다른 합의를 하지 않았다면 후급이 원칙이다(제633조 참조).[1] 따라서 체크아웃을 할 때 차임을 지급하겠다는 甲의 주장은 원칙적으로 타당할 수 있으나, 이미 선이행 부분이 존재하므로 이 부분에 대한 지급의무는 인정될 수 있다.

---

1) 김형배, 456면.

52. 임차물의 전대

> **사례**
>
> 乙은 甲의 6층 건물 X를 사무실로 쓸 목적으로 전부 임차하였다. 乙은 甲에게 임대료로 매월 15일에 3000만원을 지급하기로 하였다. 사업이 잘 되지 않자 乙은 2개의 층을 임대해야겠다고 생각하고 甲의 동의를 받았다. 그 후 乙과 丙은 2개의 층에 대한 임대차계약을 체결하고 丙은 임대료 1000만원을 매월 30일에 지급하기로 약속하였다. 乙이 Y게이트 사건의 용의자로 지목되어 잠적하자 甲은 17일 丙에게 임대료 1000만원을 직접 청구하였다. 이때 丙은 지급을 거절하기 위해서 다음과 같은 항변을 한다. 타당한가?
> 1) 甲은 임대차계약의 당사자가 아니므로 임대료를 청구할 수 없다.
> 2) 30일에 임대료를 지급하면 되기 때문에 아직 지급할 필요가 없다.
> 3) 사용하는 방에 히터가 제대로 들어오지 않기 때문에 히팅시스템을 고치지 않는 한 지급할 수 없다(히팅시스템 수리비용 1000만원).

I. 甲의 丙에 대한 임대료청구권의 성립여부 (설문 1)

甲과 乙 사이에는 임대차계약이 성립하였고(제618조) 다시 乙은 甲의 동의를 얻어서 丙과 전대차계약을 체결하였다(제629조). 임대인 甲과 전차인 丙은 임대차계약의 당사자가 아니므로 임대차관계는 없으나, 사안에서처럼 임차인이 임대인의 동의를 얻어 임차물을 전대한 때에는 전차인은 임대인에 대하여 임대차계약상의 의무를 부담한다(제630조 제1항 1문). 따라서 전차인은 임대인에 대하여 차임지급의무를 부담하므로 丙은 甲이 임대차계약의 당사자가 아니라는 이유로 임대료의 청구를 거부할 수 없다.

II. 甲에 대한 丙의 임대료 지급시기 (설문 2)

전차인은 임대인에 대하여 차임지급의무를 부담하는데, 금액은 임대차계약과 전대차계약 중 소액으로 정하여진 한도 내에서 이행해야 하며 시기는 임차인과 전차인의 차임지급채무의 변제기가 모두 도래한 때이다. 사안에서 임대차계약에 기하여는 임대료가 3000만원이지만 전대차계약에 기하여는 임대료가 1000만원이므로 임대인 甲이 전차인 丙에게 1000만원을 청구한 것은 타당하다. 임차인 乙은 매월 15일에, 전차인 丙은 매월 30일에 임대료를 지급하기로 되어 있다. 甲이 丙에게 17일에 임대료를 청구한 것은 전차인의 차임지급시기가 도래하기 전에 청구한 것으로서 그 효력이 없다. 따라서 30일 전에는 丙은 차임지급을 거절할 수 있다.

Ⅲ. 丙의 甲에 대한 목적물 수선청구권의 성립여부와 동시이행의 항변권 (설문 3)

(1) 丙의 甲에 대한 목적물 수선청구권의 성립여부

전차인이 임대인에게 수선을 청구하기 위해서는 임대인이 전차인에 대하여 이러한 의무를 부담하고 있어야 한다. 우리 학설은 이와 관련하여 제630조의 해석에서 대립하고 있다. 한 견해에 의하면 제630조는 단순히 임대인의 보호를 위한 편무적 의무규정이므로 임대인은 전차인에게 수선의무를 부담하지 않는다고 한다.[1] 이에 반하여 임대인과 전차인의 관계를 법정채권관계로 보고 명문의 규정이 없더라도 임대차계약의 쌍무계약으로서의 성질을 생각할 때 임대인은 전차인이 전차물을 잘 사용할 수 있게 할 의무(예를 들면 수선의무와 방해배제의무)를 부담한다는 견해가 있다.[2] 임대인에게 전차인에 대한 권리만을 인정하고 의무는 없다고 하는 것은 쌍무계약의 성질상 허용될 수 없으므로 전차인이 임대인에게 수선청구권을 행사할 수 있다고 보는 것이 타당하다.

---

1) 김증한 · 김학동, 395면; 김주수, 305면.
2) 이은영, 463면.

(2) 동시이행 항변권의 성립여부

전차인의 수선청구권이 성립하면 임대인의 차임지급청구권에 대하여 동시이행의 항변권(제536조)을 행사할 수 있는지가 문제된다. 여기서 동시이행의 항변권이 성립하기 위해서는 양 청구권이 이행상의 견련관계에 놓여 있어야 한다. 그런데 이는 넓게 해석되어 계약당사자가 부담하는 계약상의 고유한 대가관계뿐만 아니라, 구체적 계약관계에서 당사자가 부담하는 채무 사이에 대가적 의미가 있어서 이행상 견련관계를 인정할 수 있으면 동시이행의 항변권이 인정된다.

법정채권관계로 보는 견해에 따르면 임대인과 전차인은 계약의 당사자는 아니지만 전차인이 부담하는 임차료는 임차물의 이용에 대한 대가적 의미를 가지는 것으로 이행상 견련관계가 인정된다고 할 것이다. 따라서 甲의 차임지급청구권과 丙의 수선청구권은 동시이행의 관계에 놓여 있다고 볼 수 있다. 제630조를 편무적 의무규정이라고 파악하는 경우 임대인은 전차인에 대하여 의무를 부담하지 않기 때문에 전차인 丙은 의무를 부담하지 않는 임대인 甲에게 동시이행의 항변권을 행사할 수 없다. 이보다는 임대인과 전차인의 관계를 법정채권관계로 파악하여 甲이 수선의무를 다하지 않는 동안에는 丙도 동시이행의 항변권을 행사하여 차임지급의무를 거절할 수 있다고 해석하는 것이 타당하다.

53. 임대차의 종료와 보증금반환청구권

사례

> 甲은 乙로부터 건물을 임차하면서 보증금 2억원, 월차임 500만원으로 하는 임대차계약을 체결하였다. 그런데 甲은 4개월간 차임을 연체하고 있었다.
>
> (1) 이 경우 乙은 차임 연체를 이유로 계약을 해지할 수 있는가?
>
> (2) 乙의 해지가 정당한 경우 乙이 甲에게 임대건물의 반환을 요구하였으나, 甲은 임차보증금을 반환하지 않는 한 임대건물을 반환할 수 없다고 주장한다. 정당한가?
>
> (3) 임대건물의 반환을 위하여 연체차임 2000만원 및 법정이자를 공제한 보증금을 반환하겠다고 乙이 제시하였으나, 甲은 2억원 전액을 반환하지 않는다면 반환할 수 없다고 한다. 정당한가?

Ⅰ. 차임연체를 이유로 해지권 (설문 1)

건물 기타 공작물의 임대차에서는 임차인의 차임연체액이 2기의 차임액에 달하는 때에는 임대인은 계약을 해지할 수 있다(제640조). 사안에서 임차인 甲은 4기의 차임을 연체하고 있으므로 乙은 이를 이유로 해지할 수 있다.

Ⅱ. 乙의 甲에 대한 임차목적물반환청구권(제213조; 제654조, 제615조) (설문 2)

임대차 계약이 정당하게 해지된 경우 乙은 임대인으로서 임차목적물반환청구권은 물론 소유자로서 소유물반환청구권에 기하여 건물의 반환을 청구할 수 있다. 그러나 임대인도 보증금을 반환해야 하므로 임대인이 보증금을 지급하지 않는 한 임차인이 임차물의 반환을 거절할 수 있는 항변을 할 수 있는지가 문제된다.

(1) 동시이행의 항변권

원래 보증금반환채무와 임차목적물반환채무는 반드시 동시에 상환해야 할 성질을 갖는 쌍무적 견련성이 있는 채무는 아니다. 그러나 보증금은 현실에서 목적물의 사용·수익의 대가로 지급되는 것이 일반적이고 사안에서도 보증금의 지급을 통하여 실제로 채권적 전세가 있었다고 볼 수 있다. 이러한 차원에서 목적물의 반환시 보증금도 동시에 반환·청산하는 것이 정당하다.[1] 따라서 보증금의 반환이 있을 때까지 임차인 甲이 동시이행의 항변권을 행사하여 임대건물의 반환을 거절하는 것은 정당하다.[2]

(2) 유 치 권

보증금의 반환을 담보하기 위하여 유치권을 긍정하는 견해도 있지만,[3] 판례는 보증금반환채권은 제320조에서 말하는 '그 물건에 관한 채권'이 아니라는 이유로 유치권의 성립을 부정한다.[4] 따라서 사안에서 甲은 자신의 보증금반환채권을 담보하기 위해서 임차건물에 대하여 유치권을 행사할 수 없다.

Ⅲ. 보증금으로부터의 차임충당권 (설문 3)

부동산임대차에 있어서 임차인이 임대인에게 지급하는 보증금은 임대차관계가 종료되어 목적물을 반환하는 때까지 임대차관계에서 발생하는 임

---

1) 대법원 1987. 6. 23. 선고, 87다카98 판결.
2) 대법원 2002. 2. 26. 선고, 2001다77697 판결.
3) 김학동, "임차인의 보증금반환채권 등과 유치권," 판례월보 1996년 12월호, 14면: 임대인이 임차목적물을 제3자에게 양도한 경우에 임차인이 제3자의 명도청구를 거절할 수 없는 경우를 방지하기 위하여 유치권을 인정해야 한다고 본다.
4) 대법원 1976. 5. 11. 선고, 75다1305 판결.

차인의 모든 채무를 담보하는 것이다. 임차인의 채무불이행이 없으면 그 전액을 반환하고 만약 임차인이 차임을 지급하지 아니하거나 목적물을 멸실·훼손하여 부담하는 손해배상채무 또는 임대차종료 후 목적물반환시까지 목적물 사용으로 인한 손해배상 내지 부당이득반환채무 등을 부담하고 있다면 임대인은 그 보증금 중에서 이를 공제하고 나머지 금액만을 반환하면 된다. 그러므로 임대인의 보증금반환의무는 임대차관계가 종료되는 경우에 그 보증금 중에서 목적물을 반환받을 때까지 생긴 연체차임 등 임차인의 모든 채무를 공제한 나머지 금액에 관하여서만 비로소 이행기에 도달하여 임차인의 목적물반환의무와 서로 동시이행의 관계에 있다.5) 사안에서 연체차임 및 그에 따른 법정이자를 임대인 乙이 공제한 후 보증금을 반환하는 것이 가능하므로 전체 보증금을 반환하라는 甲의 주장은 정당하지 않다.

---

5) 대법원 1987. 6. 23. 선고, 87다카98 판결.

54. 유익비상환청구권

사 례   甲은 상가를 운영할 목적으로 새로 건물을 짓고, 식당가로 운영할 층수 중 일부를 乙에게 빌려주는 임대차계약을 체결하였다. 이때 계약서에는 "임차인은 임대인의 승인하에 개축 또는 변조할 수 있으나 부동산의 반환기일 전에 임차인의 부담으로 원상복구하기로 한다"는 조항이 있었다. 그 후 乙은 甲의 동의를 얻어서 출입로에 아스팔트를 까는 등 출입로를 정비하였다. 임대차기간이 종료한 후 乙은 甲에게 출입로 정비로 인한 비용을 요구하였으나, 甲은 원상회복을 해야 할 의무를 들어서 이를 거절하였다. 이로 인하여 乙은 건물의 반환을 거부하고 있다. 정당한가?

甲의 乙에 대한 임차목적물반환청구권(제213조; 제654조, 제615조)

임대차기간의 종료로 甲은 乙에게 건물의 반환을 청구할 수 있는데, 반환청구에 대한 乙의 거절이 정당하기 위해서는 乙에게 건물을 점유할 권원이 있어야 한다. 사안에서는 점유권원으로서 동시이행의 항변권 내지 유치권이 문제될 수 있는데, 그 전제로 乙에게 甲으로부터 비용의 상환을 청구할 수 있는 권리가 인정되어야 한다.

(1) 유익비상환청구권(제626조 제2항)의 성립

임차인이 임차목적물에 정비와 시설투자를 하여 비용 및 시설투자금의 상환을 청구할 수 있는 것으로는 유익비상환청구권과 부속물매수청구권이 있다. 유익비상환청구권(제626조 제2항)과 부속물매수청구권(제646조 제1항) 중 어느 권리를 행사하느냐는 설치된 시설이 임차물에 대하여 독립성을 갖고 있느냐에 따라 구분된다.[1] 즉 설치된 시설이 부합(제256조 본문)에 의하여 임대인의 소유로 되면, 임차물의 구성부분으로서 독립성이 상실되

어 임차인은 그 설치비용을 유익비상환청구권을 행사하여 상환받아야 한
다. 그에 반하여 설치된 시설이 임차인의 권원에 의하여 부속되어 독립성
을 갖고 있다면 부속물로서 임차인의 소유에 있게 되고(제256조 단서), 임차
인은 임대차 종료 시에 임대인에게 부속물의 매수를 청구하여 비용을 상환
받을 수 있다. 사안에서 아스팔트를 깔고 진입로를 정비한 것은 임차목적
물의 구성부분이 되어 독립성을 상실하였으므로 그 비용은 유익비에 해당
하여 유익비상환청구권의 대상이 된다. 유익비상환청구권이 성립하기 위해
서는 (1) 부가한 물건이 임차물에 부합되어야 하고, (2) 임차물의 객관적
가치를 증가시키는 비용의 지출이 있어야 하며, (3) 그 가액의 증가가 현
존해야 한다. 사안에서 아스팔트를 깔고 진입로를 정비하여 임차물의 가액
이 증가되어 이익이 현존하므로, 이러한 비용은 乙이 유익비상환청구권을
행사하여 상환받을 수 있다.

(2) 유익비상환청구권의 배제

그런데 甲과 乙 사이에 임대차관계의 종료 시에 건물을 원상으로 복
구하기로 한 약정을 하였으므로 유익비상환청구권을 배제한 특약이 있는
지가 문제된다. 이에 대하여 판례와 다수설은 이러한 약정은 건물에 지출
한 각종 유익비 또는 필요비의 상환청구권을 미리 포기하기로 한 취지의
특약이라고 보고 있다.[2] 특히 임차인의 비용상환청구권에 관한 규정은 강
행규정이 아니므로(제652조 참조) 당사자 사이의 이를 포기하는 약정은 유
효하다.[3] 따라서 甲과 乙 사이에 특약을 통하여 유익비상환청구권이 배제
되었고, 乙은 그에 따라 동시이행의 항변권 내지 유치권을 행사할 수 없
으므로 甲은 乙에게 건물의 반환을 요구할 수 있다.

---

1) 이와 같은 구분에 대하여 비판적 입장으로 이준현, "우리 민법체계 내에서의 임차
   인의 비용상환청구권의 이해," 민사법이론과 실무 제6집, 23면 이하.
2) 대법원 1983. 5. 10. 선고, 81다187 판결.
3) 대법원 1981. 11. 24. 선고, 80다320, 321; 대법원 1995. 6. 30. 선고, 95다12927
   판결.

55. 부속물매수청구권

앞의 사례에서 乙이 甲의 동의를 얻어서 주방시설과 환풍기를 새로 설치하였고, 임대차기간이 종료한 후 甲에게 주방시설과 환풍기 설치비용을 요구한 경우는?

甲의 乙에 대한 임차목적물반환청구권(제213조; 제654조, 제615조)

주방시설과 환풍기는 임차건물에 부합되지 않고 독립성을 갖고 있는 부속물이므로(제256조 단서) 임차인 乙의 소유에 있다. 이 경우에는 임차인의 부속물매수청구권이 성립하고, 그 행사로 인한 매매대금지급청구권이 발생하였는지가 문제된다.

(1) 부속물매수청구권(제646조 제1항)의 성립

부속물매수청구권이 성립하기 위해서는 (1) 건물 기타 공작물의 임대차일 것, (2) 임차인이 건물 기타 공작물의 사용의 편익을 위하여 부속시킨 부속물일 것, (3) 임대인의 동의를 얻어 부속시킨 것이거나 임대인으로부터 매수한 부속물일 것, 그리고 (4) 임대차가 종료될 것 등의 요건이 충족되어야 한다. 사안에서 임대목적물은 식당가로 운용되는 건물이며 임대인의 동의를 얻어서 주방시설과 환풍기를 설치하였고, 임대차가 종료하였으므로 주방시설과 환풍기가 건물의 사용의 편익을 위하여 부속시킨 부속물인지만이 문제된다. 매수청구권의 대상이 되는 부속물이라고 함은 건물에 부속된 물건으로 임차인의 독립적인 소유에 속하고, 건물의 구성부분으로 되지 아니한 것, 즉 부합되지 아니한 것으로서 건물의 사용에 객관적인 편익을 가져오게 하는 물건을 말한다. 당해 건물의 객관적인 사용목적은 그 건물 자체의 구조와 임대차계약 당시 당사자 사이에 합의된 사용목적, 기타 건물의 위치, 주위환경 등 제반 사정을 참작하여 정해진다.[1] 임대목적물이 식당가 건물이므로 乙이 주방시설과 환풍기를 설치한 것은 건물사용의 편익을 위하여 임대인 甲의 동의를 얻어 부속시켰다고 볼 수 있고, 이러한 시설물은 식당가 건물이라는 객관적 목적과도 일치한다. 따라서 乙은 부속물매수청구권을 행사할 수 있다.

(2) 부속물매수청구권의 배제

그런데 사안에서도 임차인이 임대차관계의 종료 시에 건물을 원상으로 복구하기로 한 약정이 부속물매수청구권을 포기하기로 하는 특약으로 해석될 수 있는지가 문제된다. 그러나 원상복구약정을 부속물매수청구권의 포기특약으로 해석하더라도 임차인의 부속물매수청구권에 관한 규정은 임차인의 보호를 위한 강행규정이므로(제652조) 특약을 통하여 배제할 수 없으므로 원상회복의 특약은 부속물매수청구권에 대하여 효력이 없다.

(3) 동시이행의 항변권과 유치권의 성립

부속물매수청구권은 형성권이므로 임차인이 부속물매수청구권을 행사하면 임대인과 임차인 사이에 부속물을 목적으로 하는 매매계약이 성립한다. 이때 부속물매매대금의 지급과 부속물의 인도는 동시이행의 관계에 있으나(제536조), 부속물매매대금의 지급과 임차건물의 인도는 동시이행의 관계에 있는지가 문제된다. 이에 관한 판례[2]와 학설은 동시이행의 관계를 인정하고 있다.[3] 그리고 부속물매매대금채권을 확보하기 위하여 乙이 부속물에 대하여는 유치권을 행사할 수 있음은 당연한데, 여기서도 임차건물의 전체를 유치할 수 있는지에 관하여는 학설과 판례는 대립하고 있다. 유치권이 성립하기 위해서는 피담보채권이 '그 물건에 대하여 생긴 채권'이어야 하는데, 부속물은 임차건물과 독립성이 인정되므로 임차인의 매매대금채권

---

1) 대법원 1991. 10. 8. 선고, 91다8029 판결.
2) 대법원 1981. 11. 10. 선고, 81다378 판결.
3) 민법주해(XV)/민일영, 161면.

을 담보하기 위하여 유치권을 행사할 수 없다고 보는 입장이 지배적이다.[4] 그러나 부속물을 임차건물로부터 분리하게 되면 그 경제적 가치가 크게 감소하게 되어 임차인은 물론 사회경제적으로 불리하기 때문에 이를 방지하기 위한 조치로 부속물매수청구권을 임차인에게 부여하였다는 점을 생각한다면, 부속물 자체에 대하여만 유치권을 인정하게 되면 건물은 반환해야 한다는 측면에서 임차인을 충분히 보호할 수 없게 된다. 따라서 임차인을 보호하기 위해서는 유연한 해석을 통하여 유치권을 긍정하는 입장을 취하는 것이 타당하다.[5] 임차인 보호를 위하여 유연한 해석의 입장을 취하면 乙은 동시이행의 항변권 내지 유치권을 행사할 수 있으므로 甲은 乙에게 건물의 반환을 요구할 수 없다.

---

4) 대법원 1977. 12. 13. 선고, 77다115 판결.
5) 김증한·김학동, 429면; 이기중, "임차인의 부속물매수청구권," 사법논집 제13집, 139면 이하.

56. 주택임대차보호법과 임대차보증금반환채권의 양도

사례

甲은 乙로부터 乙 소유의 아파트를 임대기간을 2011.7.1.로부터 2년간으로 하여 보증금 2억원, 월차임 200만원으로 임차하였다. 그리고 甲은 다음 날 위 아파트를 인도받고 전입신고를 마쳤다. 2012.7.1. 乙은 위 아파트를 丙에게 매도하고 소유권이전등기를 경료하여 주었다.

(1) 2013.1.20. 임차건물에 사소하지 않은 하자가 발생한 경우 甲은 丙에게 수선을 요구할 수 있는가?

(2) 2013.2.28. 甲은 사업자금을 마련하기 위하여 A은행에게 1억6천만원에 임차보증금반환채권을 양도하여 주고 같은 날 丙에게 내용증명우편으로 이 사실을 통지하였다. 그런데 그 사이에 이미 甲은 차임을 4개월분을 지급하지 못하고 있었다. 임대차관계가 종료한 후 A은행에서 임차보증금반환채권을 丙에게 행사하여 왔으나, 丙은 4개월분의 차임 및 법정이자를 공제한 후 지급하겠다고 한다. 정당한가?

(3) 2012.4.1. 甲의 채권자 丁은 甲을 채무자, 乙을 제3채무자로 하여 2억원의 보증금반환채권을 가압류하였다. 임대기간이 종료한 후 甲은 乙에게 보증금반환청구의 소를 제기하였다. 이 소송에서 乙은 甲이 자기에게 청구하는 것은 부당하며 건물양수인 丙에게 청구하여야 한다고 주장하였다. 이러한 항변은 정당한가?

I. 甲의 丙에 대한 수선청구권 (설문 1)

(1) 수선청구권의 성립

임대인은 임차인에 대하여 사용·수익에 필요한 상태를 유지하게 할 의무를 부담하므로(제623조) 임차인은 사용·수익에 필요한 수선을 임대인에게 청구할 수 있다. 하지만 목적물에 파손 또는 장해가 생겼더라도 임차인이 큰 비용을 들이지 않고도 손쉽게 고칠 수 있을 정도의 사소한 것이어서 임차인이 사용·수익을 방해받을 정도의 것이 아니면 임대인은 수선의무를 부담하지 않는다. 수선하지 않으면 임차인이 계약에 의하여 정하여진 목적에 따라 사용·수익할 수 없는 상태로 될 정도의 것인 때에 수선의무가 있다.[1] 사안에서 사소하지 않은 하자가 발생한 이상 임차인 甲은 임대인에게 수선을 요구할 수 있다.

(2) 주택임대차보호법에 따른 임대인의 지위 승계여부

문제가 되는 것은 임차한 아파트의 소유자가 乙에서 丙으로 바뀌었기 때문에 현재 소유자인 丙이 임대인의 지위를 승계하였는지의 여부이다. 사안에서 임대차 목적물이 아파트이기 때문에 甲과 乙 사이의 체결된 임대차계약은 주택임대차보호법의 적용을 받는다(동법 제2조). 甲이 임대차계약을 체결한 다음 날 주택을 인도받고 전입신고를 마쳤으므로 동법 제3조 제1항 단서에 의하여 전입신고를 한 때에 주민등록이 된 것으로 보게 되므로 그 다음 날 제3자에게 대항력이 발생한다(동법 제3조 제1항 본문). 이 경우 해당 주택을 양수한 자는 임대인의 지위를 승계한 것으로 보게 되므로(동법 제3조 제4항) 甲은 임대차계약상의 권리를 임대인의 지위를 승계한 丙에게 행사할 수 있다. 따라서 사안에서 甲이 丙에게 하자의 수선을 요구한 것은 정당하다.

II. A의 丙에 대한 임차보증금반환청구권 (설문 2)

(1) 임차보증금반환채권의 양도와 대항요건

임차보증금반환채권은 임대차기간이 종료한 때 발생하고 그 내용은 목적물 인도 시에 확정된다.[2] 따라서 양도 시에 존재하지 않은 장래의 채권이기는 하지만 확정성이 존재하므로 임차보증금 반환채권의 양도는 가능하고 채무자인 丙에게 통지함으로써 대항요건을 갖추었다. 따라서 A는 丙에게 임차보증금의 반환을 청구할 수 있다.

---

1) 대법원 2012. 3. 29. 선고 2011다107405 판결.
2) 대법원 1977. 9. 28. 선고 77다1241 전원합의체 판결.

(2) 반환할 액수

하지만 보증금반환채권은 불확정적인 것이지만, 임차인이 임차목적물을 반환할 때에 연체차임 등 해당 임대차에 관하여 명도 시까지 생긴 모든 채무를 청산한 나머지를 반환할 의무를 부담하므로 임차목적물을 반환할 때 확정된다. 따라서 양수인 A는 이러한 불확정한 내용을 갖는 채권을 양수받은 것이다. 임대차보증금은 임대인에게 임차인의 채무를 담보하는 중요한 수단이 되는 것이고 양도 통지를 받기 전에 발생한 경우는 물론 양도통지를 받은 후에 발생한 경우도 모두 공제할 수 있어야 한다. 그러므로 A는 통지 전에 발생한 4개월분의 차임은 물론 통지 후에 발생한 법정이자 모두 공제한 후 남은 보증금만 반환청구할 수 있다.

Ⅲ. 甲의 乙에 대한 임차보증금반환청구권 (설문 3)

앞에서 살펴본 바처럼 주택임대차보호법상의 대항요건을 임차인이 갖춘 경우 양수인은 임대인의 지위를 승계하고 그 결과 양수인 丙은 임대차보증금반환채무를 면책적으로 인수한다.

다만 丁의 임대차보증금에 대한 가압류로 인하여 임대인의 지위와 제3채무자의 지위가 분리되는지가 문제된다. 그런데 임차인에 대하여 임차보증금반환채무를 부담하는 임대인임을 당연한 전제로 하여 임대차보증금반환채무의 지급금지를 명령받은 제3채무자의 지위를 임대인의 지위와 분리할 수 있는 것이 아니므로, 임대주택의 양도로 임대인의 지위가 임대로 양수인에게 이전된다면 채권가압류의 제3채무자의 지위도 임대인의 지위와 함께 이전된다고 볼 수밖에 없다.[3]

따라서 위 아파트의 양수인인 丙이 임대보증금에 대한 선행 가압류가 있음에도 불구하고 임대보증금반환채무자가 된다.

---

3) 대법원 2013. 1. 17. 선고 2011다49523 전원합의체 판결.

V. 도 급

57. 제작물공급계약과 도급인의 협력의무

> **사 례**　甲은 乙을 위하여 새로운 전산망을 설치하기로 하는 계약을 맺었다. 그런
> 데 乙이 약속한 자료를 주지 않았기 때문에 甲은 전산망을 완성할 수 없
> 었다. 그래서 甲은 乙에게 자료를 줄 것을 요청하였으나 乙의 반응 없이
> 일정한 기간이 지나자 甲은 계약을 해제하고 乙에게 약정보수금액에 해당
> 하는 2000만원을 청구하였다. 이에 乙은 보수는 전산망이 설치되었을 때
> 지급하면 되고 아직 전산망이 설치되지 않았기 때문에 보수를 지급할 수
> 없다고 주장한다. 누구의 주장이 정당한가?

甲의 乙에 대한 보수지급청구권(제664조)

　　甲은 乙의 주문에 따라 자신의 소유에 속하는 재료로 전산망을 설치
해야 하는 제작물공급계약을 乙과 체결하였다. 제작물공급계약은 제작의
측면에서는 도급의 성질이 있고 공급의 측면에서는 매매의 성질이 있어 이
러한 계약은 대체로 매매와 도급의 성질을 함께 갖고 있다. 그런데 판례는
제작하여 공급할 물건이 대체물인 경우는 매매로 보고, 물건이 특정 주문
자의 수요를 만족시키기 위한 부대체물인 경우에는 도급으로 보아 해당규
정을 적용하고 있다.[1] 사안에서는 전산망이 乙의 사정에 맞게 설치되어야
하기 때문에 부대체물에 해당하므로 도급계약에 관한 규정들이 적용된다.

　　도급계약의 보수는 다른 합의가 없다면 그 완성된 목적물의 인도와

---

1) 대법원 1996. 6. 28. 선고, 94다42976 판결.

동시에 지급해야 하고, 본 사안에서처럼 인도를 요하지 아니한 경우에는 일의 완성과 동시에 보수를 지급하면 된다(제665조 제1항). 따라서 甲은 전산망을 설치한 후에야 보수지급을 청구할 수 있다. 그러나 甲이 유효하게 해제권을 행사하였다면, 일의 완성 없이도 보수지급을 청구할 수 있다. 도급계약의 경우 일반적인 해제사유 외에도 제673조의 완성전의 도급인의 해제권과 제674조의 도급인이 파산한 경우의 수급인 또는 파산관재인의 해제권이 인정되고 있다. 사안에서 乙은 전산망 설치를 위한 자료를 주지 않고 있으므로 협력의무를 위반하고 있다. 이때 협력의무는 간접의무 또는 책무에 불과하기 때문에 수급인이 도급인에게 협력을 청구할 수는 없다. 다만 도급인이 협력을 하지 않은 경우에 상당한 기간을 정하여 협력을 요구할 수 있고, 도급인이 그 기간 내에 협력하지 않으면 계약을 해제 또는 해지할 수 있다. 사안에서 甲이 상당한 기간을 정하여 협력을 청구하였고, 그 기간 내에 乙의 협력이 없어 계약을 해제하였으므로 계약은 유효하게 해제되었다. 협력의무위반으로 계약이 해제된 경우 그 전까지 성취한 일이 있는 때에는 수급인은 그에 해당하는 보수 및 비용을 청구할 수 있다.[2] 따라서 甲은 보수의 전부인 약정보수금액 2000만원을 청구할 수 있는 것이 아니라, 해제권 행사 전까지 성취한 일에 대한 보수와 비용을 청구할 수 있을 뿐이다.

---

2) 김형배, 624면.

58. 건물도급에 있어서 완성된 건물의 소유권귀속

사 례   甲은 A건축회사를 통하여 건물을 짓고 있었는데, A회사에 문제가 생겨 건물의 완성이 늦어지고 있었다. 이에 甲은 B건축회사와 계약을 체결하여 중단된 건물의 마무리 공사를 도급주어 시공하게 하였다. 甲명의로 건축허가를 받은 상태에서 공사기간은 2003년 말까지 하기로 하였고, 공사대금은 공사의 진척정도에 따라 3회로 나누어 지급하기로 하였다. 그런데 甲은 B가 준공예정일보다 100일이나 늦게 공사를 마쳤다는 이유로 공사가 지연된 만큼 지체상금에 해당하는 금액을 공사대금에서 공제하겠다며 B에게 공사대금의 일부만을 지급하였다. 이때 실제 공제된 금액이 부당히 커서 B는 나머지 공사대금의 지급을 구하면서 건물을 점거하고 있다. 이 경우 甲은 B에게 건물의 인도를 청구할 수 있는가?

甲의 B에 대한 소유물반환청구권(제213조)

(1) 건물 소유권의 귀속

甲이 B에게 건물의 인도를 청구하기 위해서는 건물에 대한 소유권이 甲에게 있어야 한다. 사안에서 甲과 B 사이에 도급계약이 체결되었는데, 도급에 있어서 수급인이 일을 완성한 경우에 그 완성물의 소유권이 누구에게 귀속하는지가 문제된다.

물론 소유권 귀속에 관한 특약이 있으면 그에 따라 소유자가 결정되지만, 사안처럼 특약이 없는 경우에는 다음과 같이 나누어서 살펴보아야 한다. 우선 도급인이 재료의 전부 또는 주요부분을 공급한 경우에는 동산이든 부동산이든 상관없이 완성된 목적물의 소유권은 처음부터 도급인에게 귀속한다. 이때 가공에 관한 제259조가 적용되지 않는다. 반면에 수급인이 재료의 전부 또는 주요부분을 제공한 경우에 완성된 목적물이 동산인 경우

에는 소유권이 수급인에게 귀속한다. 여기까지는 학설과 판례가 일치하고
있다.

그러나 수급인이 재료를 제공하고 완성된 목적물이 부동산인 경우, 특
히 건물인 경우에 대하여 학설과 판례가 대립하고 있다. 다수설은 도급인
에게 있다고 보고 있으나,1) 판례는 수급인에게 소유권이 귀속하지만 인도
만 있으면 바로 소유권이 도급인에게 이전하는 것으로 보고 있다. 그러나
판례에 의하더라도 도급인과 수급인 사이에 도급인 명의로 건축허가를 받
아 소유권보존등기를 하기로 하는 등 완성된 건물의 소유권을 도급인에게
귀속시키기로 합의한 것으로 보여질 경우에는 그 건물의 소유권은 도급인
에게 원시적으로 귀속된다고 한다.2) 사안에서와 같이 도급인 명의로 건축
허가를 받고 공사의 진척도에 따라 공사대금을 지급하기로 한 경우 완성건
물의 소유권을 도급인에게 귀속시키기로 하는 묵시적 특약이 있는 것으로
해석할 수 있다. 따라서 사안에서는 어느 입장에 따르더라도 완성건물의
소유권은 도급인인 甲에게 있는 것으로 해석된다.

(2) 점유권원의 존재

甲에게 소유권이 있더라도 B에게 건물을 점유할 권원이 있는 경우에
는 소유물반환청구권에 대항할 수 있다. 건물신축 도급계약과 함께 체결되
는 지체상금 약정은 수급인이 건물준공이라는 일의 완성을 지체한 데 대한
손해배상액의 예정에 해당한다. 따라서 적절한 한도에서 공사대금의 일부
를 공제하고 지급하는 것은 타당하나, 사안에서는 그 적정한도를 넘어섰으
므로 B는 공제된 금액이 부당히 큰 것을 이유로 나머지 공사대금의 지급
을 구하면서, 건물을 점거하고 있는 것이다. 이와 같이 B는 공사대금청구
권을 확보하기 위하여 동시이행의 항변권과 유치권을 행사할 수 있는지가
문제된다.

보수지급청구권은 완성된 목적물의 인도와 동시이행의 관계에 있으므
로 동시이행의 항변권(제536조)이 성립함은 물론3) 보수지급청구권은 건물에

---

1) 김증한 · 김학동, 510면; 김형배, 621면; 이은영 534면.
2) 대법원 1996. 9. 20. 선고, 96다24804 판결.
3) 대법원 1964. 10. 28. 선고, 64다291 판결.

관하여 발생한 채권이므로 수급인이 완성물을 점유하고 있는 동안에는 보수의 완급을 받을 때까지 그 물건의 인도를 거절할 유치권(제320조)이 인정된다.[4] 따라서 B에게 점유권원이 있으므로 甲은 나머지 공사대금을 지불하기 전까지는 건물의 인도를 청구하지 못한다.

---

4) 대법원 1998. 9. 15. 선고, 95다16202, 16219 판결.

59. 수급인의 하자담보책임

> **사 례** 甲은 변호사 乙을 위하여 고객관리를 위한 새로운 데이터베이스 프로그램을 제작하여 乙의 사무실 컴퓨터에 설치하여 주었다. 그러나 프로그램에는 바이러스가 있어서 乙은 컴퓨터에 있는 모든 자료가 지워지는 피해를 입었다. 이에 乙은 하자보수에 갈음하는 손해와 자료가 지워짐으로 인하여 입은 손해의 배상을 甲에게 청구하였다. 이에 대하여 甲은 바이러스 없는 프로그램을 다시 설치해 주겠다고 한다. 이 경우 乙은 甲에게 어떠한 내용의 손해배상을 청구할 수 있는가?

乙의 甲에 대한 손해배상청구권(제667조 제2항, 제390조)

甲과 乙은 데이터베이스 프로그램의 제작을 목적으로 하는 도급계약을 체결하였는데, 도급인 乙이 하자담보책임에 기한 손해배상청구권을 행사하기 위해서는 (1) 완성된 목적물에 하자가 있고, (2) 하자가 도급인의 재료·지시에 기인한 경우가 아니어야 한다(제669조). 사안에서 제작한 프로그램에 바이러스가 있어 도급계약상 합의한 내용과 다른 내용의 목적물이 완성된 경우이므로 하자가 있다고 볼 수 있다. 또한 이러한 바이러스가 도급인의 재료·지시에 기인한 것이 아니므로 乙은 甲에게 담보책임에 기한 손해배상청구권을 행사할 수 있다.

도급인은 하자의 보수에 갈음하여 또는 보수와 함께 손해배상을 청구할 수 있다(제667조 제2항). 수급인의 하자담보책임상 하자보수청구권과 손해배상청구권은 도급인이 선택할 수 있는 것으로 형식적으로 규정되어 있지만, 하자보수가 가능한 경우에도 사안에서처럼 도급인이 무조건 하자보수에 갈음하는 손해배상을 청구할 수 있는지는 의문이 있을 수 있다. 왜냐하면 하자의 보수가 가능하다면 하자보수를 할 수 있는 기회를 수급인에게 부여하는 것이 타당하기 때문이다. 따라서 하자의 보수가 불가능하지 않은 한 신의칙상 먼저 도급인이 하자보수를 청구해야 하는 것으로 해석해야 한다.[1] 사안에서 乙은 甲이 제공하고 있는 하자보수를 받아야 하며, 하자보수를 하더라도 전보되지 않은 손해의 배상만을 청구할 수 있다.

甲이 바이러스가 없는 프로그램을 새로 설치하여 주면, 하자 자체로 인한 하자손해는 전보되지만 자료가 지워진 하자결과손해는 전보되지 않으므로 乙은 이를 손해배상을 통하여 전보받아야 한다. 그런데 하자결과손해가 제667조 제2항의 손해배상의 범위에 드는지에 관하여 학설이 대립하고 있다. 즉 수급인의 하자담보책임이 무과실책임이므로 신뢰이익의 손해에 한정된다는 견해,[2] 수급인은 일을 완성할 채무가 있으므로 이를 다하지 않은 책임이 하자에 의하여 생긴 모든 손해의 배상(즉 이행이익의 배상)에 미친다는 견해, 그리고 하자 있는 일이 결과와 직접적으로 연관되어 있거나 (하자손해) 일의 하자와 밀접한 상관관계에 있는 손해(협의의 하자결과손해)에 미친다는 견해[3]가 대립하고 있다. 그러나 이행이익 내지 하자결과손해의 배상을 부정하는 입장도 수급인에게 과실이 있는 경우에는 채무불이행을 이유로 한 손해배상책임을 인정하고 있다(제390조).[4] 사안에서 수급인 甲은 컴퓨터 프로그램을 설치하면서 바이러스가 있는지의 여부를 검사하고 설치하였어야 할 의무가 있는데, 이를 위반하였으므로 바이러스로 인하여 자료가 지워진 하자결과손해가 하자담보책임에 기한 배상범위 내에 들지 않는다는 입장을 취하더라도, 乙은 甲에 대하여 채무불이행을 이유로 한 손해배상책임을 물을 수 있다. 따라서 어느 견해에 따르더라도 사안에서 乙은 甲에게 자료가 지워진 하자결과손해에 대한 손해배상을 청구할 수 있다.

---

1) 김형배, 631면. 이견: 곽윤직, 259면.

2) 곽윤직, 258면.

3) 김형배, 629면 이하.

4) 우리 판례도 하자보수에 갈음하는 손해배상(제667조 제2항)과 하자로 인하여 도급인의 신체·재산에 발생한 손해배상(제390조)의 경합을 인정하고 있다(대법원 2004. 8. 20. 선고, 2001다70337 판결).

60. 도급에서의 위험부담

사 례 甲은 乙의 정원에 분수를 세워주기로 하였다. 甲이 자신의 재료를 갖고 와서 작업을 80% 정도 완료하였으나, 장마로 정원이 침수되는 바람에 분수대 작업을 처음부터 시작할 수밖에 없게 되었다. 이 경우 甲은 乙에게 보수의 증액을 청구할 수 있는가?

甲의 乙에 대한 보수증액청구권

사안에서 수급인 甲이 일을 완성하기 전에 완성 중인 분수대가 멸실되었다면, 분수대를 다시 설치해야 하는지와 그간에 들인 비용은 누가 부담하는지가 문제된다. 일을 완성하기 전에 완성 중인 목적물이 멸실·훼손되었을 경우 일의 완성이 가능하다면 수급인은 일을 완성해야 하며 그의 보수지급청구권도 존속한다. 다만 멸실·훼손에 대한 손해, 즉 추가비용을 누가 부담하는지는 누구에게 귀책사유가 있는지에 따라 달라진다.

멸실·훼손에 대하여 도급인에게 귀책사유가 있다면 수급인은 도급인에게 협력의무의 위반을 이유로 보수증액의 형태로 손해배상책임을 물을 수 있다(제390조). 반면 수급인에게 귀책사유가 있거나 쌍방 책임 없는 사유로 목적물이 멸실·훼손된 경우에는 수급인이 도급인에게 보수의 증액을 요구할 수 없다. 사안에서는 양 당사자의 책임 없는 사유로 분수대가 멸실되었으므로 甲은 乙에게 보수의 증액을 요구할 수 없다는 결론에 이른다.

그러나 본 사안에서와 같이 일의 완성 전은 물론 나아가 일을 완성한 후에도 이를 도급인에게 인도하여 위험이 이전되기 전에 양 당사자의 귀책사유 없이 목적물이 멸실·훼손된 경우에 언제나 그 위험을 수급인에게 부담하라고 하는 것이 가혹할 수 있다. 이에 따라 독일에서는 이러한 경우 신의칙 또는 사정변경의 원칙에 의하여 수급인에게 보수의 상당한 증액청

구를 인정하거나, 계약을 해지함으로써 일을 새로이 완성할 의무를 면하게
하는 것이 통설의 입장이다. 이러한 영향을 받아서 우리 학설에서도 도급
인의 행태가 목적물의 멸실·훼손에 대하여 긴밀한 원인적 위험을 제공한
경우에는, 도급인이 보수위험을 부담해야 한다는 견해가 주장되고 있다.[1]
또한 수급인이 들인 비용이 고액이고 목적물을 멸실시킨 사정을 수급인이
도저히 예상할 수 없었던 경우 수급인은 사정변경의 원칙에 기해서 그동안
들인 비용의 상환을 청구할 수 있다고 보는 견해도 있다.[2]

　　사안에서 멸실원인이 乙의 지배영역인 乙의 정원에서 발생하였고 분
수대 작업이 80%로 완성단계에 있었던 사정을 고려한다면 사정변경의 원
칙을 원용하여 보수위험을 분담하는 것이 타당하다. 따라서 甲은 乙에게
보수의 증액을 청구할 수 있다.

---

1) 김형배, 652면.
2) 곽윤직, 381면; 김증한·김학동, 516면.

61. 여행의 하자로 인한 대금감액청구와 부득이한 사유로 인한 계약해지

사례
甲은 2016.9.16. 여행사 A와 유럽 4개국을 순방하는 패키지 여행상품에 대하여 180만원의 대금을 지급하기로 하는 계약을 체결하였다. 여행의 내용은 8일간 유럽 4개국을 방문하는 것이었고 항공, 숙식 및 여행일정표에 따라 관광을 하는 것이 포함되어 있었다.

(1) 甲은 여행사에서 제공하는 여행일정 중 선택급부로 되어 있는 현지 B 업체가 제공하는 보트를 타고 가다가 보트의 하자로 배를 더 이상 타지 못하였다. 이러한 경우 甲은 대금감액을 청구할 수 있는가?

(2) 2016.10.8. 여행이 시작되었는데 여행 4일차가 되는 날 오전에 헝가리에서 아들 乙이 심장마비로 사망하였다는 소식을 전해 듣게 되어 甲은 급하게 귀국하게 되었다. 이러한 경우에 甲은 나머지 여행경비의 반환과 귀국하기 위하여 구입한 항공료를 A에게 청구할 수 있는가?

I. 甲의 A에 대한 대금감액청구권(제674조의6 제1항) (설문 1)

甲이 A에게 여행주최자의 담보책임에 기하여 대금감액을 청구하기 위해서는 (1) 민법상 여행계약이 체결되어야 하며, (2) 여행의 하자가 존재하여야 한다.

민법상 여행계약이라고 함은 여행주최자가 여행자에게 운송, 숙박, 관광 또는 그 밖의 여행 관련 용역을 결합하여 제공하기로 약정하고 여행자가 그 대금을 지급하기로 하는 계약을 말한다(제674조의2). 즉 민법상 여행계약은 단순한 숙박 내지 관광 등에 관한 개별적인 급부와 관련된 계약이 아니라, 이러한 급부가 결합되어 여행주최자의 기획에 의하여 제공되는 기획 내지 패키지 여행을 말한다. 본 사안에서 항공, 숙식 및 여행일정표에 따른 다양한 급부가 결합되어 있는 패키지 여행계약이 당사자 사이에 체결되었으므로 민법상 여행계약에 해당한다. 또한 여행계약에 관한 민법상 신설규정은 해당 민법개정 공포일인 2015. 2. 3. 후 1년이 경과된 날부터 시행되고 그 이후에 체결된 계약부터 적용된다(부칙 제1조, 제4조).[1] 본 여행계약은 2016. 9. 16.에 체결되었으므로 민법의 여행계약규정이 적용될 수 있다.

여행계약은 도급계약 뒤에 규정됨으로써 도급계약과 유사한 유형의 계약으로서 규정된 것이다.[2] 따라서 여행계약은 여행급부의 완성을 목적으로 하는 계약이다. 따라서 계약상 정해지거나 객관적으로 갖추어야 할 여행급부의 성질을 갖추지 못하였다면 여행급부의 하자를 인정할 수 있다. 사안에서 보트에 하자가 있었으므로 여행급부의 하자는 인정된다. 다만 여행사 A가 직접 제공한 보트가 아니라, 현지 B업체가 제공한 보트에 하자가 있었으므로 이러한 하자가 A업체의 책임으로 인정될 수 있는지가 문제된다. 여행사는 여행급부를 완성할 의무를 부담하므로 여행일정표에 제공된 여행일정이 선택적 급부이고 제3의 업체가 제공하도록 하고 있더라도 여행사의 급부내용으로 포함될 수 있다. 따라서 B업체는 A의 이행보조자로 보아야 하며, B업체가 제공한 보트의 하자는 A의 급부하자로 볼 수 있다.

모든 요건이 충족되었으므로 甲은 A에게 대금감액을 청구할 수 있다.

---

1) 법률 제13125호, 2015. 2. 3.
2) 지원림, 민법강의, 1590면.

II. 甲의 A에 대한 청구

(1) 甲의 A에 대한 원상회복청구권(제548조 제1항) (설문 2)

여행계약은 부득이한 사유가 있는 경우에는 각 당사자는 계약을 해지할 수 있다(제674조의4 제1항 본문). 따라서 여행 중이라도 부득이한 사유가 있으면 계약을 해지할 수 있는데, 여행 중 아들이 사망하였다면 이는 甲에게 여행을 계속할 수 없는 부득이한 사유에 해당하므로 甲이 여행계약을 해지하는 것은 정당하다. 여행계약이 해지되면 여행계약은 장래에 대하여 효력을 잃고(제550조), 甲은 A에 대하여 나머지 여행경비로 지급한 대금을 반환청구할 수 있다.

2. 甲의 A에 대한 추가비용청구권(제674조의4 제3항)

귀국비용은 여행계약이 해지됨으로 인하여 발생한 추가비용에 해당한다. 이러한 경우 해지로 인하여 발생하는 추가 비용은 그 해지 사유가 어느 당사자의 사정에 속하는 경우에는 그 당사자가 부담하고, 누구의 사정에도 속하지 아니하는 경우에는 각 당사자가 절반씩 부담한다.

본 사안에서 甲의 아들 사망으로 인하여 귀국하게 되었으므로 이는 甲의 사정에 속하기 때문에 추가비용인 항공료를 청구할 수 없다.

제4장 사 무 관 리

62. 사무관리의 성립 시 본인과 사무관리자의 관계

> **사 례**
> 甲은 해외여행을 하고 있는 이웃인 乙의 집에 유리창이 깨진 것을 발견하고 새 유리로 갈아 끼워 주겠다고 생각하였다. 甲은 유리가게 주인 丙에게 가서 편의상 자신이 乙의 대리인이라고 거짓말을 하면서 그 유리창을 갈아 끼워 줄 것을 의뢰하였고, 丙은 甲으로부터 의뢰받은 대로 유리교체 작업을 끝냈다.
> (1) 이 경우 丙은 乙에게 유리교체비용을 청구할 수 있는가?
> (2) 丙이 乙에게 청구할 수 없다면 甲·乙·丙 사이의 법률 관계는?

Ⅰ. 丙의 乙에 대한 보수지급청구권(제664조) (설문 1)

甲이 丙과 유리교체를 목적으로 체결한 도급계약이 乙에게 효력을 갖고 그에 따라 丙이 乙에게 유리교체비용을 청구하기 위해서는 대리에 관한 규정이 적용되어야 한다(제114조). 사안에서 甲이 대리인으로서 乙을 위하여 법률행위를 한다는 현명을 하였으므로 甲에게 대리권이 있었고 그 범위 내에서 대리권을 행사하였는지가 문제된다. 본 사안에서 본인의 수권행위가 없으므로 사무관리가 성립한 경우에 사무관리자에게 법률상 당연히 대리권이 발생하는지가 문제된다.

(1) 사무관리의 성립

사무관리가 성립하기 위해서는 (1) 법률상 의무 없이 타인의 사무를 관리해야 하고, (2) 타인을 위하여 사무를 처리한다는 의사를 가져야 하며, (3) 사무의 처리가 본인에게 불리하거나 본인의 의사에 반한다는 것이 명백하지 않아야 한다(제734조).[1] 타인의 사무라고 함은 타인의 생활영역에 속하는 재산적 이익을 주는 모든 행위를 말한다. 여기에는 사실행위는 물론 법률행위도 포함되므로 사안에서 甲이 乙을 위하여 유리교체를 목적으로 계약을 체결하는 것도 乙의 사무에 속한다고 할 수 있다. 또한 甲과 乙은 단순히 이웃에 사는 것에 불과하므로 甲은 본인 乙에 대하여 사무를 처리할 계약상·법률상 의무를 부담하지 않는다. 사무관리의사라 함은 사무관리로 인한 사실상의 이익을 타인에게 귀속시키려는 의사를 말한다. 본 사안에서 甲은 乙을 위하여 유리를 교체한다는 의사를 가졌으므로 이 요건도 충족되었다. 또한 유리를 교체한 것이 본인의 이익에도 합치하므로 사무의 처리가 본인에게 불리하거나 본인의 의사에 반한다는 것이 명백하지 않아야 한다는 마지막 요건도 충족되었다.

(2) 사무관리의 성립에 따른 대리권의 발생 여부

사무관리가 성립한 경우 관리자가 본인의 의사나 이익에 적합하게 법률행위를 하면 관리자와 법률행위를 한 상대방의 신뢰를 보호하기 위해 관리자가 한 법률행위의 효과가 직접 본인에게 귀속된다는 견해도 있다.[2] 그러나 이러한 결과는 본인의 법률관계가 본인의 의사와 상관없이 타인인 사무관리자에 의하여 좌우될 수 있는 위험성이 매우 크다. 따라서 다수의 견해는 사무관리가 본인과 관리자 사이의 대내관계를 발생시킬 뿐이고 대외적 관계에서 관리자에게 대리권까지 인정하는 것은 아니라고 보고 있다.[3]

---

1) 대법원 1994. 12. 22. 선고, 94다41072, 41089 판결.
2) 이은영, 654면.
3) 곽윤직, 339면. 다만 의식불명의 환자를 행인이 병원으로 이송해서 치료를 받게 한

이러한 입장을 취한다면 관리자가 본인의 이름으로 법률행위를 하더라도 이는 무권대리행위에 불과하여 그 효과는 당연히 본인에게 귀속하지 않는다. 그러므로 乙이 추인을 하지 않은 한 丙은 乙에게 보수의 지급을 청구하지 못한다(제130조).

II. 사무관리자의 무권대리 행위에 따른 법률관계 (설문 2)

결국 사안의 경우 丙은 보수로서의 유리교체비용을 무권대리인 甲에게 청구해야 한다(제135조). 이때 관리자 甲은 丙에게 보수를 지급하고 그 전액을 필요비로서 乙에게 청구하거나(제739조 제1항), 乙에게 자기를 갈음하여 이를 변제해 줄 것을 청구할 수 있다(제739조 제2항, 제688조 제2항).

경우에는 본인의 (가정적) 의사해석의 문제로 보아 수권행위가 있는 것으로 다루는 견해가 있다(김형배, 사무관리·부당이득, 49면).

63. 타인 채무의 변제로서의 사무관리

> **사 례** 甲은 농부인 乙이 농기계 상인 A로부터 기계를 구입할 때 기계구입값에 대한 연대보증인이 되었다. 그런데 甲은 乙에게 돈이 없다는 사실을 알고 乙이 이전에 A로부터 빌린 1000만원을 乙에게 알리지 않고 A에게 갚았다. 수확기가 되어 乙의 경제적 사정이 좋아지자 甲은 乙에게 1000만원을 줄 것을 요구하였다. 乙은 甲에게 대신 그 돈을 갚아 달라고 요구한 적이 없으므로 자신에게 아무것도 요구할 수 없다고 한다. 누구의 주장이 타당한가?

甲의 乙에 대한 비용상환청구권(제739조 제1항)

甲은 A에 대한 관계에서 농기계 구입으로 인한 매매대금지급채무에 대하여만 乙의 연대보증인으로서 의무가 있을 뿐, 乙이 A에 대하여 부담하고 있는 다른 금전채무에 대하여는 이를 대신하여 지급할 의무가 없다. 따라서 甲이 보증책임과는 상관없는 乙의 A에 대한 금전채무를 변제한 것은 타인의 사무에 해당하며, 더 나아가 甲은 乙을 위하여 변제한다는 사무관리의사도 갖고 있었다.

문제는 이러한 변제가 본인의 의사 내지 이익에 합치하는지의 여부이다. 채무변제로 인하여 채무자는 채무를 면하고(제469조 참조), 경우에 따라서는 지체책임을 면할 수 있으므로 원칙적으로 채무자의 이익에 합치한다. 다만 채무자가 항변권을 갖고 있었거나 상계를 할 수 있었던 경우에는 채무자의 이익과 합치하지 않는다고 보아야 할 것이다. 또한 다른 특별한 사정이 존재하지 않는다면 채무의 변제는 채무자의 가정적 의사와도 합치한다. 乙이 A에 대한 항변권을 갖고 있거나 상계할 수 있는 사정이 보이지 않으므로 사안의 경우 甲의 변제가 乙의 의사 내지 이익에 합치하는 것으로 볼 수 있다. 따라서 甲은 乙에게 사무관리의 법리에 따라 변제액의

상환을 청구할 수 있다.[1]

　　[사무관리가 법률상의 원인을 형성하기 때문에 제741조에 기한 부당이득반환청구권은 본 사안에서는 이론적으로는 문제되지 않을 수 있으나, 실무상으로는 사무관리 또는 부당이득에 기하여 청구하고 법원에서는 둘 중 하나를 택일적으로 인정하고 있다.]

---

1) 대법원 1961. 11. 9. 선고, 4293민상729 판결.

64. 사무관리로 인한 관리자의 손해와 손해배상청구권

사 례 甲은 한강에 낚시용 보트를 묶어 놓았다. 장마철에 홍수가 나서 보트가 떠내려갈 위험에 처하자 지나가던 행인 乙이 甲의 보트를 안전한 곳에 대피시켰다. 그러나 그 과정에서 乙은 전치 2주의 부상을 입게 되었다. 치료비는 1000만원, 보트 값은 500만원인 경우 乙이 甲에게 치료비와 위자료를 청구할 수 있는가?

I. 乙의 甲에 대한 비용상환청구권(제739조 제1항)

乙의 치료비(1000만원)가 현존이익(500만원)을 뛰어넘고 있으므로 사무관리가 본인의 이익이나 의사에 합치해야만 발생한 비용 전액을 청구할 수 있고(제739조 제1항), 본인의 의사에 반하여 사무관리가 이루어진 경우에는 현존이익 한도에서만 비용상환청구권이 인정된다(제739조 제3항). 타인의 소유권을 침해로부터 보호하려는 시도는 원칙적으로 본인의 이익과 실제 의사 내지 가정적 의사와 합치한다. 따라서 乙은 원칙적으로 사무관리를 근거로 하여 甲에 대하여 발생한 비용의 전액을 상환청구할 수 있다. 그러나 비용이라고 함은 의도적으로 지출한 자발적인 재산희생만을 의미하므로[1] 乙이 입은 부상은 비용이라고 할 수 없다. 따라서 乙은 비용상환청구권에 기하여 부상으로 인한 치료비를 청구할 수 없다.

---

1) 김형배, 사무관리·부당이득, 47면.

Ⅱ. 乙의 甲에 대한 손해배상청구권(제740조)

(1) 손해배상청구권의 성립

관리자가 사무관리를 하다가 자신의 의도와 달리 비자발적으로 입은 불이익, 즉 손해에 대하여는 제740조가 적용된다. 본조의 손해배상청구권을 행사하기 위해서는 (1) 관리자가 손해를 입었고, (2) 그 손해가 관리행위와 관련하여 발생하였고, (3) 그 손해의 발생에 관하여 관리자의 과실이 없었어야 한다. 본 사안에서 乙이 입은 부상은 보트를 대피시키는 관리행위 중에 발생하였으므로 앞의 두 요건은 충족되었고 관리자의 과실이 없을 것이라는 요건만 문제로 남는다.

학설은 여기서 말하는 '관리자의 과실'의 의미에 관하여 견해가 대립하고 있다. 제740조의 과실에 특별한 의미를 부여하여 관리자가 사무관리를 함에 있어서 본인의 의사와 이익에 적합한 방법으로 관리하지 않은 것을 의미한다는 견해[2]와 손해를 받은 데에 있어서의 과실을 말한다는 견해[3]가 있다. 예컨대 앞의 견해에 따르면 구조로 인한 위험이 구조로 인한 이익과 상당한 불균형에 놓인 경우에 乙에게 과실이 있다고 할 수 있다. 그러나 이러한 경우에는 아예 처음부터 본인의 이익과 합치하지 않는다고 볼 수도 있다. 이와 같은 과실이 乙에게 존재하지 않고 피해의 발생에 대하여 乙이 스스로 귀책할 만한 사유가 존재하지 않으므로 어느 견해에 따르더라도 본 사안에서 乙은 손해보상을 청구할 수 있다.

(2) 손해배상청구의 범위

다만 제740조의 손해배상청구권에 기하여 乙은 본인의 현존이익의 한도에서만 청구할 수 있다. 따라서 乙에게 치료비 1000만원이 발생하였더라도 현존이익인 500만원 한도에서 손해보상을 받을 수 있다. 그리고 설혹

---

2) 주석민법 채권각칙(5)/강현중, 412면.
3) 민법주해(XⅢ)/최병조, 91면.

현존이익이 발생한 재산상의 손해보다 크더라도 불법행위가 성립한 것은 아니므로 정신적 손해의 배상은 문제되지 않는다. 乙은 甲에게 위자료를 청구하지 못한다.

65. 사무관리자의 손해배상책임

사례 주방장으로 일하는 甲은 친구가 일하는 乙의 레스토랑에 들렀다. 레스토랑에는 아무도 없었으나, 마침 손님이 들어와서 식사가 되느냐고 묻자 식사를 주문할 것으로 생각하고 친구를 위하여 주방에 들어가 가스레인지에 불을 켜 놓았다. 그러나 손님이 식사주문을 하지 않고 음료수만을 주문하여 가스레인지에 불이 필요하지 않게 되었음에도 불구하고 甲은 가스레인지의 불을 끄지 않고 줄여만 놓고 레스토랑을 나와 버렸다. 그런데 가스레인지에 켜 놓은 불로 인하여 화재가 발생하였고 이로 인하여 乙은 레스토랑의 주방 및 실내, 가전제품 등이 멸실·훼손되는 손해를 입었다. 이 경우 乙은 甲에 대하여 제734조 제3항을 근거로 손해배상을 청구할 수 있는가?[1)]

乙의 甲에 대한 손해배상청구권(제734조 제3항)

사안에서 甲이 乙의 레스토랑에서 주방에 들어가 가스레인지에 불을 켜 놓은 행위는 아무런 의무 없이 乙을 위하여 乙의 사무를 처리한 사무관리에 해당한다. 甲이 사무관리자로서 사무관리를 개시하였다면, 본인인 乙의 의사에 적합하도록 관리하여야 하며, 乙에게 가장 이익이 되는 방법으로 관리를 해야 한다(제734조 제1항, 제2항). 사무관리자가 본인의 의사에 반하여 혹은 본인에게 이익이 되지 않는 방법으로 사무를 관리한 결과 본인에게 손해가 발생하면 사무관리자에게 과실이 없는 때에도 그 손해를 배상해야 한다(제734조 제3항 본문). 일정한 경우 이와 같은 사무관리자의 무과실책임이 경감될 수 있다. 즉 사무관리가 공공의 이익에 적합하거나(제734조 제3항 단서), 사무관리자가 타인의 생명, 신체, 명예 또는 재산에 대한 급박한 위해를 면하게 하기 위하여 사무를 한 경우(긴급사무관리, 제735

---

1) 대법원 1995. 9. 29. 선고, 94다13008 판결 변형.

조)에는 고의 또는 중과실이 없으면 甲에게 손해배상책임이 없다. 그러나 사안에서 甲의 관리행위는 손해배상책임을 경감하는 공공의 이익에 적합하거나, 긴급사무관리에 해당하는 것으로는 볼 수 없다. 따라서 乙이 甲에게 손해배상을 청구하기 위해서는 甲이 乙에게 이익이 되지 않는 방법으로 사무관리를 한 요건만 충족하면 된다.

　사안에서 甲이 乙을 대신하여 손님이 주문할 음식의 조리를 위해 가스레인지를 점화함으로써 乙의 사무를 개시한 이상, 가스레인지의 사용이 필요 없게 된 경우에 甲에게는 스스로 가스레인지의 불을 끄거나 레스토랑의 종업원으로 하여금 그 불을 끄도록 조치하는 등 그 사무의 성질에 좇아 乙에게 가장 이익이 되는 방법으로 가스레인지의 불을 관리하여야 할 의무가 있다. 손님이 식사를 주문하지 아니하고 음료수만을 주문하여 가스레인지의 불이 불필요한데도 불구하고, 가스레인지의 불을 끄지 아니하고 줄여만 놓은 채 레스토랑을 떠났으므로 甲은 乙에게 가장 이익이 되는 방법으로 사무관리를 하였다고 볼 수 없다. 甲이 불을 끄지 아니하여 乙의 레스토랑에 화재가 발생하였고 그로 인하여 레스토랑의 주방 및 실내, 가전제품과 같은 집기류 등이 멸실·훼손되는 손해가 발생하였으므로 甲의 손해배상책임이 인정된다.

66. 오상긴급사무관리로 인한 손해배상책임

甲은 산책을 하다가 어느 가정집에서 살려 달라고 하는 여자의 괴성을 들었다. 여자를 살리기 위해서 괴성이 들려온 집으로 들어가려고 하였으나, 문이 잠겨 있어서 문을 부수고 집으로 들어갔다. 그런데 집에 들어 가보니 乙은 TV에서 수사영화를 보고 있었다. 乙이 甲에게 부서진 문의 배상을 요구하자, 자신은 사람을 구할 의도로 문을 부순 것이므로 책임이 없다고 주장한다. 정당한가?

乙의 甲에 대한 손해배상청구권(제750조)

(1) 손해배상청구권의 성립과 오상사무관리

甲은 乙의 소유권을 침해하였으므로 불법행위로 인한 손해배상책임이 문제된다. 그런데 甲의 행위는 乙의 이익과 의사에 합치하지 않을 뿐만 아니라, 객관적으로 긴급상황이 존재하지 않았기 때문에 위법성 조각사유로서의 사무관리도 성립하지 않는다. 사안에서 甲이 乙의 집 문을 부순 것은 결국 乙에게 위난이 닥친 줄로 오인한 것에서 기인한 것이며 이것은 오상사무관리에 해당한다. 비록 일반 행인들도 착각할 정도의 큰 소리로 乙이 TV를 시청하였더라도 甲에게는 긴급상황이 존재하는지의 여부를 판단함에 있어서 경미한 과실이 있다고 할 것이다.

(2) 긴급사무관리의 성립과 면책

그렇지만 긴급사무관리가 성립한다면 甲은 자신에게 고의 또는 중대한 과실이 없음을 입증하여 손해를 배상할 책임이 없다고 주장할 수 있다. 긴급사무관리란 관리자가 타인의 생명, 신체, 명예 또는 재산에 대한 급박한 위해를 면하게 하기 위하여 그 사무를 관리하는 경우를 말하고, 긴급사무관리가 성립하면 고의 또는 중대한 과실이 없으면 이로 인한 손해를 배상할 책임이 없다(제735조).[1]

긴급사무관리가 성립하기 위해서는 '급박한 위해를 면하게 하기 위한 의사'만 있으면 되므로 객관적으로 긴급사무관리가 성립하는 상황이 존재하는 경우는 물론 객관적으로 긴급상황이 존재하지 않더라도 관리자의 책임이 감경될 수 있다. 즉 관리자가 긴급상황의 존재를 믿었음에도 불구하고 객관적으로 그러한 상황이 존재하지 않은 때에도 긴급사무관리에 의한 책임감경이 인정된다.[2] 본 사안에서 甲은 여자의 생명 또는 신체를 급박한 위해로부터 면하게 하기 위하여 문을 부순 것이므로 이러한 의사는 인정된다. 따라서 甲은 고의 또는 중대한 과실로 인하여 발생한 손해에 대하여만 책임을 부담하나, 사안에서는 甲에게 경과실만 있으므로 甲의 손해배상책임은 부정된다.

---

1) 제735조는 불법행위로 인한 손해배상책임과 경합하는 때에도 효력을 갖는다(김형배, 사무관리·부당이득, 42면).
2) 민법주해(XVIII)/최병조, 60면 이하.

67. 무단사무관리

> **사 례** 무명화가 甲은 자신의 그림을 100만원에 사겠다고 하는 사람이 있어 서울
> 에 왔는데, 화랑을 하고 있는 친구 乙의 가게에 들려 잠시 그림을 맡겼다.
> 그런데 乙의 가게에 손님이 와서 그 그림을 300만원에 사겠다고 하여 乙
> 은 甲에게 100만원만 주면 된다는 생각을 갖고 큰 이익을 남길 수 있다
> 는 생각에 그 그림을 팔아버렸다. 이 경우 甲은 乙에게 그림값 300만원을
> 달라고 할 수 있는가?

I. 甲의 乙에 대한 손해배상청구권(제750조) · 부당이득반환청구권 (제741조)

　　사안에서 乙이 甲의 소유물인 그림을 무단으로 팔아버려서 300만원의
이득을 얻었으므로 甲은 乙에게 불법행위로 인한 손해배상청구권과 부당이
득반환청구권을 행사할 수 있을 것이다. 다만 불법행위로 인한 손해배상청
구권과 부당이득반환청구권 모두 손해를 한도로 하여서만 배상을 청구할
수 있으므로 甲은 이 청구권을 근거로 하여 300만원 전부를 받을 수는 없
다.[1]

---

[1] 불법행위나 부당이득에서의 손해 또는 손실은 그 사실이 없었으면 확실히 재산이
　증가하였으리라는 것이 증명됨을 요하는 것이 아니라, 널리 그 사실이 없었으면 재
　산의 증가가 있었으리라는 객관적 가능성이 있으면 된다고 하는 견해(김상용, 520
　면)도 있으나, 배상범위는 현실의 손해에 한정되고 따라서 재산증가의 가능성이 구
　체적으로 입증되어야 한다. 그런데 본 사안에서 甲은 자신이 그림을 100만원에 팔
　예정이었다는 사실만 입증할 수 있을 것이다.

II. 甲의 乙에 대한 취득물인도청구권(제738조, 제684조 제1항)

그렇지만 乙이 그림을 판 행위가 甲을 위한 사무관리의 요건을 충족한다면 甲은 乙에 대하여 그림을 팔아서 취득한 금전인 300만원 전부의 인도를 청구할 수 있다. 타인의 권리영역인지의 여부는 타인사무의 객관적 성질에 의하여 판단해야 한다. 예컨대 본 사안에서와 같이 타인의 물건을 이용하거나 판매하는 행위는 타인의 권리영역의 침해가 되어 타인의 사무에 해당한다. 그런데 乙은 자신의 이익을 위하여 그림을 팔았으므로 본인을 위하여 사무를 관리한다는 사무관리의사가 없었다. 이와 같이 타인의 사무를 타인을 위하여 관리할 의사 없이 자신의 사무처럼 관리하는 경우에 무단사무관리라고 한다.

무단사무관리인 경우에 사무관리에 관한 규정을 적용할 수 있는지에 대하여 견해가 대립하고 있다. 긍정설은 본 사안에서와 같이 악의의 무단관리자가 위법한 관리행위를 통하여 취득한 이득을 본인에게 반환하기 위해서 무단사무관리도 사무관리로서 인정해야 한다고 주장한다.[2] 긍정설을 취한다면 甲은 乙에게 그림을 팔아서 취득한 금액인 300만원을 인도하라고 요구할 수 있다(제738조, 제684조 제1항). 그렇지만 관리자의 특수한 재능으로 얻게 된 이익까지 본인에게 반환하게 하는 것은 형평에 맞지 않으며, 본인을 지나치게 보호하는 것은 부당하다는 부정설이 더 설득력이 있다고 생각된다.[3] 따라서 본 사안에서는 甲은 乙에게 300만원 전부를 인도하라고 요구할 수 없다.

---

2) 김형배, 사무관리 · 부당이득, 55면 이하; 김증한 · 김학동, 686면.
3) 곽윤직, 342면.

제5장 부당이득

I. 부당이득의 일반적 성립요건

68. 이득의 취득

사례 회사 사장 甲은 재고가 쌓여 가자 재고를 보관할 목적으로 무단으로 乙의 토지 위에 창고를 지었다. 그러나 판매가 잘 되어 재고가 없어서 창고를 쓰지 않고 3개월이 지났는데, 창고를 발견한 乙이 창고의 철거는 물론 3개월에 해당하는 임대료 상당을 甲에게 청구하였다. 이에 甲은 자신은 실제로 창고를 사용한 적이 없어 이득을 얻은 것이 없으므로 임대료 상당액을 줄 수 없다고 주장한다. 정당한가?

乙의 甲에 대한 부당이득반환청구권(제741조)

乙이 甲에게 부당이득반환청구권을 행사하여 임료상당의 손해를 지급받기 위해서는 乙에게 손해가 발생하였을 뿐만 아니라 甲이 법률상 원인 없이 이득을 누리고 있었어야 한다. 여기서 이득이란 적극적 재산의 증가뿐만 아니라 소극적으로 당연히 발생했어야 할 재산의 감소를 면하는 것도 포함된다.[1] 사안에서 甲은 정상적으로 乙과 임대차 계약을 체결하고 임대

---

1) 대법원 1996. 11. 22. 선고, 96다34009 판결.

료를 지급하며 토지를 이용하였어야 한다. 그러나 임대차계약을 체결하지 않고 토지를 이용하였으므로 부담했어야 할 임대료 상당의 금액을 지급하지 않은 소극적 이익을 누리고 있는지가 문제된다.

부당이득법상 이득은 실질적인 이익을 가리키는 것이므로 사실상 이득이 생길 가능성이 있더라도 실질적인 이득이 없는 때에는 부당이득이 성립하지 않는다. 따라서 甲은 실제로 창고를 사용한 적이 없으므로 창고이용과 관련하여서는 실질적인 이득이 없다고 볼 수 있다. 그러나 타인의 토지 위에 건물을 소유하고 있는 자는 그 건물을 사용·수익하고 있는지의 여부와 관계없이 이미 그 건물을 타인의 토지 위에 세움으로써 그 토지를 실질적으로 사용하여 이득을 얻고 있다고 볼 수 있다. 따라서 타인의 토지 위에 권원 없이 건물을 소유하고 있는 자는 그 건물을 사용·수익하고 있는지의 여부와 관계없이 특별한 사정이 없는 한 그 자체로써 법률상 원인 없이 타인의 재산으로 인하여 토지의 차임에 상당하는 이익을 얻고, 이로 인하여 타인에게 동액 상당의 손해를 주고 있다고 보아야 한다.[2] 따라서 乙이 甲에 대하여 3개월 상당의 임대료를 부당이득으로 청구한 것은 정당하다.

---

[2] 대법원 1998. 5. 8. 선고, 98다2389 판결.

69. 법률상 원인의 결여

사례 甲은 사무실로 사용할 목적으로 乙의 건물을 임차하였다. 임차기간이 종료하였음에도 불구하고 乙이 보증금을 반환하지 않자, 甲은 사무실을 다른 건물로 이전하고 열쇠로 문을 잠그어 사용하지 않고 있었다. 이에 대하여 乙은 甲이 건물을 비워 주지 않기 때문에 손해가 발생하였다는 이유로 甲에게 그에 상응하는 손해배상 또는 부당이득반환을 청구한다. 정당한가?

(1) 乙의 甲에 대한 부당이득반환청구권(제741조)

乙이 甲에게 부당이득반환청구권을 행사하여 임료상당의 손해를 지급받기 위해서는 乙에게 손해가 발생하였을 뿐만 아니라 甲이 법률상 원인 없이 이득을 누리고 있었어야 한다. 법률상 원인이 없다고 함은 수익자에게 이득의 '취득 · 보유권원'이 없어야 한다는 것을 의미한다.[1] 사안에서 甲은 乙 소유의 건물을 임차하였으므로 임차권에 기하여 건물을 사용 · 수익할 수 있는 점유권원이 있었다. 그러나 임대차계약이 종료함에 따라 임차권에 기한 점유권은 甲이 더 이상 주장할 수 없다. 그렇지만 임대차계약관계의 종료와 함께 임대인 乙이 임차보증금을 반환하지 않아서 甲이 보증금확보차원에서 건물을 점유할 수 있는 권원을 갖고 있는지가 문제된다.

임대차계약관계가 종료하면 임대인에게는 보증금 중 연체차임과 같이 임대차에 관하여 명도시까지 생긴 모든 채무를 청산한 나머지를 임차인에게 반환할 의무가 발생한다. 그런데 이러한 임대인의 보증금반환의무는 보증계약에서 발생한 것이고, 임차인의 임차물반환의무는 임대차계약에서 발생한 것이므로 양자는 별개의 계약에서 발생한 채무이기 때문에 쌍무계약

---

1) 김증한 · 김학동, 720면.

의 이행상의 견련성을 인정하기 어려울 것이다. 그러나 양 의무는 임대차 종료와 동시에 발생하는 채무로서 불가분의 관계를 갖고 있고, 임차인의 보증금반환청구의 실효성 확보를 위하여 판례와 학설은 동시이행의 관계에 있는 것으로 보고 있다.2) 따라서 甲은 乙이 보증금을 반환할 때까지 동시 이행의 항변권을 행사하여 乙의 임차건물반환청구를 거절할 수 있다(제536 조). 또한 임차인이 임대차계약 종료 후 동시이행의 항변권을 행사하는 방 법으로 목적물의 반환을 거부하기 위하여 임차건물을 계속 점유하였으나, 이를 본래의 임대차계약상의 목적에 따라 사용·수익하지 아니하였다면 실 질적인 이득을 얻은 바가 없으므로 임대인에게 손해가 발생하였더라도 甲 의 부당이득반환의무는 성립되지 않는다.3)

(2) 乙의 甲에 대한 불법행위를 이유로 한 손해배상청구권(제750조)

甲의 임차건물의 점유는 정당한 권원에 의한 점유이어서 불법점유가 되지 않으므로 불법행위로 인한 손해배상청구권은 문제되지 않는다.

---

2) 대법원 1977. 9. 29. 선고, 77다1241, 1242 판결. 그러나 판례는 보증금반환채권은 임차물에 관하여 생긴 채권이 아니라는 이유로 유치권은 부정하고 있다(대법원 1976. 5. 11. 선고, 75다1305 판결).
3) 대법원 2003. 4. 11. 선고, 2002다59481 판결.

II. 급부부당이득

70. 급부부당이득에서 급부의 의미

> **사 례** 甲은 미성년자인 乙로부터 스쿠터를 사기로 하는 매매계약을 체결하였다. 甲은 중도금으로 10만원을 주고 인도와 동시에 잔금 15만원을 주기로 약속하였다. 그러나 乙의 부모는 이 사실을 알고 계약을 취소하였다. 甲은 乙에게 10만원의 반환을 청구한다. 정당한가?

甲의 乙에 대한 부당이득반환청구권(제741조)

(1) 급부부당이득의 의의

甲은 매매계약이 유효한 것을 전제로 하여 乙에게 10만원을 지급하였으나, 그 후 乙의 부모는 매매계약에 대하여 동의가 없다는 이유로 매매계약을 취소하였다(제5조, 제141조 본문). 이와 같이 계약 등 법률행위를 원인으로 급부가 행하여졌지만, 채무가 존재하지 않거나 해당 법률행위가 무효·취소 등으로 인하여 효력이 없어서 급부이익의 반환을 청구하는 경우에 급부부당이득이 문제된다. 급부부당이득에서 급부는 타인의 재산을 증가시키려는 것을 목적으로 하는 의식적 행위를 의미한다.[1] 이와 같이 급부의

---

1) 김형배, 사무관리·부당이득, 91면.

개념을 정의하는 목적은 수인이 관여된 부당이득의 삼각관계에서 급부에 의하여 이득을 취득한 자를 정확히 파악하여 급부부당이득관계를 정당하게 해결하기 위함이다. 급부부당이득에서는 급부관계를 갖는 자들 사이에 부당이득반환청구권이 행사되어야 한다. 따라서 부당이득의 반환청구권자는 급부한 자이고 반환의무자는 급부수령자가 된다. 특히 삼각관계가 문제되는 경우 누가 급부관계에서 급부자 및 급부수령자인지를 정하는 것이 논의의 쟁점이 된다.

(2) 급부부당이득의 요건

급부부당이득에서 부당이득반환청구권의 요건은 (1) 수익과 손실을 인과관계로 연결하는 급부가 있을 것, (2) 법률상의 원인이 없을 것으로 압축할 수 있다.[2] 사안에서 甲이 10만원을 지급한 것은 乙의 재산을 증가시키려는 목적을 갖는 의식적 행위에 해당한다. 甲은 이를 통하여 매매대금채무를 변제하려고 하였으므로 급부가 있었다. 그런데 乙의 부모가 매매계약을 취소하여 매매계약이 무효가 되었으므로 급부를 하게 된 법률상의 원인이 없어졌다. 따라서 甲은 乙에게 매매대금으로 지급한 10만원을 반환청구할 수 있다.[3]

여기서 甲이 채무 없음을 알고 채무를 변제하였다면 제742조의 비채변제가 성립하여 반환청구권이 부정되는지가 문제된다. 甲이 미성년자인

---

2) 김형배, 사무관리·부당이득, 88면: 수익, 손실, 인과관계라는 요건이 모두 급부에 의하여 이루어지는 재산적 이익의 이동을 통하여 나타남으로써 특별히 검토될 필요가 없다.

3) 지금까지의 설명은 급부부당이득과 비급부부당이득을 구별하는 비통일설에 따른 내용이다. 반면 부당이득의 발생원인을 공평의 원칙 또는 사회적 정의의 유지에 있다고 보는 통일설에 따르면 급부의 개념이 특별히 중시되지 않는다[다만 통일설의 입장에서도 공평·정의의 관념이라는 막연한 개념을 구체화하기 위하여 비통일설의 성과를 받아들일 필요성은 인정하고 있다. 곽윤직, 346면; 주석민법 채권각칙 (5)/임한흠, 432면]. 법률상 원인이 없는 것의 의미에 대하여 비통일설은 급부가 행해지는 기초적 법률관계가 없다고 해석하지만 통일설에서는 정의·공평의 관념의 구체화로 보고 있다. 통일설은 부당이득반환청구권의 요건으로 이득과 손실의 존재, 이득과 손실 사이의 인과관계 및 법률상의 원인이 없을 것을 요구한다. 사안에서는 통일설에 의하더라도 문제 없이 부당이득반환청구권이 인정된다.

乙과 매매계약을 체결하였다고 하여 바로 매매계약이 무효인 것이 아니라, 미성년자의 법정대리인이 동의가 없었다는 이유로 취소권을 행사해야만 매매계약이 무효로 되므로 채무 없음을 알았다고 볼 수는 없으므로, 비채변제는 성립하지 않았다.

71. 급부와 이익의 귀속

사 례 甲은 乙에게 행사할 수 있는 대금채권 200만원을 갖고 있었는데, 자신이
丙에게 200만원을 빌렸다는 사실이 생각났다. 그래서 甲은 乙에게 자신의
채무 200만원을 대신 갚도록 부탁하였고 그에 따라 乙은 丙에게 200만원
을 지급하였다. 그 후 甲과 乙 사이의 매매계약이 무효라는 사실이 드러났
다. 이 경우 乙은 누구에게 200만원의 반환을 청구할 수 있는가?

【변형】 甲과 乙 사이의 매매계약은 유효하고 甲의 丙에 대한 채무가 존
재하지 않는 것으로 드러난 경우 甲은 丙에게 200만원의 반환을 청구할
수 있는가?

乙의 부당이득반환청구권(제741조)

본 사안에서 乙은 甲과의 매매계약에서 발생한 대금채무를 변제하기
위하여 丙에게 200만원을 지급하였다. 이때 매매계약이 무효인 것으로 밝
혀져 乙이 200만원을 지급한 것은 채무가 존재하지 않은 상태에서 법률상
원인 없이 이루어진 것이므로 이로 인하여 乙은 200만원의 금전적 손실을
입었다. 이 경우 乙이 200만원을 甲과 丙 중 누구에게 반환청구하느냐가
문제된다.

(1) 甲에 대한 부당이득반환청구권

단순히 재산적 이동상태만을 살펴본다면 丙이 乙로부터 직접 이익을
얻은 것으로 보인다. 그러나 법률적 의미에서는 乙은 甲의 지시(요구)에 의
하여 자신의 甲에 대한 채무의 변제로서 200만원을 이행한 것이다(단축인
도).[1] 즉 급부를 수령한 丙은 단지 급부수령자에 불과하고 급부 자체는 甲
에게 이루어졌다고 보아야 한다.[2] 이와 동시에 甲은 丙에 대한 채무를 이

행한 것이다. 왜냐하면 甲은 급부중개자인 乙에게 지시함으로써 자신의 丙
에 대한 채무를 변제하려고 하였기 때문이다. 乙이 丙에게 200만원을 지급
함으로써 甲은 일정한 이익을 취득하였는데, 어떠한 이득을 취득하였는지
에 관하여 논란이 될 수 있다.3) 즉 여기서 취득한 이득의 내용이 丙에 대
한 채무변제로 인한 채무의 소멸로 볼 수도 있고 丙에게 지급한 금액인
200만원으로 볼 수도 있다. 모든 요건이 충족되었으므로 乙은 甲에 대하여
부당이득반환을 청구할 수 있으나, 丙에게 지급한 것의 가액에 해당하는
금액인 200만원의 지급을 요구할 수 있다(제747조).

(2) 丙에 대한 부당이득반환청구권

乙과의 관계에서 丙은 급부에 의하지 않은 방식에 의하여 200만원이
라는 이익을 취득하였으므로 비급부부당이득만이 문제된다. 이 경우 乙은
甲과 丙 사이의 관계에 관하여 정확히 알지 못하고 丙의 입장에서도 자신
이 계약상대방인 甲에게 반환할지 여부에 대해서만 판단하면 된다(예를 들
어 丙이 甲에 대한 항변권을 갖고 있는 경우).4) 따라서 급부관계에 있는 자 사

---

1) 단축인도에서의 부당이득삼각관계에 관하여 자세한 것은 김형배, 사무관리·부당이
   득, 289면 이하 참조.
2) 이종복, "부당이득," 사법관계와 자율, 70면.
3) 본 사안에서는 금전이 인도되었으므로 소유권의 이전의 문제가 발생하지 않는다.
   그런데 만일 물건이 인도되었을 때에는 소유권의 이전은 어떻게 이루어지는 것인
   지가 문제된다. 여기서 주의할 것은 乙은 甲의 지시에 의하여 목적물을 丙에게 인
   도하였으므로, 乙과 丙 사이에서 소유권이전행위(물권행위)가 있었다고 볼 수는 없
   다는 점이다. 왜냐하면 乙이 甲의 지시를 받아 丙에게 목적물을 인도할 때에 丙에
   게 소유권을 이전하는 것인지, 단순히 임대를 목적으로 점유를 이전하려는 것인지
   를 알고 있지 않기 때문이다. 또한 乙은 甲의 대리인도 아니므로 甲을 대신하여
   소유권이전의 합의를 丙과 하였다고 볼 수도 없다. 따라서 甲과 丙 사이에는 점유
   이전의 합의는 인정될 수 있으나, 소유권이전의 합의는 인정될 수 없다. 이 점유이
   전의 합의를 통하여 丙은 점유권을 취득하고 甲은 乙로부터 간접점유를 취득하여
   이를 丙에게 다시 이전해야 하는 것으로 이해해야 한다. 그리고 목적물의 소유권
   은 乙로부터 甲에게, 그리고 甲으로부터 丙에게 순차적으로 이전된다고 보아야 한
   다(이러한 설명으로 김형배, 사무관리·부당이득, 290면).
4) 부당이득의 삼각관계에서 다음과 같은 이해관계의 조절이 이루어져야 한다고
   Canaris는 지적하고 있다 (이 입장에 관한 소개로 김형배, 사무관리·부당이득, 312

이의 부당이득반환청구권을 인정하는 것이 맞으므로 급부관계에 따른 급부
부당이득반환청구권이 비급부부당이득의 관계보다 우선되어야 한다. 결국
乙은 甲에 대한 부당이득반환청구권만을 행사할 수 있다.

【변형】 甲의 丙에 대한 채무가 존재하지 않은 경우에는 부당이득반환관계
는 甲과 丙 사이의 대가관계 내에서 해결되어야 한다. 甲은 乙에게 지시를
함으로써 자신의 丙에 대한 채무를 이행하려고 하였기 때문에, 급부부당이
득 차원에서 乙이 丙에 대하여 200만원을 지급한 것은 甲과 丙의 관계에
서는 甲이 급부한 것으로 볼 수 있다. 따라서 甲은 丙에게 200만원을 부당
이득으로서 반환청구할 수 있다.

【정리】 乙이 丙에게 200만원을 지급한 것은 乙과 甲 사이 및 甲과 丙 사
이의 관계에서 급부를 의미하므로, 乙과 甲 사이의 관계 내지 甲과 丙 사
이의 관계에 하자가 있는 경우에 부당이득반환은 원칙적으로 급부관계인
乙과 甲 사이 및 甲과 丙 사이에 이루어져야 한다. 따라서 乙의 丙에 대한
직접적인 부당이득반환청구권은 원칙적으로 인정되지 않는다.[5]

면 이하). (1) 하자 있는 (계약)관계의 당사자에게는 그 관계의 상대방에 대하여
행사할 수 있는 항변권을 보장받아서 행사할 수 있어야 한다. (2) 반대로 제3자와
의 계약관계에 기초한 항변을 계약상대방에게 주장하는 것은 허용되지 않는다. (3)
무자력의 위험이 적절히 분담되어서, 자신이 선택한 당사자의 무자력위험은 스스로
부담하도록 해야 한다.

5) 김형배, 사무관리·부당이득, 292면.

72. 삼각관계에서 이중의 하자

 사례 앞의 사례에서 甲이 丙에게 200만원의 채무를 부담하지 않은 경우 乙은 누구에게 200만원의 반환을 청구할 수 있는가?

I. 乙의 丙에 대한 부당이득반환청구권(제741조)

사안은 대가관계 및 보상관계 모두 하자가 존재하는 경우이다(이중의 하자).[1] 乙과 丙 사이에는 급부관계가 존재하지 않고 甲과 乙 및 甲과 丙의 급부관계가 부당이득을 고찰함에 있어서 우선되기 때문에 乙과 丙 사이에 발생하게 되는 비급부부당이득의 문제는 고려하지 않는 것이 원칙이다. 그러나 삼각관계에서 이중의 하자가 존재하는 경우에는 예외적으로 지시를 받은 자가 이익을 귀속받은 자에게 직접 부당이득반환청구권을 행사할 수 있다는 견해가 주장되기도 하였다(직접청구설, Theorie der Durchgriffskondiktion). 이중의 하자가 존재하는 경우에는 甲이 丙에게 부당이득반환청구권을 행사한 후 乙이 다시 甲에게 부당이득반환을 청구하는 것은 실용적이지 못하다고 보았다.

그러나 직접청구권을 인정하게 되면 乙이 丙에게 부당이득반환청구권을 행사하는 경우에 丙이 甲에 대하여 행사할 수 있었던 항변권·유치권·상계권을 행사할 수 없게 된다. 따라서 이중의 하자가 존재하는 경우에도 보상관계와 대가관계가 존재하는 당사자 사이에서 부당이득반환이 이루어지는 것이 더 타당하고 당사자의 이해관계를 더 적절하게 조절한다고 생각된다(이중반환관계설, Theorie der Doppelkondiktion).

---

1) 이에 관하여 자세한 것은 김형배, 사무관리·부당이득, 294면 이하.

II. 乙의 甲에 대한 부당이득반환청구권(제741조)

급부부당이득을 청구할 수 있는 요건은 충족되어 있다(앞의 사례 참조). 다만 이중하자가 존재하는 경우에 무엇을 부당이득을 이유로 반환청구할 수 있는지가 문제된다.

甲이 丙에게 채무를 부담하고 있지 않으므로 甲이 乙의 변제행위로 취득한 이득은 丙에 대한 부당이득반환청구권에 불과하다고 보는 견해가 있다. 따라서 甲은 乙에게 丙에 대하여 갖고 있는 부당이득반환청구권을 양도하여야 한다는 것이다(소위 부당이득의 부당이득). 그러나 이 견해에 따르면 乙은 이중의 위험을 부담하게 된다. 즉 乙은 甲이 행사할 수 있는 항변권뿐만 아니라, 제450조 및 제451조에 기하여 丙이 甲에 대하여 행사할 수 있는 항변권을 극복해야 하는 상황에 놓이게 되므로 이는 정당하지 않다.

이중의 하자의 경우에 반환청구권의 대상은 乙이 甲에 대하여 이행한 이익의 가치이다.[2] 따라서 甲은 마치 丙에게 이익이 귀속된 것이 아니라, 자신에게 직접 이익이 귀속된 것처럼 취급받게 된다. 이 경우 丙이 무자력이어서 甲에게 현존이익이 없다는 항변권은 행사될 수 없다고 보아야 한다. 왜냐하면 甲이 자유로운 의사결정에 기하여, 즉 乙에게 변제를 하도록 지시함으로써 해당 재산적 이익에 대하여 처분을 하였기 때문이다. 따라서 甲이 丙에게 부당이득반환청구권을 행사하여 이득을 반환받는지의 여부와는 상관없이 乙은 甲에게 200만원을 부당이득을 이유로 반환청구할 수 있다.

---

2) 김형배, 사무관리·부당이득, 297면.

73. 제3자를 위한 계약과 부당이득반환

사례 선식생산업체 A는 곡류유통업체 B로부터 곡물을 구입하는 매매계약을 체결하였다. B가 창고를 확인한 결과 재고량이 충분하지 않은 것으로 드러나서 C로부터 곡물을 구입하는 매매계약을 체결하였다. 이때 이행의 편의를 위하여 A가 직접 C에게 곡물의 인도를 청구할 수 있도록 B와 C는 합의를 보았고, 그에 따라 A에게 통지가 되어 A는 직접 C로부터 곡물을 찾아갔다. C가 매매대금을 청구하기 위해서 B에게 갔을 때 C와 B 사이에 매매대금에 대한 합의가 없었기 때문에 계약이 성립하지 않았음이 드러났다. 이 경우 C는 A와 B 중 누구에게 곡물의 반환을 청구하여야 하는가?

C의 부당이득반환청구권(제741조)

B와 C 사이의 계약은 제3자를 위한 계약으로 체결되었다(제539조). 이 계약이 불합의로써 성립하지 않았으므로 C는 급부부당이득에 기하여 반환청구를 할 수 있으나, A와 B 중 누구에게 반환청구권을 행사할 수 있는지가 문제된다. 제3자를 위한 계약에서는 요약자와 제3자 모두 낙약자에 대하여 이행청구권을 가지고 있으므로 낙약자의 급부는 두 개의 청구권을 동시에 만족시키려는 이중의 목적을 갖고 있다. 이에 따라 C가 A에게 곡물을 인도하면 요약자인 B와 제3자인 A 모두에 대한 급부가 되므로 급부개념만을 갖고서는 여기서 정당한 해결책을 찾을 수 없다. 따라서 구체적인 사안에서 어떠한 목적을 우선시해야 하는지를 당사자 사이의 이해관계의 해석을 통하여 확정할 필요성이 발생한다.

요약자와 낙약자 사이의 보상관계가 무효이면 부당이득관계는 보상관계 내에서 해결해야 한다는 견해가 있다.[1] 이에 따르면 낙약자 C는 요약

---

1) 대법원 2010. 8. 19. 선고 2010다31860, 31877 판결.

자 B에 대해서 부당이득반환청구권을 행사할 수 있다. 이에 반하여 구체적인 사정에 따라 구분을 해야 한다는 견해가 있다.[2] 즉 급부이행과정의 단축을 위하여 제3자를 위한 계약을 체결하는 경우에는 낙약자가 요약자에게 부당이득반환청구권을 행사해야 하는 것으로 본다. 이때 제3자는 이미 요약자에게 청구권을 갖고 있으므로 제3자를 위한 계약이 체결된 것은 단순히 제3자의 지위를 좀 더 강화시키려고 하는 목적을 갖고 있을 뿐이다. 그런데 낙약자가 제3자에게 부당이득반환청구권을 행사할 수 있다면 오히려 제3자의 지위가 약화될 것이다. 따라서 급부이행이 단축되지 않았으면 급부가 이행되었을 관계를 기초로 해서 판단해야 한다는 것이다. 그에 반하여 제3자를 위한 생명보험과 같이 계약이 제3자만의 이익을 위하여 체결된 경우에는 부당이득을 제3자에게 직접 반환청구할 수 있다고 본다. 그 논거로서 요약자와 제3자 사이의 대가관계가 무상인 경우 제3자에 대한 변제로서 요약자는 이득을 얻지 않는다는 점이 주장되고 있다. 이 견해가 구체적으로 당사자의 이해관계에 합당한 해결을 가져오기 때문에 타당하다고 생각된다. 사안에서는 이행의 단축을 위해서 제3자를 위한 계약이 체결된 것이므로 C는 B에게 부당이득반환청구권을 행사할 수 있다.

---

2) 김형배, 사무관리·부당이득, 329면; Medicus, Bürgerliches Recht, Rn. 681 ff. (S. 472 f.).

74. 비채변제

 사 례   甲은 공장을 매수할 당시에는 매도인 乙의 전기요금 체납사실을 알지 못하였는데, 丙이 전기공급을 해주지 아니하므로 전기를 공급받기 위하여 乙의 체납 전기요금채무를 변제하였다. 이 경우 甲은 丙에게 부당이득반환을 청구할 수 있는가?

甲의 丙에 대한 부당이득반환청구권(제741조)

본 사안에서 甲은 채무를 부담하지 않음에도 불구하고 乙의 채무를 변제하였다. 이와 같이 채무가 존재하지 않는데도 불구하고 변제를 한 경우를 비채변제라고 한다. 비채변제를 한 경우 원칙적으로 부당이득반환청구권의 요건은 갖추었으나, 채무 없음을 알고 변제한 자는 보호를 받을 필요가 없으므로 악의의 변제자는 부당이득반환청구권을 행사할 수 없다(제742조). 그러나 변제자가 채무 없음을 알지 못한 경우에는 그 과실 유무를 불문하고 제742조는 적용되지 아니한다.[1]

사안에서 甲은 자신의 채무가 아니라는 사실을 알고 변제하였으므로 악의의 변제자에 해당한다. 다만 명시적인 법률 규정은 없지만, 제742조에 기하여 부당이득반환청구권이 배제되기 위해서는 급부행위가 임의로 변제자에 의하여 이루어졌어야 한다. 즉 변제자가 채무 없음을 알고 있었다 하더라도 변제를 강제당하거나 변제거절로 인한 사실상의 손해를 피하기 위하여 부득이하게 변제한 경우 등 그 변제가 자기의 자유로운 의사에 반하여 이루어진 것으로 볼 수 있는 사정이 있는 때에는 지급자가 그 반환청구권을 상실하지 않는다고 해석해야 한다.[2] 사안에서 전기공급이 중단되고

---

1) 대법원 1998. 11. 13. 선고, 97다58453 판결.

그로 인하여 공장운영이 중단되는 사실상의 손해를 피하기 위하여 甲이 부득이하게 변제하였다고 볼 수 있으므로, 악의이더라도 자신의 의사에 반하여 변제가 이루어진 것으로 보인다. 따라서 甲은 제742조에 기하여 부당이득반환청구권을 상실하지 않고 행사할 수 있다.

---

2) 대법원 1997. 7. 25. 선고, 97다5541 판결; 대법원 2010. 7. 15. 선고, 2008다39786 판결.

75. 불법원인급여

사례   타짜 甲은 A마담이 부산에서 큰 도박판을 열었다는 소식을 듣고 도박에 참여하여, 乙로부터 현금 1억원을 땄고 丙으로부터는 그 소유의 가옥 X를 따서 소유권이전등기를 받았다. 그리고 丁으로부터는 5천만원을 받지 못하였으나, 그 담보로 丁 소유의 토지 Y에 저당권을 설정 받았다. 그 후 乙, 丙과 丁은 甲이 A마담과 짜고 사기도박을 하였다는 이유로 수배하여 甲을 잡았다. 乙은 1억원의 반환을, 丙은 아직도 자신이 소유자임을 이유로 가옥 X의 소유권의 반환을, 그리고 丁은 토지 Y에 설정된 저당권의 말소를 요구한다. 사기도박이 아닌 것으로 드러난 경우에 乙, 丙과 丁의 요구는 정당한가?[1]

I. 乙의 甲에 대한 부당이득반환청구권(제741조)

도박계약은 반사회적 법률행위로 무효이므로(제103조) 이에 의하여 지급된 1억원은 법률상 원인 없이 급부된 것으로 부당이득에 해당한다. 그러나 불법한 원인에 기하여 1억원을 지급하였다면 제746조의 불법원인급여로서 반환청구하지 못한다(제746조 본문). 제746조에서 말하는 불법은 제103조의 선량한 풍속 기타 사회질서에 위반하는 것으로 새기는 것이 다수설[2]과 판례[3]의 입장이다. 1억원은 도박계약에서 건 돈에 해당하여, 급부의 내용 자체가 제103조에 위반하는 불법한 것이므로 제746조의 불법원인에 해당한다.

다만 불법원인이 수익자에게만 있다면 급부자의 부당이득반환청구를 부정할 이유가 없으므로 이러한 경우에는 부당이득반환을 청구할 수 있다

---

1) 사법시험 제39회(1997) 변형.
2) 곽윤직, 363면.
3) 대법원 1991. 3. 12. 선고, 90다18524 판결.

(제746조 단서). 본 사안에서는 甲과 乙 모두 도박을 하였으므로 급부자와 수익자에게 모두 불법한 원인이 있으나, 도박이라도 사기도박을 하였다면 수익자의 불법성이 급여자의 그것보다 현저히 크고, 그에 비하면 급여자의 불법성은 미약하므로 제746조 본문의 적용이 배제되어 급여자의 반환청구권이 허용될 수 있다.[4] 판례 또한 소위 '불법성 비교론'을 통하여 이러한 경우에 급여자의 반환청구권을 인정하고 있다. 그러나 본 사안에서는 사기도박이 아니라는 것이 드러났으므로 乙은 甲에게 1억원을 반환청구하지 못한다.

II. 丙의 甲에 대한 소유물반환청구권(제213조)

丙이 도박을 통하여 X가옥의 소유권을 이전한 것도 불법원인급여에 해당하여 부당이득을 이유로 반환청구하지 못한다(제746조). 그런데 소유권 이전을 하게 된 원인계약인 도박계약이 무효이므로 유인설에 따르면, 甲은 유효하게 소유권을 취득하지 못하였으므로 丙이 甲에 대하여 소유권에 기하여 X가옥의 소유권을 반환청구할 수 있는지가 문제된다.[5] 초기의 판례는 물권적 청구권을 행사하려면 자기의 소유권을 주장하면 되고, 위법행위가 있었다는 것을 주장하여 법률상의 원인으로 할 필요가 없다는 이유를 들어 제746조는 소유권에 기한 반환청구권의 행사를 방해하지 않는다는 입장을 취하였다.[6] 그러나 사회적 타당성이 없는 행위를 한 자가 스스로 불법한 행위를 주장하여 복구를 꾀하는 것은 부당하다는 제746조의 이상이 부당이득반환청구권에서는 물론 소유물반환청구권에도 일률적으로 적용되는 것이 타당하므로 그 후 판례는 입장을 바꾸어 제746조를 소유물반환청구권에도 적용하였다.[7] 따라서 丙은 소유물반환청구권에 기하여서도 X가옥의 반환을 청구하지 못한다.[8]

---

4) 대법원 1997. 10. 24. 선고, 95다49530 판결.
5) 그에 반하여 무인설에 의하면 원인행위가 무효이더라도 소유권이전은 유효하므로 소유권에 기한 반환청구권이 인정되지 않는다.
6) 대법원 1977. 6. 28. 선고, 77다728 판결.
7) 대법원 1979. 11. 13. 선고, 79다483 전원합의체 판결.
8) 결국 급여한 가옥의 소유권은 급여를 받은 甲에게 귀속된다.

Ⅲ. 丁의 甲에 대한 저당권말소청구권(제214조, 제741조)

丁이 토지 Y에 대하여 설정한 저당권설정등기의 말소를 甲에게 청구하기 위해서는 저당권설정등기가 효력이 없어야 한다. 본 사안에서는 저당권설정행위 자체에는 불법원인이 없으나, 도박에 기하여 부담하고 있는 채무의 담보를 목적으로 저당권이 설정되었으므로 그 동기에 불법성이 있으며, 불법한 동기가 표시되어 양 당사자 모두 그 동기를 알고 있으므로 저당권설정계약은 효력이 없다. 따라서 제746조가 적용되지 않는다면 丁은 甲에 대하여 저당권의 말소를 청구할 수 있다.

여기서 문제되는 것은 丁의 저당권설정행위를 제746조의 급부로 볼수 있느냐이다. 왜냐하면 저당권이 설정되었다고 하여 甲이 이를 통하여 종국적인 이익을 누리고 있는 것이 아니라, 수령자인 甲이 다시 법률적인 주장인 담보권을 실현하여 국가의 담보권실현에 대한 협력이 있어야만 甲이 저당권에 기한 종국적인 이익을 누리기 때문이다. 그런데 이러한 종속적인 급부는 주된 급부인 도박채무의 이행을 청구할 수 있어야 하는데, 도박채무의 이행은 무효이므로 청구할 수 없게 된다. 결국 제746조의 적용을 인정한다면 단순히 외형적으로 실효성이 없는 담보권의 존재상태, 즉 저당권설정등기만 그대로 인정하게 되며 법률관계의 안정성만 해치는 결과를 가져온다.[9] 따라서 종국성이 없는 급부는 제746조의 급부가 아니라고 해석하여 부당이득반환청구를 인정하도록 해석하는 것이 현재의 해석론이다.[10] 사안의 경우 丁은 甲에 대하여 저당권설정등기의 말소를 청구할 수 있다.

---

9) 대법원 1994. 12. 22. 선고, 93다55234 판결; 대법원 1995. 8. 11. 선고, 94다54108 판결.
10) 곽윤직, 366면; 김증한·김학동, 743면.

Ⅲ. 비급부부당이득

76. 침해부당이득

> **사 례**
>
> 甲은 포장이사 회사 A를 통하여 이사를 하고 있다. A회사 직원 乙, 丙은 맥주박스가 甲의 새 집으로 배달되자 자신들을 위해서 맥주를 산 것으로 생각하고 맥주를 10병 마셨다. 그런데 그 맥주는 甲이 저녁에 친구들의 집들이를 위해서 산 것이었다고 한다. 甲은 乙, 丙에게 맥줏값의 변상을 요구한다. 정당한가?

I. 불법행위를 이유로 한 손해배상청구권(제750조, 제760조)

A회사 직원 乙, 丙이 甲의 맥주를 마신 것은 甲의 소유권에 대한 위법한 가해행위이며, 자신을 위한 것이라는 착오가 있었으므로 과실에 의한 유책성도 인정된다. 불법행위로 인한 손해배상의 모든 요건이 충족되었으므로 甲은 손해배상을 청구할 수 있다.

II. 부당이득반환청구권(제741조)

사안에서 甲의 급부가 없었으므로 비급부부당이득이 문제된다. 이득의 취득이 수익자 또는 제3자의 행위에 의하여 이루어진 경우에는 침해부당이득에 해당한다. 즉 침해부당이득에서는 침해자가 타인(손실자)의 재산적 이익이 있는 법적 지위를 침해하여 이득을 얻게 된다. 여기서 "법률상 원인 없이"라는 요건이 충족되었는지의 여부는 재산적 이익의 이전이 재화의 귀속질서에 반하는지에 따라 결정된다.[1] 따라서 침해된 이익의 이전이 재화 귀속질서에 반하면 되고 침해행위의 위법성은 중요하지 않다. 소유권의 귀속내용으로는 특히 물건의 이용가능성도 포함되므로 수익자가 아무런 권원 없이 손실자의 권리나 물건을 사용·수익한 경우에도 침해부당이득이 있게 된다. 사안에서 배달된 맥주를 마실 수 있는 권리는 소유자인 甲에게 있고 乙, 丙에게 맥주를 사용·수익할 권리가 없었으므로 법률상 원인 없는 이익의 취득이 있었다. 또한 침해부당이득의 경우 손실의 발생을 반드시 전제로 하지 않으나,[2] 본 사안에서는 마신 맥주의 손실이 있다. 모든 요건이 충족되었으므로 甲은 乙, 丙에게 부당이득반환을 청구할 수 있다. 사안에서는 원물반환이 불가능하므로 가액반환만 청구할 수 있고(제747조 제1항), 乙, 丙이 선의이므로 현존이익의 반환만을 청구할 수 있다(제748조 제1항).

---

1) 김형배, 사무관리·부당이득, 176면.
2) 따라서 예컨대 甲이 乙의 공터를 무단히 이용한 경우에도 부당이득반환청구권이 인정된다.

77. 침해부당이득의 보충성

건축업자 甲은 乙의 집주위에 담장을 설치해 주기로 하는 계약을 乙과 체결하였다. 甲은 재정난으로 벽돌을 구입하지 못하자 丙의 벽돌생산공장에서 500만원에 해당하는 벽돌을 훔쳐서 乙의 담장을 완성하였으나 그 후 곧 파산하였다. 도난사실을 안 丙은 甲이 파산하였으므로 乙에게 벽돌의 가치에 해당하는 대가의 변상을 요구하였다. 乙의 변호사는 甲의 급부로 벽돌을 乙이 취득하였고 乙은 甲에게 그 대가를 지급했으므로 丙에게 대가변상을 할 수 없다고 항변한다. 정당한가?

【변형】 丙은 소유권 유보하에 甲에게 벽돌을 인도하였으나, 매매대금지급 전에는 일체의 사용을 금하였다. 대금을 지급하지 않은 상태에서 甲이 벽돌로 담장을 쌓은 경우에는 어떻게 되는가?

丙의 乙에 대한 부당이득반환청구권(제741조)

(1) 침해부당이득의 보충성

丙이 乙에게 급부를 한 것이 아니라 丙의 의사와 상관없이 甲이 벽돌을 담장 건축에 사용함으로써 부합에 의하여 그 소유권을 잃었으므로(제256조 본문) 丙과 乙 사이에서는 침해부당이득이 문제된다. 그런데 甲은 乙과의 계약관계의 이행을 위하여 벽돌을 사용하였으므로 甲과 乙 사이의 관계에서는 乙은 벽돌에 대한 소유권을 甲의 급부를 통하여 취득하였다. 이와 같이 한 측면에서 급부가 있는 경우에 침해부당이득을 문제삼을 수 있는지에 관하여 견해가 대립하고 있다.

어느 누구에 의해서든 수령자에게 급부가 전혀 이루어지지 않은 경우에만 침해부당이득을 검토할 수 있다는 견해가 있다.[1] 이와 같은 형태로

"침해부당이득 보충성의 원칙"을 인정하게 되면 급부수령자를 일방적으로 유리하게 취급하게 되는 결과에 이르게 된다. 그러므로 손실자가 직접 급부를 하여 목적물을 거래생활에 유입시킨 경우에만 침해부당이득을 배제하는 견해가 타당하다. 왜냐하면 급부를 한 손실자는 해당 급부관계 내에서 부당이득을 이유로 반환을 청구하면 되기 때문이다. 사안에서 丙 자신이 벽돌을 급부하여 거래생활에 유입시킨 바가 없으므로 침해부당이득이 배제되지 않는다.

(2) 이득취득의 법률상 원인의 결여

乙은 丙의 손실에 의하여 소유권의 취득이라는 이득을 획득하였다. 문제가 되는 것은 법률상의 원인이 존재하는지의 여부이다. 가공에 관한 규정을 통하여는 그 해답이 나오지 않기 때문에 이해관계의 조정을 통한 합리적인 해결이 이루어져야 한다. 여기서는 선의취득과 유사한 관계가 존재하기 때문에 선의취득에 관한 규정을 도입할 수 있다. 선의취득에 관한 규정은 법률상의 원인이 될 수 있으므로[2] 선의취득의 요건이 충족되었는지 검토해 보아야 하는데, 丙의 벽돌이 도품에 해당하므로 이를 반환청구할 수 있다(제250조). 따라서 법률상의 원인이 존재하지 않으므로 침해부당이득을 이유로 한 부당이득반환은 긍정된다(제261조).

【변형】이 경우 침해부당이득이 인정될 수 있는지에 관하여 견해가 대립한다. 손실자가 자신의 급부를 통하여 거래에 유입시켰으므로 보충성에 의하여 침해부당이득을 인정할 수 없다는 입장이 있다.[3] 이때 丙이 甲에게 벽돌에 대한 사실상의 처분권한을 제공한 것만으로도 충분하다고 한다. 甲이 대금을 지불하기 전에 처분하지 말라는 계약상의 의무를 위반하였다고 하더라도 계약상 급부로서의 성질이 없어지는 것은 아니라고 한다. 그에 반하여 소유권이 유보된 이상 급부가 아직 없었다는 견해에 의하면 침해부당이득이 인정될 수 있다.[4] 소유권이 유보된 이상 丙이 甲에게 벽돌의 재

1) BGHZ 40, 272(277).
2) 선, 악 학설대립(김형배, 438면).
3) BGHZ 56, 228(240).

산적 가치를 이전한 것은 아니며, 점유취득은 재산적 가치가 없는 것이라
고 한다. 그러나 사안에서는 乙이 선의이므로 선의취득에 관한 규정이 유
추적용되어 법률상 원인이 존재한다고 보이므로 부당이득반환청구권이 부
정된다.[5]

---

4) Huber, JuS 1970, 346 f.
5) 이 사안의 경우 건축자재의 소유권을 침해한 자(부당이득 반환채무자)는 甲이고 乙
   이 아니기 때문에 침해부당이득관계는 甲과 丙 사이에 생길 뿐이다. 乙은 甲과의
   유효한 도급계약에 의하여 벽돌의 소유권을 취득한 것으로 보아야 하므로 乙은 부
   당이득반환채무자가 아니다 (김형배, 사무관리·부당이득, 179면).

78. 비용부당이득

 사 례 배과수원을 운영하고 있는 甲은 해충방지용 살충제를 헬리콥터를 이용하여 뿌렸는데, 착오로 옆에 있는 乙의 배나무 밭에도 뿌렸다. 甲은 乙로부터 비용을 받으려고 하는데, 乙은 이미 자신이 살충제를 충분히 뿌린 상태이 므로 비용을 줄 수 없다고 한다. 정당한가?

甲의 乙에 대한 부당이득반환청구권(제741조)

甲이 착오로 乙의 배나무 밭에 자신의 살충제로 방역활동을 하였으므 로 자신의 물건으로 인해 타인에게 이익이 발생하였다. 이와 같은 비용은 당사자 사이에 계약관계가 존재한다면 그에 의하여 해결되겠지만, 甲과 乙 사이에는 이와 같은 계약관계가 존재하지 않는다. 또한 점유자·회복자 관 계에 따른 비용상환청구권도 문제될 수 있으나, 甲이 乙의 배나무 밭을 점 유한 적이 없으므로 이도 문제되지 않는다. 그리고 사무관리에 기한 비용 상환청구권도 있으나, 착오로 乙의 사무를 자신의 사무로 생각하였으므로 사무관리의사가 존재하지 않아 사무관리도 성립하지 않는다. 마지막으로 부당이득반환청구권이 문제되는데, 의식적·무의식적 타인 재산의 증가라 는 급부가 없었으므로 급부부당이득은 문제되지 않으며 비용부당이득이 성 립하는지를 검토해야 한다.

비용지출부당이득은 손실자가 자신의 지출행위로 수익자의 재산을 증 가케 하였다는 점에서 침해부당이득과 구별된다. 비용부당이득의 경우 그 자체가 수익자의 생활영역에 대한 부당한 간섭을 의미하기 때문에 강요된 부당이득의 경우에는 부당이득반환청구권 자체가 인정되지 않거나,[1] 인정 되더라도 반환청구할 수 있는 이득이 수익자의 현존이익에 한정된다.[2] 사

---

1) 김증한·김학동, 698면.

안에서는 乙이 이미 살충제를 뿌린 상태였으므로 甲으로 인하여 乙에게는 특별한 이득이 된 것이 없으므로 현존이익이 존재하지 않아 甲은 乙에 대하여 부당이득의 반환을 청구하지 못한다.

---

2) 지원림, 민법강의, 1670면.

Ⅳ. 부당이득의 법률효과

79. 대상물의 반환과 가액반환

> **사 례** 甲은 모조품이라고 생각하여 乙에게 그림을 100만원에 팔았다. 그러나 그
> 후에 그 그림이 진품이고 실제 가치가 1000만원임이 드러나자, 甲은 乙과
> 의 매매계약을 착오를 이유로 유효하게 취소하였다. 다음과 같은 경우 甲
> 은 乙에게 얼마를 반환청구할 수 있는가?
> (1) 乙이 그림을 도난당하였으나 보험에 가입되어 있어서, 보험회사로부터
>   보험금 1000만원이 지급된 경우
> (2) 乙이 그림을 수집가 丙에게 매도하고 매매대금으로 1200만원을 지급
>   받은 경우

甲의 乙에 대한 부당이득반환청구권(제741조)

매매계약이 유효하게 취소된 이상 甲은 乙에 대하여 부당이득반환청
구권을 행사할 수 있다. 부당이득의 반환방법은 그 받은 목적물 자체를 반
환하는 원물반환이 원칙이며, 원물반환이 불가능할 경우에 그 가액을 반환
하는 가액반환에 의하게 된다(제747조 제1항).

(1) 목적물의 멸실과 대상물의 반환 (설문 1)

원물이 멸실되거나 훼손된 경우 혹은 사안과 같이 도난당하여 회수할

수 없는 경우에는 원물반환이 불가능하다. 그러나 이 경우에 수익자가 가액반환의무를 부담하는지에 관하여 학설은 대립하고 있다. 즉 수익자가 반환의무를 면한다는 견해,1) 언제나 가액반환의무를 부담한다는 견해2)와 반환의무는 면하지만 멸실·훼손에 대하여 수익자에게 책임 있는 사유가 있다면 손해배상의무가 발생한다는 견해3)가 대립하고 있다. 선의의 수익자는 현존이익만 반환하면 되므로(제748조 제1항) 목적물의 멸실·훼손으로 반환청구를 할 이익이 수익자에게 없다면 원칙적으로 부당이득반환청구권이 성립할 수 없지만, 그렇다고 하여 원물을 점유하고 있던 수익자에게 아무런 책임을 묻지 않는 것도 불합리하여 합리적인 이해관계의 조절을 위하여 학설이 대립하고 있다. 그러나 사안에서처럼 원물의 멸실·훼손으로 인하여 수익자가 대상물을 취득한 경우에 수익자에게는 현존이익이 다른 형태로 남아 있으므로 수익자는 그 대상물을 반환할 의무를 진다. 따라서 사안에서 乙이 취득한 보험금은 그림의 도난으로 인하여 지급된 대상물이므로 甲은 대상물인 보험금 1000만원의 반환을 乙에게 청구할 수 있다(다만 여기서 乙은 매매대금 100만원과 비용으로 볼 수 있는 보험료를 공제하고 반환하면 된다).

(2) 원물의 제3자에 대한 처분과 운영이익의 반환여부 (설문 2)

사안에서 甲이 한 매매계약의 취소는 乙로부터 丙이 취득한 소유권에 영향을 미치지 않는다. 그러나 이와 같이 수익자가 원물을 제3자에게 처분하여 그것이 제3자에게 귀속된 경우에 단순히 그러한 사정만으로는 원물반환이 불능으로 되었다고 볼 수 없으나, 수익자 乙이 수집가 丙으로부터 그림을 반환받는 것이 사회관념상 곤란하다고 평가되므로 원물반환의 불능이 인정된다.

객관적 가치인 1000만원을 넘어서 1200만원에 그림을 팔았으므로 200만원은 수익자 乙이 자신의 노력 등으로 부당이득한 재산을 이용하여 남긴 운영이익에 해당한다. 이러한 운영이익은 사회통념상 수익자의 행위가 개

---

1) 곽윤직, 374면.
2) 김증한·김학동, 750면.
3) 김형배, 750면.

입하지 않더라도 부당이득된 재산으로부터 손실자가 당연히 취득하였으리라고 생각되는 범위에서는 반환의무가 있지만, 그렇지 않은 경우에는 운영이익은 수익자가 반환해야 할 이득의 범위에서 공제되어야 한다.[4] 따라서 사안에서 甲은 그림의 객관적 가치인 1000만원을 乙에게 반환청구할 수 있다.

---

4) 대법원 1995. 5. 12. 선고, 94다25551 판결. 그에 반하여 전부 반환해야 한다는 입장으로 김형배, 사무관리 · 부당이득, 211면 이하.

80. 선의수익자의 반환범위와 사용이익

사 례　甲은 건물 X를 취득하여 냉장창고업을 운영하기 시작하면서 건물 X의 일부를 乙에게 임대하였다. 甲이 정당한 사유로 유효하게 임대차계약을 취소하여 乙에게 건물 X의 반환을 요구하였다. 그러나 乙은 임대차계약은 취소되지 않았다고 생각하고 있어서 건물의 반환을 거부한다. 이 경우 甲은 유효한 임차권에 기하여 건물을 사용하고 있다고 생각한 乙에게 임대료에 상응하는 이익의 지급을 요구할 수 있는가?

甲의 乙에 대한 사용이익의 반환청구

임대차계약의 취소로 건물을 반환청구하는 경우 유인설에 따르면 甲은 乙에게 소유물반환청구권(제213조)에 기하여 그리고 부당이득반환청구권(제741조)에 기하여 건물의 반환을 청구할 수 있다. 이에 따라 물건의 사용이익을 어느 한도에서 반환해야 하는가에 관하여 제201조와 제748조가 중첩 적용될 가능성이 발생한다. 통상 '과실'이라고 함은 물건에 해당하므로 타인의 물건을 점유함으로써 얻은 수익, 즉 사용이익은 무형의 재산상의 이익에 해당하므로 과실이 아니다. 그러나 통설과 판례는 물건의 점유로 인한 사용이익도 '과실'에 준하여 해석하고 있다.

(1) 학설의 대립

부당이득의 유형을 통일적으로 파악하는 입장에서는 부당이득제도가 법률상 원인 없이 점유를 취득한 경우에 수익자와 손실자 사이의 재산적 가치의 이동을 조정하는 일반적인 제도라고 본다. 그러나 그 조정이 원물 반환이라는 형식으로 행하여지는 경우에는 물권적 청구권이라는 특수한 제

도에 따라서 이루어지므로 이 경우에는 제201조 내지 제203조에 의하여
판단해야 하고, 가액반환의 경우에는 부당이득의 일반원칙에 따라 제748조
에 의하여 반환범위를 결정해야 한다고 보고 있다. 사안에서 원물의 반환
이 가능하므로 이 입장에 따르면 제201조에 따라 반환범위를 판단해야 한
다. 제201조는 선의와 악의에 따라 나누어서 규정하고 있는데, 사안에서
乙은 자신에게 임차권이라는 과실을 취득할 수 있는 본권을 가지고 있다고
생각한 선의의 점유자에 해당하므로 과실수취권이 인정된다(제201조 제1항).
따라서 이 견해에 따르면 乙은 사용이익을 반환하지 않아도 된다.

    그에 반하여 부당이득의 유형론을 기초로 한 유력설에서는 급부부당
이득의 경우에는 제748조에 의하고, 침해부당이득의 경우에는 제201조 이
하를 적용해야 한다고 보고 있다. 급부부당이득의 경우 급부목적물로부터
생긴 이익을 원칙적으로 반환하도록 하는 것이 공평에 맞는다고 보아 제
748조가 적용되어야 하고, 침해부당이득의 경우 권리귀속질서의 침해를 통
하여 얻은 이익이므로 그 반환관계도 물권법적 관점에서 규명되어야 한다
는 점에서 기본적으로 제201조 이하가 적용될 수 있다고 본다. 이 견해에
따르면 사안은 급부부당이득에 해당하므로 제748조에 의하여 반환범위가
결정되어야 하는데, 선의인 乙은 현존이익인 사용이익의 반환의무를 부담
한다.

(2) 판례의 태도

    하지만 판례는 학설다툼과 무관하게 선의점유자에 대하여 제201조 제
1항이 제748조 제1항보다 우선 적용된다고 보고 있다.[1] 즉 판례는 침해부
당이득인가 급부부당이득인가, 그리고 원물반환인가 가액반환인가를 구분
하지 않고 항상 제201조 제1항을 우선적용하고 있다. 따라서 판례의 입장
에 따르면 사안에서 乙은 사용이익을 반환하지 않아도 된다.

---

1) 대법원 2002. 11. 22. 선고, 2001다6213 판결.

81. 악의수익자의 반환범위

사 례   토지 X의 소유자인 甲은 토지 X의 상공에 아무런 권원 없이 송전선을 설치한 악의의 한국전력공사를 상대로 하여 구분지상권 침해에 따른 손해배상청구를 구하는 소송을 제기하였다. 이 경우 甲은 한국전력공사에게 송전선 설치부분에 상응하는 임료 상당액은 물론 점유일 이후 소장부본 송달일까지의 법정이자를 청구할 수 있는가?

甲의 한국전력공사에 대한 부당이득반환청구권(제741조)

(1) 부당이득반환청구권의 성격

사안에서 甲이 악의의 한국전력공사에게 법률상 원인 없이 취득한 사용이익 및 그 이자를 청구하기 위해서는 이것이 부당이득반환청구의 반환범위 내에 있어야 한다. 악의수익자(점유자)의 경우 제748조 제2항과 제201조 제2항이 중첩적용될 가능성이 있는데, 이 규정들을 비교하여 보면 '받은 이익'에 대하여 '수취한 과실(소비한 것 포함)'이 대응하고, '손해가 있으면 배상'에 대하여는 '과실로 훼손하거나 수취하지 못한 경우에는 그 과실의 대가를 보상'이 대응하여 별 차이가 없는 것으로 보인다. 하지만 이자에 대하여는 제748조 제2항과 달리 제201조 제2항은 아무런 언급을 하고 있지 않아 적어도 외양상으로는 제748조 제2항에 의한 반환범위가 제201조 제2항보다 넓다.

(2) 부당이득반환의 범위

제201조 이하가 제748조의 특칙으로 기능하는 이상 반환범위는 항상

제201조 이하에 의하여 정해지므로 제201조 제2항에 따라서 이자반환의무가 없다는 견해가 있다.[1] 그에 반하여 악의수익자의 경우에는 제201조 제2항과 제748조 제2항을 충돌되지 않도록 해석하여 이자부분은 제748조 제2항이 적용되므로 이를 반환해야 한다는 입장이 다수설[2]과 판례[3]이다. 제201조 제1항은 선의점유자를 보호하기 위하여 과실수취권을 인정함에 반하여 이러한 보호필요성이 없는 악의점유자에 관하여는 과실수취권이 없다고 제201조 제2항은 선언하고 있을 뿐, 제748조 제2항의 이자지급의무까지 배제하기 위한 취지를 갖는 것이 아니다. 따라서 악의수익자가 반환해야 할 범위는 언제나 제748조 제2항에 따라 정해져야 하므로 악의수익자는 받은 이익에 이자를 붙여 반환해야 한다. 사안에서 甲은 송전선 설치부분에 상응하는 임료 상당액은 물론 점유일 이후 소장부본 송달일까지의 법정이자를 한국전력공사에게 청구할 수 있다.

---

1) 주석민법 물권(1)/김오섭, 365면; 배병일, "점유자의 과실취득과 부당이득반환청구," 판례실무연구 Ⅶ, 2004, 104면 이하.
2) 김재형, "점유자의 소유자에 대한 부당이득반환범위: 민법 제201조와 제748조의 관계를 중심으로," 법조 제52권 6호, 2003; 민유숙, "부당이득반환청구권과 점유자에 대한 회복자의 과실반환청구권의 관계," 대법원판례해설, 46호, 2004, 602면 이하; 홍성주, "민법 제201조 제2항과 민법 제748조의 관계," 판례연구 16집(부산판례연구회), 2005, 310면 이하.
3) 대법원 2003. 11. 14. 선고, 2001다61869 판결.

제6장 불법행위

I. 일반불법행위책임의 성립요건

82. 가해행위

사 례 │ 甲은 직장에서 과로로 인하여 현기증이 났다. 예전에 쓰러진 적이 있어서 조심해야겠지만, 백화점에서 물건구경을 하면 기분전환이 될 것으로 생각하였다. A백화점에서 물건을 구경하던 甲은 갑자기 정신을 잃고 쓰러졌는데, 이 과정에서 옆에 있던 도자기 세트를 깼다. 이 경우 A백화점은 甲에게 손해배상을 청구할 수 있는가?

A의 甲에 대한 손해배상청구권(제750조)

A가 불법행위를 이유로 손해배상을 甲에게 청구하기 위해서는 (1) 가해자의 고의 또는 과실에 의한 행위, (2) 가해행위에 의한 손해발생, (3) 가해행위의 위법성, (4) 가해자의 책임능력 등의 요건이 충족되어야 한다. 이를 위해서는 우선 손해배상청구의 대상이 된 가해자가 '행위'하였을 것이 요구된다. 행위라고 함은 인식과 의사의 조정하에서 지배가능한 인간의 행태(작위 또는 부작위)를 말한다.[1] 따라서 지배가능하지 않은 상태, 예를 들면 수면, 최면 또는 저항할 수 없는 강제상태에서 한 움직임과 같은 행태

는 행위개념에서 제외된다. 사안에서 甲이 정신을 잃고 쓰러진 것은 단지 비자의적인 반사적 행태에 해당하기 때문에 가해행위로 인정되지 않는다. 이미 제750조에서 말하는 '행위'에 해당하지 않는다.

자신의 의사에 의한 지배가 가능하지 않은 상태를 가해자가 만드는 경우에 법률적으로 의미 있는 행위가 존재할 수 있다. 따라서 정신을 잃은 상태에 이르기 전에 무리하게 백화점에 물건구경을 간 행위는 甲의 인식과 조정하에 있었으므로 이 행위를 가해행위로 볼 수 있는지가 문제된다. 정신능력을 잃은 상태는 판단능력이 없는 상태이므로 심신상실의 상태라고 볼 수도 있는데, 원칙적으로 심신상실 중에 타인에게 손해를 가한 자는 책임능력이 없기 때문에 책임을 부담하지 않는다(제754조 본문). 다만 심신상실의 상태를 본인이 고의 또는 과실로 초래한 것일 때에는 책임을 면하지 못한다(제754조 단서). 우리 학설은 여기서 고의 또는 과실은 심신상실의 상태를 이용하여 불법행위를 하려는 것까지는 필요 없고 심신상실의 상태를 초래하는 데에 관하여만 있으면 충분하다고 보고 있다.[2] 예전에 쓰러진 경험이 있더라도 머리가 어질어질하면 쓰러지지 않도록 하기 위해서 반드시 누워서 또는 앉아서 휴식을 취할 필요는 없으며 산책을 통한 휴식도 일상적이라고 생각된다. 또한 甲에게 쓰러질 것이라는 사실을 인식할 수 있는 가능성이 있었다고 보기 어렵기 때문에 과실로 인하여 쓰러진 것으로 보기는 어렵다. 따라서 甲은 제754조 단서에 의해서도 책임을 부담하지 않는다고 보아야 한다.

---

1) 김증한 · 김학동, 779면; BGHZ 39, 103 (106) 참조.
2) 곽윤직, 39면; 이은영, 811면.

83. 결과불법론과 행위불법론

 사 례   자전거를 타고 있던 甲은 A 운수회사의 트럭운전사 乙에게 치어서 하반신이 마비되었다. 사고가 난 경위가 甲이 안전거리를 지키지 않아서인지 아니면 乙이 갑자기 도로 중앙으로 튀어나와서인지를 알 수 없는 경우 甲은 A에게 손해의 배상을 청구할 수 있는가?

甲의 A에 대한 손해배상청구권(제756조)

甲이 A에게 사용자책임을 근거로 손해배상책임을 묻기 위해서는 피용자의 위법행위가 있어야 한다. 여기서 과연 乙의 행위가 위법성을 갖고 있는지 그리고 그에 관하여 입증책임을 누가 부담하는지에 따라 결론이 달라진다.

(1) 과거에는 결과불법론이 지배적이어서 침해결과를 야기한 행위는 위법성조각사유가 없는 한 위법하다고 보았다. 사안에서 甲의 신체침해라는 위법한 침해결과가 있었으므로 乙의 도로교통법 위반의 여부와 상관없이 위법성이 인정된다.

(2) 그에 반하여 행위불법론에 의하면 고의에 의하지 않은 행위의 위법성평가는 가해자의 행위를 기초로 판단해야 한다. 이때 행위가 위법성을 가지기 위해서는 일반적인 또는 특별한 주의의무를 위반했어야 한다. 주의의무란 법질서에 의하여 가해자에게 부과된 행위규범이며, 가해자가 그 행위규범에 위반하여 행위하였다는 것으로 바로 위법성이 인정된다. 따라서 행위불법론에 의하면 가해결과로 인하여 바로 위법성이 징표가 되지 않고 적극적으로 행위규범에 위반하는 행위가 있었다는 사실이 입증되어야 한다. 이 견해에 따르면 피해자가 행위규범의 위반에 대한 입증책임을 부담하며 사안에서 피해자 甲이 행위규범인 도로교통법의 위반을 입증하지 못

하기 때문에 손해배상청구를 하지 못한다.

(3) 그 외에도 행위진행에 의하여 구별하려는 견해도 있다(Larenz). 침해결과가 아직 행위진행의 범위 내에 있는 경우(직접적 야기)에는 위법성은 결과를 통하여 징표되기 때문에 결과불법론이 적용된다. 그러나 침해결과가 행위로 인하여 발생한 먼 효과인 경우(간접적 야기)에는 행위불법론이 적용된다고 한다3). 이 견해에 따르면 甲의 피해가 직접적인 행위진행에 포함되므로 신체침해로 위법성은 징표되었으므로 甲은 A에게 손해배상을 청구할 수 있다.

---

3) 이와 같이 구분하는 것은 행위로 인한 직접적인 침해에 대하여 위법성을 인정하여 행위규범을 위반하지 않은 행위에 대하여도 정당방위를 가능하게 하려는 데에 있다.

84. 가해자의 고의 · 과실

사 례
산악자전거를 새로 사기로 한 甲은 자신의 일반자전거가 망가져도 상관없
다고 생각하고, 자전거를 타고 산에 들어가서 연습을 하다가 자전거를 망
가뜨렸다. 그런데 甲은 급한 마음에 건물 앞에 서 있던 乙의 자전거를 자
신의 것으로 잘못 알고 산으로 타고 갔다가 乙의 자전거를 망가뜨린 것이
었다. 이 경우 乙은 甲에게 손해의 배상을 청구할 수 있는가?

乙의 甲에 대한 손해배상청구권(제750조)

(1) 손해배상청구권의 요건

乙이 甲에게 불법행위를 이유로 손해배상을 청구하기 위해서는 (1) 가
해자의 고의 또는 과실에 의한 행위, (2) 가해행위에 의한 손해발생, (3)
가해행위의 위법성, (4) 가해자의 책임능력 등의 요건이 충족되어야 한다.
본 사안에서 甲은 乙의 자전거를 망가뜨림으로써, 甲의 가해행위에 기하여
乙의 소유권이 침해되는 손해가 발생하였다. 이때 가해자인 甲에게 고의
또는 과실이 존재하느냐가 문제된다.

(2) 고의의 과실

고의는 타인에 대한 침해라는 결과가 발생한다는 인식하에서 행위하
는 심리상태(위법행위에 대한 인식 및 의욕)를 말한다. 따라서 손해발생이라
는 결과를 의욕할 필요는 없다.[1] 또한 과실은 위법행위에 대한 인식가능성
및 회피가능성이 있었음에도 불구하고 주의의무를 다하지 못하여 결과를

---

[1] 곽윤직, 388면.

발생시키는 행위를 하는 심리상태를 말한다. 사안에서 甲은 자신의 물건이라고 생각하고 자전거를 망가뜨렸으므로 "타인에 대한 침해"라는 사실을 몰랐기 때문에 고의가 있었다고 보기는 어렵다. 그러나 충분한 주의를 했다면 그 자전거가 자신의 것이 아니라 乙의 자전거라는 사실을 알 수 있었고, 알았다면 乙의 자전거를 망가뜨리지 않았을 것이기 때문에 甲에게 과실이 있었다고 볼 수 있다. 따라서 乙은 甲에게 손해배상을 청구할 수 있다.

85. 위법성 조각사유

사례 甲은 우럭 양식장을 경영하기 위해서 乙의 토지를 임차한 후 A은행으로부터 돈을 빌렸다. 이때 乙은 甲의 부탁을 받고 연대보증인이 되면서 위 토지에 근저당권을 설정해 주었는데 甲이 돈을 갚지 않자 乙의 토지가 가압류되었다. 이에 甲은 은행에 대한 모든 채무를 변제하여 토지에 대한 근저당권 및 가압류를 말소할 것이며, 만일 이를 이행하지 못할 경우에는 양식장 시설과 그곳의 생물을 모두 철거하여도 일체의 민·형사상 이의를 제기하지 않겠다는 내용의 각서를 작성하여 乙에게 교부하였다. 은행에 돈을 갚아야 하는 날짜에 甲이 약속을 이행하지 않자, 乙은 A은행에 돈을 대신 갚고 양식장을 철거하였다. 철거과정에서 乙은 수족관의 차양막을 걷어 내었는데, 이로 인하여 우럭 치어가 죽을 수도 있다는 것을 乙이 알았음에도 불구하고 치어에 대한 보호조치를 하지 않음으로써 치어가 모두 죽었다. 甲은 乙의 양식장 철거와 그로 인한 치어의 폐사에 따른 손해배상을 받고자 한다. 가능한가?[1]

甲의 乙에 대한 손해배상청구권(제750조)

(1) 양식장 철거에 의한 불법행위 성립여부

乙이 양식장을 고의로 철거함으로써 甲의 재산권이 침해당하는 손해가 발생하였으므로 불법행위의 구성요건이 충족된다. 그런데 사안에서 甲은 乙에게 양식장을 철거하더라도 민·형사상의 책임을 묻지 않겠다는 각서를 작성해주었는데, 이를 피해자의 승낙으로 보아서 위법성이 조각될 수 있는지가 문제된다.

피해자의 승낙이 위법성을 조각하기 위해서는 (1) 피해자가 승낙의 의

---

1) 대법원 2002. 7. 12. 선고, 2001다46440 판결 변형.

미를 이해할 만한 정신적 능력을 가지고 있을 것, (2) 자유로운 판단에 의한 승낙일 것, (3) 승낙이 사회질서에 반하지 않을 것의 요건이 충족되어야 한다. 사안에서 甲이 각서를 작성하는 과정에서 甲에게 승낙의 의미를 이해할 만한 정신적 능력이 결여되어 있다거나, 甲의 판단이 자유롭지 못한 상황에서 이루어졌다거나, 혹은 甲의 승낙이 사회질서에 반한다고 볼 만한 사정이 보이지 않는다. 따라서 乙이 양식장을 철거한 것은 피해자의 승낙에 의하여 위법성이 조각되므로, 이 점에 대해서 甲은 乙에게 불법행위로 인한 손해배상을 청구할 수 없다.

(2) 치어의 폐사에 대한 불법행위 성립여부

다음으로 乙이 양식장을 철거하는 과정에서 우럭 치어를 폐사시킨 것이 甲에 대한 불법행위를 구성하는지가 문제된다. 乙에게는 미리 양어장 시설 내에 있는 치어를 다른 곳으로 옮겨 보관하는 등 甲 소유의 물건에 대한 피해를 가능한 한 줄이는 조치를 취한 다음 철거에 착수해야 할 주의의무가 있다. 그런데 乙은 이러한 주의의무를 위반하여 차양막을 걷어내는 가해행위를 하였다. 그리고 乙의 행위는 양식장을 철거하는 행위와는 달리 甲의 승낙에 의해 위법성이 조각될 수도 없다. 왜냐하면 甲은 양식장 시설과 그곳의 생물을 철거하는 데에 대해서만 승낙을 했을 뿐이며 우럭 치어를 폐사시키는 것, 즉 재물을 손괴하는 점에 대해서까지 승낙을 한 것은 아니기 때문이다. 결국 乙이 우럭 치어를 폐사시킨 것은 甲의 승낙범위를 초과한 행위로서 피해자의 승낙에 의해 위법성이 조각되지 않는다. 따라서 이 점에 관하여 乙의 불법행위가 인정되어 甲은 乙에 대해 손해배상 청구를 할 수 있다.

86. 가해자의 고의와 위법성의 인식

 사 례 앞의 사례에서 甲이 乙에게 손해배상을 청구하였을 때, 乙은 A은행에 대한 변제로 인해 가지게 되는 甲에 대한 구상청구권과 상계하겠다고 주장한다. 가능한가?

乙의 상계가능성(제492조)

甲이 불법행위를 이유로 乙에게 손해배상을 청구하였을 때 乙이 이를 구상청구권과 상계하겠다고 주장하는데, 만약 상계권이 성립하면 구상채권의 한도에서 손해배상청구권은 소멸하게 된다(제492조).

(1) 상계의 요건

상계권이 발생하기 위해서는 (1) 채권이 대립하고 있을 것, (2) 쌍방의 채권이 동종의 목적을 가지고 변제기에 있을 것, (3) 상계가 허용될 것, (4) 상계의 의사표시 당시에 상계적상이 현존할 것이 요구된다. 사안에서 甲은 乙에 대해 불법행위로 인한 손해배상청구권(제750조)을, 乙은 甲에 대해 제441조의 사후구상권을 갖고 있다.[1] 그리고 불법행위로 인한 손해배상청구권은 금전배상을 원칙으로 하므로(제763조, 제394조), 이들 채권은 모

---

1) 주채무자의 부탁으로 보증인이 된 자가 과실 없이 변제 기타 출재로 주채무를 소멸하게 한 때에는 주채무자에 대하여 구상권을 행사할 수 있다(제441조 제1항). 사안에서 A은행에 대한 채무의 이행기가 도래하였는데도 甲이 A은행에 대한 채무를 변제하지 않자 연대보증인 乙이 자신의 재산으로 A은행에 돈을 갚음으로써 자신의 출재로 주채무를 소멸케 하였고, 乙의 이러한 변제에 과실이 있다고는 보이지 않는다. 따라서 연대보증인 乙은 주채무자 甲에 대하여 사후구상권을 행사할 수 있다.

두 금전채권으로서 동종의 채권이다. 또한 불법행위로 인한 손해배상청구권은 불법행위 시, 구상채권은 변제와 함께 이행기가 도래하므로 양 채권 모두 이행기에 있다. 그런데 세 번째 요건과 관련하여 甲의 乙에 대한 채권이 고의의 불법행위로 인한 손해배상채권에 해당되어 제496조에 의해 상계가 허용되지 않는 것인지가 검토되어야 한다.

(2) 상계의 배제사유(제496조)

고의의 불법행위에 의한 손해배상청구권인 경우에는 이를 수동채권으로 하여 상계하는 것이 금지된다(제496조). 한편 고의의 불법행위로 인한 손해배상청구권이라도 피해자가 이를 자동채권으로 하여 상계하는 것은 허용된다. 그러나 자동채권과 수동채권이 동일한 사안에서 고의의 불법행위로 인해 생긴 경우에는 상계가 허용되지 않는다는 것이 현재의 통설과 판례이다.[2) 사안에서 乙이 상계를 하려고 하는 불법행위로 인한 손해배상청구권이 수동채권이기 때문에 乙의 불법행위가 고의에 의한 것인지가 문제된다.

(3) 위법성의 인식과 고의의 성립

사안에서 乙은 양식장의 차양막을 걷어내면 수족관에 있는 우럭 치어들이 죽을 수도 있다는 것을 알았으나, 甲의 각서로 인하여 치어들의 폐사에 대해 자신에게는 책임이 없다고 믿었다. 여기에서 乙은 자신의 가해사실은 알고 있었으나, 가해행위가 위법한 것이라는 인식이 없었다. 이와 같이 위법성의 인식이 없을 때에도 고의가 성립되는지가 문제된다. 형법에서와 달리 민법에서는 위법성의 인식을 고의의 요소로 보지 않는 것이 학설[3)과 판례[4)의 입장이다. 따라서 불법행위에 있어서 고의는 일정한 결과

---

2) 대법원 1994. 2. 25. 선고, 93다38444 판결. 그리고 고의의 불법행위로 인한 손해배상채권을 수동채권으로 하는 상계금지가 중과실에 의한 경우에까지 유추 또는 확대 적용되지는 않는다(대법원 1994. 8. 12. 선고, 93다52808 판결).

3) 곽윤직, 317면; 이은영, 784면. 위법성의 인식이 필요하다는 견해로 김증한·김학동, 795면.

가 발생하리라는 것을 알면서 감히 이를 행하는 심리상태로서, 객관적으로 위법이라고 평가되는 일정한 결과의 발생에 대한 사실의 인식만 있으면 되고, 그 외에 그것이 위법한 것으로 평가된다는 것까지 인식하는 것을 필요로 하는 것은 아니다. 사안에서 설사 乙에게 가해행위의 위법성에 대한 인식이 없었다고 하더라도 乙은 치어에 대한 보호조치를 취하지 않음으로써 치어들이 죽는다는 것을 알고 있었으므로 乙에게는 가해행위에 대한 고의가 있었다. 결국 乙의 甲에 대한 채무는 고의의 불법행위로 인한 것이므로 乙이 이를 수동채권으로 하여 자신의 甲에 대한 구상채권과 상계하는 것은 허용될 수 없다.

---

4) 대법원 2002. 7. 12. 선고, 2001다46440 판결.

II. 불법행위의 침해유형

87. 소유권의 침해

> **사 례** 甲은 도로변에 차를 세우고 등산을 하고 돌아와 보니 차의 앞뒤로 나무가 쌓여 있어서 차를 뺄 수가 없었다. 甲은 옆 마을까지 걸어가서 택시를 타고 집으로 갔고, 다음 날 친구들과 다시 와서 나무를 치우고 차를 타고 집으로 갔다. 그 후 알아본 결과 자동차를 함부로 세운 것을 괘씸하게 생각한 乙이 그의 아들과 함께 나무를 쌓은 것으로 드러났다. 이 경우 甲은 乙에게 택시비 등의 손해를 배상하라고 청구할 수 있는가?

甲의 乙에 대한 손해배상청구권(제750조)

甲이 乙에게 불법행위를 이유로 한 손해배상을 청구하기 위해서는 乙이 甲의 소유권을 침해했어야 한다. 소유권의 침해는 (1) 소유권자의 법적 지위의 침해(예: 소유권자에 대하여 효력을 갖는 제3자에 대한 처분), (2) 소유물 자체에 대한 침해(예: 훼손), (3) 소유물의 이용가능성에 대한 침해(예: 도난) 등 3가지로 구분할 수 있다.

사안에서 甲의 소유권자로서의 지위나 소유물인 자동차 자체에 대한 침해는 없으므로 소유물의 이용가능성에 대한 침해가 있었는지가 문제된다. 그러나 어느 정도의 이용가능성에 대한 침해가 있어야 소유권침해로 볼 수 있는지는 논란의 대상이 될 수 있다. 이용가능성 배제의 정도와 시간을 기초로 하여 판단할 수 있는데, 본 사안에서와 같이 짧은 시간의 이용가능성의 침해는 소유권침해가 아니라는 입장이 있을 수 있다. 그러나 일시적이라도 객관적으로 이용가능성을 침해하였다면 소유권침해를 인정하는 것이 타당하다. 사안에서 乙은 甲이 일시적으로나마 자동차를 전혀 이용할 수 없게 만들었으므로 소유권침해가 인정된다. 소유권에 대한 직접적인 침해가 인정되므로 위법성이 징표되고 별다른 위법성 조각사유가 없으므로 고의에 의한 불법행위가 인정된다. 따라서 甲은 乙에게 손해배상을 청구할 수 있다.

88. 제3자에 의한 채권침해

사 례

甲은 특정기업인 乙과 자동차 보수용 유리에 관하여 이른바 특약점계약을 체결하여, 乙의 자동차 보수용 유리에 관한 독점판매권을 취득하였다. 한편 丙은 납품계약에 의하여 乙에게만 보수용 유리를 공급하기로 되어 있어, 결국 丙에 의하여 제조되는 자동차 보수용 유리는 乙에게 공급되어 甲을 통하여만 전국에 판매될 수 있도록 계약체계가 형성되어 있었다. 그런데 丙은 이러한 사정을 잘 알면서도 수차례에 걸친 甲과 乙의 제지 및 시정요구에도 불구하고, 계속하여 자동차 보수용 유리를 乙의 상표를 부착한 채 시중에 유출하였다. 이에 대하여 甲은 丙이 乙과의 계약을 위반함으로써 乙의 자동차 보수용 유리에 관한 자신의 독점판매권을 침해하였음을 이유로 丙에게 불법행위에 기한 손해배상을 청구하였다. 甲의 청구는 타당한가?1)

甲의 丙에 대한 손해배상청구권(제750조)

(1) 제3자에 의한 채권침해

채권침해는 채무자에 의한 채권침해와 제3자에 의한 채권침해로 구분된다. 채무불이행으로 바로 책임을 물을 수 있는 전자의 경우와 달리, 후자의 경우에는 특별한 요건을 갖춘 경우에 불법행위책임으로 다룬다.

사안에서 甲이 丙에게 독점판매권이라는 乙에 대한 채권이 침해되었다는 이유로 손해배상을 청구하기 위해서는 채권이 침해되었다는 이유만으로 바로 불법행위가 성립하지 않는다. 왜냐하면 일반적으로 채권에 대하여는 배타적 효력이 부인되고, 채권자 상호간 및 채권자와 제3자 사이에는

---

1) 대법원 2003. 3. 14. 선고, 2000다32437 판결 변형.

자유경쟁이 허용되는 것이기 때문이다.

(2) 제3자에 의한 채권침해가 불법행위로 되는 경우 및 위법성판 단기준

다만 (1) 제3자가 채권자를 해한다는 사정을 알면서도 (2) 법규에 위반하거나 선량한 풍속 또는 사회질서에 위반하는 등 위법한 행위를 함으로써 채권자의 이익을 침해하였다면 불법행위가 성립할 수 있다.[2]

사안에서 丙은 乙로부터 부여받은 甲의 독점판매권을 침해한다는 사정을 알고 있었다. 또한 丙은 乙의 상표를 부착한 채 시중에 자동차 보수용 유리를 유통시켜 상표법을 위반하였으며, 이는 상업거래의 공정성과 건전성을 해하고 사회통념상 요구되는 경제질서에 반하는 위법한 행위로 평가된다. 따라서 甲은 자신의 독점적 판매권이 침해당하였다는 이유로 불법행위로 인한 손해배상을 丙에게 청구할 수 있다.

---

2) 대법원 2011. 6. 9. 선고, 2009다52304, 52311 판결 참고. 판례는 "채권침해의 위법성은 침해되는 채권의 내용, 침해행위의 태양, 침해자의 고의 내지 해의의 유무 등을 참작하여 구체적, 개별적으로 판단하되, 거래의 자유 보장의 필요성, 경제·사회정책적 요인을 포함한 공공의 이익, 당사자 사이의 이익균형 등을 종합적으로 고려하여 신중히 판단"할 것을 요구하고 있다.

89. 의료과오와 자기결정권의 침해

> **사 례**
>
> 부부인 甲과 乙은 이미 자녀가 5명이라서 더 이상 아이를 갖지 않기 위해 甲이 정관수술을 받기로 결정하였다. 甲이 의사 丙을 찾아갔을 때 丙은 정관수술이 확실하지 않기 때문에 정관수술 후 일정한 확인절차를 거쳐야만 확실하게 임신이 안 된다는 것을 알 수 있다는 사실을 甲에게 설명하지 않았다. 이로 인하여 甲은 정관수술 후 일정한 확인절차를 거치지 않았다. 그런데 정관수술은 효과가 없어서 甲과 乙은 수술 후 아이를 갖게 되었다. 이로 인하여 甲은 丙에게 분만비와 아이의 양육비 및 교육비를 손해배상으로 청구하였다. 이에 대하여 丙은 아이는 손해가 아니라고 주장한다. 누구의 주장이 타당한가?

Ⅰ. 甲의 丙에 대한 채무불이행으로 인한 손해배상청구권(제390조)

(1) 채무불이행으로 인한 손해배상청구권 성립요건

甲이 丙에 대하여 채무불이행을 이유로 손해배상을 청구하기 위해서는 제390조의 요건이 충족되어야 한다. 그러기 위해서는 甲과 丙 사이에 체결된 의료계약이 유효하여야 하는데, 정관수술은 인간의 자기결정권에 의하여 자신의 번식능력을 자발적으로 포기하는 것이므로 선량한 풍속에 위반하지 않으며, 따라서 정관수술을 목적으로 한 의료계약은 유효하다. 다음으로 채무내용에 좇은 이행이 없었어야 하는데, 현재의 의료기술에 의하면 정관수술에 기하여 100%의 불임이 되는 것은 기대할 수 없으므로 불임수술이 잘못되었다는 이유로 甲은 丙에게 책임을 묻지 못한다(즉 급부의무의 위반은 없었다). 그러나 丙은 정관수술이 확실하지 않기 때문에 확인절차를 거쳐야 한다는 사실을 甲에게 설명해야 할 설명의무가 있었다. 丙은 전문지식을 갖고 있는 의사로서 주의의무를 다하였다면 확인절차를 거쳐야 한다는 사실을 알 수 있었고, 이를 설명하여 甲이 확인절차를 거쳤다면 임신을 피할 수 있었으므로 丙의 부수적 주의의무 위반에 대한 과실이 인정된다. 또한 丙의 설명의무 위반과 아이의 탄생 및 그로 인한 양육비와 교육비의 발생 사이에는 인과관계가 인정된다. 그런데 원하지 않은 임신으로 아이가 탄생한 것을 손해로 인정할 수 있는지가 문제된다.

(2) 손해의 범위

판례 및 다수설은 원하지 않은 임신으로 아이가 탄생한 경우에 분만비는 통상손해로 인정하고 있으나(제393조 제1항), 아이의 탄생으로 인한 양육비와 교육비는 인간의 존엄과 가치를 인정하고 있는 헌법의 이념과 친권자의 자녀부양의무에 비추어 손해로 볼 수 없다고 한다.[1] 반면에 양육비를 손해로 인정할 수 있다고 하는 견해는 사회보장적 장치가 충분하지 않은 현실에 비추어 보아 부모의 경제적 부담을 손해로 파악하여 원하지 않은 아이의 생존과 관련된 비용의 손해배상책임을 인정하는 것이 법정책적으로 바람직하다는 논거를 들고 있다.[2]

다수설과 판례에서 지적하는 바와 같이 원하지 않은 임신으로 아이가 출생하였더라도 아이 자체 또는 아이의 존재는 손해로 파악할 수 없다는 점은 분명하다. 그렇다고 하더라도 아이의 부양의무를 손해로서 파악할 수 없는 것은 아니다. 즉 차액설에 따라 아이가 태어나지 않았을 때의 가정적인 재산상태와 아이가 태어남으로 인하여 존재하는 현재의 재산상태의 경제적인 평가만을 한다면, 甲에게 적극적인 재산상의 손해가 존재한다고 볼 수 있다. 손해배상을 인정하더라도 아이의 존엄성이 훼손된다거나, 부모의 부양의무가 면해지는 것은 아니다. 사안에서 甲과 丙 사이에 체결된 계약의 목적을 살펴보면 바로 이러한 경제적인 부담을 줄이기 위하여 정관수술을 한 것으로 보인다. 또한 양육비의 손해는 丙의 설명의무 위반으로 인하여 발생한 상당인과관계 있는 통상손해로 보인다. 따라서 甲은 丙에게 아이의 분만비뿐만 아니라 상당인과관계에 있

---

1) 서울고등법원 1996. 10. 17. 선고, 96나10449 판결.
2) 최재천, "원치 않은 아이와 손해배상책임," 인권과 정의 1997/12, 96면 이하.

는 범위 내에서의 교육비와 양육비도 손해배상으로 청구할 수 있다.

II. 甲의 丙에 대한 불법행위로 인한 손해배상청구권(제750조, 제 751조)

　　의료과오에 의한 불법행위책임이 丙에게 발생하기 위해서는 의료종사자라는 직업인으로서 요구되는 주의의무를 위반하여 업무상 과실로 타인의 법익을 침해하여 손해를 가하였어야 한다. 사안에서 丙은 정관수술 후 필수적으로 거쳐야 하는 확인절차가 필요하다는 설명의무를 부주의하게 하지 않아서 甲의 자기결정권을 침해하였고, 이로 인하여 원하지 않은 임신으로 아이가 탄생하여 甲에게 양육비가 발생하게 되는 손해를 야기하였다.3) 따라서 甲은 丙에게 불법행위로 인한 손해배상도 청구할 수 있다.

---

3) 자기결정권이 침해되었으므로 원하지 않은 임신 자체로 인한 위자료청구권이 인정된다(서울고등법원 1996. 10. 17. 선고, 96나10449 판결).

90. 감독자의 책임

사 례 10세인 甲은 생일선물로 고무총을 사달라고 하여 아버지인 乙이 甲에게 고무총을 선물로 사 주었다. 甲이 학교 체육시간에 친구들과 놀던 중 甲이 고무총으로 쏜 돌이 지나가던 丙의 눈에 명중되었다. 이 경우 丙은 乙에게 손해배상을 청구할 수 있는가?

【변형】 甲이 17살인 경우에는?

丙의 乙에 대한 손해배상청구권(제755조)

甲은 과실로 타인의 신체를 침해하는 불법행위를 하였으나, 10세밖에 되지 않아 책임을 변식할 지능, 즉 책임능력이 없으므로 손해배상책임을 부담하지 않는다(제753조). 다만 그를 감독할 법정의무가 있는 자와 감독의 무자에 갈음하여 책임이 없는 그를 감독하는 자는 그 감독을 게을리하지 않았음을 입증하지 못하면, 배상책임을 부담한다(제755조).

법정감독의무자는 미성년자의 친권자, 양육자와 후견인 그리고 피한정 후견인의 한정후견인을 말하고, 감독의무자에 갈음하여 책임 없는 자를 감독하는 자, 즉 대리감독자는 교사, 소년원의 직원 등을 말한다. 乙은 甲의 친권자(제909조, 제913조)로서 법정감독의무자에 해당한다. 그리고 감독의무자의 과실은 피감독자에 대한 일반적 감독 및 교육을 게을리한 과실로 추정되므로 감독의무자가 그 감독을 게을리하지 않았다는 것을 증명해야 한다. 사안의 경우 乙은 자신의 감독의무를 게을리하지 않았음을 입증할 만한 사유가 보이지 않으므로 丙은 乙에게 손해배상청구를 할 수 있다.

【변형】丙의 乙에 대한 손해배상청구권(제750조)

甲이 17살인 경우에는 책임능력이 있으므로 독자적인 불법행위책임이 인정된다(제750조). 이와 별도로 丙이 乙에 대하여 책임을 물을 수 있는지가 문제된다. 판례는 과거에 제755조를 확대 적용한 적도 있었으나,[1] 현재는 제750조를 적용하고 있다.[2] 다만 판례는 제755조에서와 달리 감독의무자에게 일반불법행위책임을 묻기 위해서 손해가 미성년자의 감독의무자의 의무위반과 상당인과관계에 있을 것을 요건으로 하고 있다. 그리고 제750조를 적용하게 되면 이러한 감독의무 위반사실 및 손해발생 사이의 상당인과관계의 존재는 이를 주장하는 피해자가 입증해야 한다. 사안에서 乙은 甲에게 고무총을 사주었고 특별한 주의를 하지 않고 이를 방치하여 두었으므로 감독의무 위반과 손해발생 사이에 상당인과관계를 인정할 수 있다. 따라서 丙이 이러한 사실을 입증할 수 있다면, 丙은 乙에 대하여 손해배상책임을 물을 수 있다.

---

1) 대법원 1984. 7. 10. 선고, 84다카474 판결: 민법 제755조의 책임무능력자의 법정 감독의무자의 배상책임규정은 피해자 보호를 위하여 불법행위자에게 그 행위 당시에 책임능력이 있었느냐의 여부에 불구하고 감독책임자는 그 배상책임을 지는 것이며, 감독의무자의 책임은 피감독자의 책임을 보충하는 것이 아니라 이와 병존하는 것으로서 불법행위 자체에 관한 과실이 아니라 피감독자에 대한 일반적 감독 및 교육을 게을리한 과실로서 위험책임과 같은 성질을 가지고 있다.

2) 대법원 1994. 2. 8. 선고, 93다13605 전원합의체 판결.

91. 사용자책임

사 례 | 건설회사 A의 트럭들이 신축건물의 공사 중 인접해 있던 甲 소유의 토지를 지나면서 거기에 있는 잔디를 모두 죽게 만들었다. 이에 甲은 A에 대하여 이에 대한 손해배상을 요구하였다. 그런데 A회사에서는 과다한 업무로 트럭운전사들을 직접 엄격하게 감독하지는 못하였지만, 여러 번 인접 토지를 지나다니지 말라고 트럭운전사들에게 주의를 주었으므로 자신에게는 배상책임이 없다고 주장한다. 정당한가?

【변형】 A회사 트럭운전사들이 고의·과실 없이 甲의 토지를 지나면서 잔디를 모두 죽게 하는 손해를 끼친 경우는?

甲의 A에 대한 손해배상청구권(제756조)

A회사가 직접 잔디를 죽게 하여 손해를 발생시킨 것은 아니므로 甲이 A회사에 대하여 손해배상책임을 묻기 위해서는 제756조의 사용자책임이 성립해야 한다. 즉 사용자는 피용자가 그 사무집행에 관하여 제3자에게 가한 손해를 배상할 책임이 있다(제756조 제1항 본문). 사용자책임이 성립하기 위해서는 (1) 피용자의 가해행위가 있어야 하며, (2) 피용자를 어떤 사무에 사용하기 위한 사무관계가 존재해야 하고, (3) 피용자가 사무집행에 관하여 손해를 주었어야 한다.

사안에서 A회사의 트럭운전사들은 甲의 잔디를 죽게 하는 가해행위를 하였다. 그리고 트럭운전사들은 A로부터 트럭운전이라는 사무를 집행하기 위하여 사용되었으며, A에 의하여 지휘·감독을 받고 있었다. 사무집행 관련성은 객관적으로 사무집행으로 볼 수 있는 행위가 있으면 인정되기 때문에 트럭운전사들이 A회사가 인접 토지를 통행하지 말라고 하는 주의를 무시하였더라도 외형상 사무로 볼 수만 있으면 사무집행 관련성이 인정된다. 트럭운전사들은 외형상으로는 물론 내부적 관계에서 보았을 때도 회사의 건설업무를 하면서 손해를 야기하였으므로 사무집행 관련성이 인정된다.

그런데 사용자인 A가 면책사유가 있음을 입증하면 책임을 면할 수 있다. 즉 사용자는 피용자의 선임 및 그 사무감독에 상당한 주의를 하였고 상당한 주의를 하여도 손해가 발생하였을 것임을 입증한 경우에는 책임을 면할 수 있다(제756조 제1항 단서). 사안에서는 A가 주의만 주었을 뿐 직접 또는 감독자를 선임하여 충분한 감독을 하였다고 보기 어려우므로 A의 면책은 인정되지 않는다. 따라서 甲이 A에 대하여 손해배상책임을 묻는 것은 정당하다.[1]

【변형】 피용자의 가해행위가 존재하나, 고의·과실이 없었으므로 개별적인 불법행위의 요건을 갖추지는 못하였다. 이러한 경우에 사용자책임이 성립하는지에 관하여 학설은 대립하고 있다. 판례가 취하고 있는 대위책임설은 피용자의 불법행위책임이 성립하는 것을 전제로 하여 사용자가 대신하여 책임을 부담하는 것이라고 한다.[2] 그에 반하여 자기책임설에서는 피용자의 불법행위 요건을 충족하였는지 여부와 상관없이 사용자가 자신의 부주의에 대한 고유한 책임을 부담하는 것이라고 한다. 따라서 대위책임설을 취한다면 본 사안에서 A회사는 책임이 없음에 반하여, 자기책임설을 취한다면 책임을 부담하게 된다.

---

1) 실제 판례에서도 사용자측의 면책주장을 인정하고 있지 않다.
2) 대법원 1992. 6. 23. 선고, 91다33070 전원합의체 판결.

92. 수급인에 대한 도급인의 사용자책임

 사 례 A회사는 甲의 집을 짓는 계약을 체결하였다. 이에 A는 B회사에게 하도급을 주고, B가 공사의 운용 및 시공하도록 하는 데 직접 지시·지휘하고 감시·감독하도록 직원 乙을 보냈다. 그런데 乙의 경미한 실수로 시공과 관련하여 잘못된 지시가 B에게 내려져서 B의 잘못된 시공으로 인하여 甲에게 손해가 발생하였다. 이 경우 甲은 A회사에게 불법행위를 이유로 손해배상을 청구할 수 있는가?[1]

甲의 A에 대한 손해배상청구권(제756조)[2]

A가 수급인 B의 행위에 대하여 책임을 부담하기 위해서는 제756조의 사용자책임이 성립해야 한다. 제756조의 사용자책임이 성립하기 위해서는 사용자와 피용자 사이에 어떤 사무에 종사하게 하는 사용·피용의 관계가 있어서, 사용자가 피용자를 지휘·감독할 수 있는 관계가 있어야 한다. 사안에서 A는 B와 도급계약을 체결하였으므로 수급인 B는 도급인 A와 독립해서 그 사무를 처리하므로 원칙적으로 이와 같은 수급인은 피용자라고 할 수 없다(제757조 본문). 다만 제757조 단서에서 도급인의 지시에 중대한 과실이 있는 경우에는 책임을 지도록 하고 있으나, 사안에서 도급인 A의 직원 乙의 지시에 중대한 과실이 없었으므로 이에 기하여도 어떠한 책임이 인정되지 않는다.

그러나 형식상 도급계약이 체결되었더라도 수급인이 업무수행에 관하여 도급인의 지휘·감독을 받는 경우에는 그 범위 내에서는 실질적으로 사용자 관계에 있으므로 제756조가 적용될 수 있다. 사안과 같은 하도급의

---

1) 대법원 1987. 10. 28. 선고, 87다카1185 판결 변형.
2) 본 사안의 경우 B가 A의 이행보조자에 해당하므로 甲은 A에 대하여 채무불이행으로 인한 손해배상책임을 물을 수 있다(제390조, 제391조).

경우에도 하수급인 B가 원수급인 A의 사실상의 지휘·감독을 받는다면, 제757조의 적용은 배제되고 제756조의 사용자책임이 적용될 수 있다. 그런데 건설공사의 경우에 도급인의 수급인에 대한 사실상의 지휘·감독이 인정되기 위해서는 현장에서 구체적인 공사의 운영 및 시행을 직접 지시·지도하고 감시·독려함으로써 시공 자체를 관리해야 한다.3) 단순히 공사의 운영 및 시공의 정도가 설계도 또는 시방서대로 시행되고 있는가를 확인하여 공정을 감독하는 데에 불과한 이른바 감리는 사실상의 지휘·감독에 해당되지 않는다. 사안에서 B회사 직원 乙이 공사의 운용 및 시공하도록 하는 데 직접 지시·지휘하고 있었으므로 사실상의 지휘·감독관계가 인정될 수 있다. 그리고 건설을 하는 과정에서 손해가 발생하였으므로 사무집행 관련성도 인정되고, A의 면책가능성도 존재하지 않으므로 甲은 A에 대하여 사용자책임에 기하여 손해배상책임을 물을 수 있다.

---

3) 대법원 1987. 10. 28. 선고, 87다카1185 판결.

93. 사용자책임과 사무집행 관련성

사 례 A은행의 지점장인 甲은 예금의 형식으로 사채를 끌어모아 乙에게 사업자
금을 마련해 줄 의도로 B로부터 거액의 예금을 유치하였다. 그런데 그 당
시에 B는 甲의 이러한 의도를 알지 못했지만, 여러 사정에 비추어 볼 때
충분히 알 수는 있었다. 그 후 乙의 기업이 도산하여 약정된 이자가 지급
되지 않자 B는 A에게 예금액 지급을 청구하였으나, A는 이를 거절하였다.
이 경우 B는 A에 대하여 손해배상을 요구할 수 있는가?

B의 A에 대한 손해배상청구권(제756조)

甲은 은행지점장이라는 지위를 이용하여 B에게 재산상의 손해를 끼
쳤으므로 불법행위가 성립한다. 그런데 B가 甲의 불법행위를 이유로 A에
대하여 손해배상책임을 묻기 위해서는 사용자책임이 성립해야 한다. 甲이
지점장이므로 A와의 사용관계는 인정된다. 그런데 甲은 A은행의 이익을
위해서가 아니라, 자신 또는 제3자인 乙의 이익을 위하여 예금을 유치하
였기 때문에, B로부터 사채를 모은 행위가 사무집행 관련성이 있는지가
문제된다.

판례는 일관되게 외형이론에 따라 판단하고 있다. 그에 따르면 제756
조의 사무집행 관련성은 원칙적으로 피용자의 행위가 그의 직무범위에 속
하는 행위이어야 할 것이나, 피용자의 직무집행행위 그 자체는 아니더라도
그 행위가 외형상 마치 직무의 범위 내에 속하는 것과 같이 보이는 경우
도 포함하는 것으로 해석하고 있다.[1] 그러므로 피용자가 사용자나 사용자
에 갈음하여 그 사무를 감독하는 자의 구체적 명령 또는 위임에 따르지
아니하고 자신의 지위를 남용하여 자기 또는 제3자의 이익을 도모하는 경

---

[1] 대법원 1988. 11. 22. 선고, 86다카1923 판결.

우, 사용자 또는 사용자에 갈음하여 그 사무를 감독하는 자나 피용자의 주관적 사정에 따라 사용자책임을 부정하는 것은 사용자책임을 규정한 민법의 목적이나 입법취지에 어긋나게 된다.[2] 따라서 외관상 甲이 예금을 유치한 행위가 A은행의 업무로 볼 수 있는 이상 사무집행 관련성이 인정된다.

　　다만 피용자의 불법행위가 외관상 사무집행의 범위 내에 속하는 것으로 보이는 경우에 있어서도, 피용자의 행위가 사무집행행위에 해당하지 않음을 피해자 자신이 알았거나 또는 중대한 과실로 알지 못한 경우에는 사용자에 대하여 사용자책임을 물을 수 없다.[3] 이러한 경우에는 사무집행 관련성을 외형을 기초로 하여 피해자를 보호할 필요가 없기 때문이다. 여기에서 피해자의 중대한 과실이라 함은 조금만 주의를 기울였더라면 피용자의 행위가 그 직무권한 내에서 적법하게 행하여진 것이 아니라는 사정을 알 수 있었음에도 불구하고, 만연히 이를 직무권한 내의 행위라고 믿음으로써 일반인에게 요구되는 주의의무에 현저히 위반하는 것으로 거의 고의에 가까운 정도의 주의를 결여한 것을 말한다.[4] 사안에서 B는 甲이 사채를 모은다는 사실을 알지 못했지만, 여러 사정에 비추어 볼 때 충분히 알 수 있었으므로 주의의무를 현저히 위반한 중과실이 인정된다. 따라서 B는 A에 대하여 사용자책임에 기한 손해배상책임을 물을 수 없다.

---

2) 대법원 1992. 7. 28. 선고, 92다10531 판결.
3) 대법원 1999. 10. 22. 선고, 98다6381 판결.
4) 대법원 1999 10. 22. 선고, 98다6381 판결; 대법원 2005. 2. 25. 선고, 2003다36133 판결.

94. 공동불법행위

사 례

검도 동아리에 다니는 甲, 乙, 丙 그리고 丁은 선배 A로부터 심한 기합을 받으면서 모욕을 당하였다고 생각하고 같이 복수를 하기로 결정하였다. 이들은 밤에 A가 귀가하는 골목길에서 A를 기다렸다. 그런데 A가 나타나자 구타에 참가할 마음이 없어 망을 보고 있었던 甲은 A의 출현을 乙, 丙, 丁에게 알렸고, 乙과 丙은 주먹으로 복부 등을 가격하고, 丁은 얼굴을 때려서 어금니 2개가 빠지는 부상을 A에게 입혔다. 이로 인하여 A는 치과치료비로 150만원이 나왔으나, 丁에게 지불능력이 없었기 때문에 A는 甲, 乙, 丙에게 손해의 배상을 청구하였다. 이에 대해서 乙과 丙은 丁의 행위로 인해 손해가 발생하였고 그와 같은 손해를 발생시킬 계획이 없었기 때문에 배상할 수 없다고 주장한다. 또한 甲은 구타행위에 전혀 참가하지 않았으므로 배상책임이 없다고 주장한다. 이 경우 A는 甲, 乙, 丙에게 손해의 배상을 청구할 수 있는가?

A의 甲, 乙, 丙에 대한 손해배상청구권(제750조, 제760조)

丁의 불법행위로 인한 손해에 대하여 A가 甲, 乙, 丙에게 책임을 묻기 위해서는 공동불법행위책임이 성립해야 한다. 왜냐하면 수인이 공동의 불법행위로 타인에게 손해를 가한 경우에는 연대하여 손해배상책임을 부담하기 때문이다.

(1) 乙과 丙의 협의의 공동불법행위(제760조 제1항)

乙과 丙은 丁의 구타행위에 같이 참여하였던 자이므로 협의의 공동불법행위가 문제된다(제760조 제1항). 협의의 공동불법행위가 성립하기 위해서는 각 가해자의 행위가 일반불법행위의 요건을 충족해야 하며, 각자의 행위 사이에 불법행위로서의 공동성(관련공동성)이 인정되어야 한다. 가해자

乙, 丙, 丁은 각각 A를 구타하였으므로 각 행위가 일반불법행위의 요건을 충족하고 있다. 가해자공동성은 가해자들 사이에 '공모 내지 공동의 인식'이라는 주관적 공동성을 말하지만, 학설과 판례는 피해자를 두텁게 보호하기 위하여 가해행위가 객관적으로 관련되거나 행위의 공동성이 존재하고 있으면 충분하다고 한다.[1] 乙, 丙, 丁은 A를 같이 구타하기로 하는, 즉 불법행위를 같이 하기로 한 공모가 있었으므로 이 요건은 충족되었다.

공동불법행위가 성립한 이상 乙, 丙, 丁은 각자의 행위가 손해발생에 어느 정도로 기여했는지와 상관없이 손해 전부에 대하여 책임을 부담한다. 손해배상의 범위는 피해자에 대한 관계에서 가해자들 전원의 행위를 전체적으로 함께 평가하면 되므로,[2] 각 공동불법행위자는 공동불법행위와 상당인과관계에 있는 손해를 제393조에 따라 배상해야 한다. 따라서 개별적인 참가자가 구체적인 부상(어금니의 손실)을 예상하였는지는 중요하지 않으며, 신체침해가 예정되었고 그 손해가 공동불법행위와 상당인과관계에 있다면 배상책임을 인정하기에 충분하다. 따라서 A가 乙과 丙에 대하여 손해배상책임을 물은 것은 정당하다.

(2) 甲의 방조자로서의 공동불법행위(제760조 제3항)

甲이 직접 구타에 참여하지 않았더라도 타인으로 하여금 불법행위의 의사결정을 하게 한 교사자이거나, 불법행위의 보조적 행위를 한 방조자라면 甲도 공동불법행위자로서 연대책임을 부담한다(제760조 제3항). 가해자들이 A를 구타할 수 있도록 망을 보는 행위는 불법행위의 보조적 행위로 볼 수 있으므로 甲도 방조자로서 공동불법행위책임을 부담한다. 따라서 A가 甲에게 손해배상책임을 물은 것도 정당하다.

---

1) 대법원 1998. 6. 12. 선고, 96다55631 판결.
2) 대법원 2005. 11. 10. 선고, 2003다66066 판결.

95. 가해자 불명의 공동불법행위

사 례　고속도로 위에 있는 다리에서 16세인 甲, 乙과 10세인 丙이 동시에 아래로 지나가는 자동차에 돌을 던지는 놀이를 하고 있었다. 이로 인하여 던져진 돌 중 하나에 의해 丁의 자동차가 파손되었다. 그런데 아이들이 서로 책임을 떠넘겼기 때문에 아이들의 진술로는 누가 던진 돌로 자동차가 파손되었는지가 드러나지 않았다. 丁은 누구에 대하여 손해의 배상을 청구할 수 있는가?

丁의 甲, 乙, 丙에 대한 손해배상청구권(제750조, 제760조)

　　甲, 乙, 丙이 던진 돌 중 하나로 丁의 자동차가 파손되었으므로 甲, 乙, 丙 중 한 명에게만 불법행위책임이 성립한다. 甲, 乙, 丙은 불법행위를 같이 한다는 주관적 공동의식이 없을 뿐만 아니라 행위의 객관적 공동성도 존재하지 않는다. 다만 丁이 누구의 행위로 인하여 자신에게 손해가 발생하였는지를 입증하지 못할 뿐이다. 이러한 경우에 피해자를 보호하기 위해서, 공동 아닌 수인의 행위 중 어느 자의 행위가 손해를 야기한 것인지 알 수 없는 때에는 공동불법행위로 추정된다(제760조 제2항). 그 결과 甲, 乙, 丙의 관련공동성이 추정되어 이들은 함께 연대채무를 부담한다. 다만 자기의 행위와 손해의 발생 사이에 인과관계가 없음을 입증한 때에는 책임을 면할 수 있다.

　　이 규정이 적용되기 위해서는 모든 가해자가 자신의 위법한 가해행위를 통하여 각자 위법한 결과를 야기할 수 있었어야 한다(선택적 인과관계). 책임을 부담하는 가해자에게 책임능력이 있어야 하므로 10세인 丙은 책임능력이 없어 손해배상책임을 부담하지 않는다. 그런데 이와 같이 여러 명의 잠재적 원인자 중의 한 사람이 책임능력이 없어 면책이 된 경우에 그 손해에 대하여 다른 잠재적 원인자들이 책임을 부담하는지가 문제된다. 즉

제760조 제2항이 적용되는지 아니면 다른 가해자들인 甲과 乙도 면책을 받는지가 문제된다. 이와 관련하여 위법성 내지 고의·과실의 요건이 결여된 자가 실제로 손해를 발생시켰거나 자연적 사실에 의하여 손해가 발생하였다면 피해자의 손해배상청구권이 성립하지 않았을 것이므로, 위법성 내지 고의·과실이 결여된 경우에는 제760조 제2항을 적용할 수 없을 것이다.[1] 그에 반하여 본 사안에서처럼 손해발생이라는 결과가 위법하게 야기된 이상 손해를 가한 사람이 제753조 또는 제754조에 따라 책임이 없는 경우에 책임을 묻지 못하더라도 그 감독자에게는 책임을 물을 수 있으므로 (제755조),[2] 책임능력이 있는 잠재적 원인자에게 공동불법행위책임을 부담하라고 하는 것이 기대 가능하다. 따라서 한 가해자가 책임능력이 없더라도 다른 가해자들에게 책임능력이 있는 경우에는 그 한도에서 책임능력 있는 가해자들이 연대책임을 부담하는 것이 타당하다. 사안에서 丙은 책임능력이 없으나 甲, 乙은 책임능력이 있으므로 丁은 甲, 乙에게 손해배상책임을 연대하여 지울 수 있다.

---

1) 민법주해(XIX)/정태윤, 185면.
2) 이러한 입장으로 김증한·김학동, 870면.

96. 공작물책임

사 례 甲은 A로부터 농수산물유통센터 창고의 증축공사를 수급받아 공사를 시행하였다. 그런데 공사 중 1층에서 발화한 불이 순식간에 2층으로 번져, 2층에서 작업 중이던 甲의 피용자 乙이 사망하였다. 이 화재의 직접적인 원인은 밝혀지지 않았으나 사고 무렵 페인트 작업을 위해 신나, 가스통 등의 인화성이 강한 물질들이 공사현장에 방치되어 있었고, 甲은 이러한 상황에서 별다른 조치 없이 피용자들에게 공사를 하게 했다는 사실이 확인되었다. 이 경우 乙의 유일한 유족인 丙이 甲에게 손해배상을 청구하려고 한다. 가능한가?[1]

유일한 유족인 丙이 乙의 사망을 이유로 한 손해배상청구권을 상속받아서 행사하기 위해서는 乙의 甲에 대한 손해배상청구권이 성립하여야 한다.

(1) 乙의 甲에 대한 채무불이행을 이유로 한 손해배상청구권(제390조)

甲과 乙 사이에는 노무의 제공을 목적으로 하는 고용계약이 체결되어 있었는데, 이에 기하여 사용자인 甲은 乙이 노무를 제공하는 과정에서 생명, 신체, 건강을 해치지 않도록 보호시설을 하는 등의 물적 환경을 정비할 보호의무가 있다. 그런데 甲은 인화성이 강한 물질이 방치된 공사현장을 정리하지 않은 채 乙로 하여금 공사를 진행하게 하였으므로 보호의무를 다하지 않은 과실이 인정된다. 이로 인하여 乙이 사망하는 손해가 발생하였으므로 乙은 채무불이행을 이유로 한 손해배상을 청구할 수 있다.

---

1) 대법원 1999. 2. 23. 선고, 97다12082 판결 변형.

(2) 乙의 甲에 대한 공작물책임에 기한 손해배상청구권(제758조 제1항)

乙의 甲에 대한 공작물책임에 기한 손해배상청구권이 성립하기 위해서는 공작물의 설치·보존상의 하자로 인해 타인에게 손해가 발생하였어야 한다. 이때 공작물점유자가 1차적으로 배상책임을 부담하나, 그가 손해방지에 필요한 조치를 해태하지 않은 때에는 책임을 면하고 소유자가 2차적으로 배상책임을 진다.

공작물책임의 성립요건을 살펴보면, 우선 공작물로부터 손해가 발생하였어야 한다. 사안에서 창고는 인공적 작업에 의해 만들어진 물건으로서 공작물에 해당한다. 둘째, 공작물의 설치·보존상의 하자가 있었어야 한다. 이때 공작물의 설치·보존상의 하자라 함은 공작물이 그 용도에 따라 통상 갖추어야 할 안전성을 갖추지 못한 상태에 있음을 말한다. 그리고 이와 같은 안전성을 구비하였는지의 여부를 판단함에 있어서는 당해 공작물의 설치·보존자가 그 공작물의 위험성에 비례하여 사회통념상 일반적으로 요구되는 정도의 방호조치의무를 다하였는지의 여부를 기준으로 삼아야 한다.[2] 사안에서 화재 당시 건물 내부에 신나 등 인화성 물질이 방치되어 있었다면, 그 건물은 사회통념상 공사현장으로서 갖추어야 할 안전성을 갖추지 못한 상태에 있었다고 볼 수 있다. 마지막으로 공작물점유자에게 면책사유가 없어야 한다. 공작물점유자라고 함은 공작물을 사실상 지배하면서 그 설치 또는 보존상의 하자로 인하여 발생할 수 있는 각종 사고를 방지하기 위하여 공작물을 보수·관리할 권한 및 책임이 있는 자를 말한다.[3] 창고의 공사를 수행하고 있는 甲은 이와 같은 공작물점유자에 해당하고, 甲이 손해방지에 필요한 주의를 다했다고 볼 수 없으므로 甲은 乙에게 공작물책임을 부담한다.

그런데 본 사안에서 甲에게는 중과실이 없으므로 실화책임에 관한 법률에 의하여 면책이 되지 않는지가 문제된다. 그런데 공작물책임은 일종의 무과실책임을 인정한 것이고, 실화책임에 관한 법률은 실화로 인하여 일단 화재가 발생한 경우 부근 가옥 기타 물건에 연소하여 예상외의 피해가 확

---

2) 대법원 2000. 1. 14. 선고, 99다39548 판결.
3) 대법원 2000. 4. 21. 선고, 2000다386 판결.

대되어 실화자의 책임이 과다하게 되는 점을 고려하여, 그 책임을 중대한 과실로 인한 경우에 한정하는 것이다. 따라서 공작물 자체의 설치·보존상의 하자에 의하여 직접 발생한 화재로 인한 손해배상책임에 관하여는 실화책임에 관한 법률이 적용되지 않는다.[4] 그러므로 사안에서 화재가 공작물의 설치·보존상의 하자로 인하여 직접 발생한 이상, 통상의 연소과정과는 달리 순식간에 건물 전체로 확대되어 발생한 손해에 대하여 甲에게 중과실이 없다고 하더라도 손해배상책임이 부정되지는 않는다.

(3) 양 청구권의 관계

甲에 대한 채무불이행으로 인한 손해배상청구권과 공작물책임으로 인한 손해배상청구권이 모두 인정되므로 상속을 받은 丙은 어느 쪽이든 자신이 선택하여 행사할 수 있다(청구권경합설).

---

4) 대법원 1998. 3. 13. 선고, 97다34112 판결.

Ⅳ. 불법행위의 효과

97. 손해의 종류와 배상범위

> **사례** 포장이사 회사를 운영하고 있는 甲은 이삿짐을 들어올리는 곤돌라를 잘못 조작하여 줄 끝의 쇠뭉치가 흔들려서 아파트 베란다 밖의 화분대를 쳐서 떨어뜨렸다. 이로 인하여 지상에 있던 전업주부 乙이 타고 있던 자동차 유리를 깼고, 乙은 전치 4주의 부상을 입게 되었다. 이 경우 乙은 甲에게
> (1) 자동차 수리비를 청구할 수 있는가?
> (2) 치료를 받는 4주 동안 일하지 못한 것에 대한 손해의 배상을 청구할 수 있는가?
> (3) 부상으로 인하여 입은 정신적 고통에 대한 손해의 배상을 청구할 수 있는가?

乙의 甲에 대한 손해배상청구권(제750조)

甲은 주의의무를 위반하여 乙의 소유권과 신체를 침해하였으므로 불법행위로 인한 손해배상책임이 성립하였다(제750조). 다만 甲의 불법행위로 인하여 발생한 손해에 대하여 어느 범위까지의 손해에 대하여 배상책임을 부담하는지가 문제된다. 우리 판례는 손해를 크게 재산적 손해와 비재산적 손해로 나누고 있다. 재산적 손해는 재산적 법익에 대하여 발생한 손해로서 금전으로 산정될 수 있는 손해를 말한다. 그에 반하여 비재산적 손해(정신적 손해)는 생명·신체·자유·명예 등 비재산적 법익에 대하여 발생한

손해를 말한다. 또한 재산적 손해는 기존재산이 줄어든 적극적 손해와 얻을 수 있었던 이익의 상실인 소극적 손해(또는 일실이익)로 나뉜다. 이와 같이 판례는 손해에 관하여 3분설에 입각하고 있다.[1] 불법행위의 경우의 재산적 손해는 제750조에 기하여 그리고 정신적 손해는 제750조, 제751조에 기하여 청구해야 한다. 그리고 손해배상의 범위는 제393조에 의하여 결정되므로(제763조), 통상손해와 예견가능성이 있는 특별손해가 배상의 대상이 된다.

(1) 적극적 재산손해 (설문 1)

자동차의 유리가 깨진 것은 소유물의 훼손으로서 기존재산의 감소를 가져온 적극적 재산손해에 해당한다. 물건이 훼손된 경우에 수선이 가능한 때에는 수선비가, 수선이 불가능한 때에는 감소된 교환가치가 통상손해가 된다.[2] 사안에서 자동차는 수리가 가능하고, 이때의 수리비는 통상손해에 해당하므로 乙은 甲에게 수리비를 청구할 수 있다.

(2) 소극적 재산손해 (설문 2)

乙이 치료기간 중 부상으로 인해 일하지 못하여 얻을 수 있었던 수익의 상실은 소극적 재산손해, 즉 일실이익에 해당한다. 손해의 산정에 관한 차액설을 근거로 한 소득상실설에 의하면 일실이익의 손해는 사고 당시의 수입액과 사고 후의 수입액의 차이에 해당한다. 그런데 乙은 사고 당시 전업주부로서 별도의 소득이 없었으므로 사고로 인하여 소득상실은 없었지만, 신체의 상해로 인하여 노동능력이 감소 또는 상실되었으므로 이에 대한 배상이 필요하다. 그에 따라 이러한 경우에는 손해를 규범적으로 평가하여 상해나 사망으로 인한 노동능력(가동능력)의 감소·상실 자체를 손해로 보는 가동능력상실설이 도입되었다.[3] 따라서 사고 당시에 수익이 없는 주부도 일용노동자의 임금 상당액을 손해액으로 산정하므로 乙은 4주 동안

---

1) 대법원 2002. 9. 10. 선고, 2002다34581 판결.
2) 대법원 1996. 1. 23. 선고, 95다38233 판결.
3) 대법원 1996. 1. 26. 선고, 95다41291 판결.

의 일용노동자의 임금 상당액을 손해로 청구할 수 있다.

(3) 정신적 손해 (설문 3)

乙이 부상으로 인하여 입은 정신적 손해에 대한 배상은 제751조에 따른 추가적인 요건이 충족되어야 한다. 그에 따르면 신체, 자유 또는 명예를 해하거나 기타 정신상 고통을 가했어야 하는데, 사안에서는 신체침해가 있었으므로 정신적 고통에 대한 배상이 인정된다. 다만 위자료의 액수는 법원이 제반사정을 참작하여 직권으로 자유재량에 의하여 결정한다.[4]

---

4) 대법원 1998. 2. 23. 선고, 87다카57 판결.

98. 간접피해자의 정신적 손해배상청구권

 사 례 甲은 횡단보도를 지나고 있었는데, 휴대폰으로 전화를 받고 있던 乙의 차에 치어서 즉시 사망하였다. 甲의 노모 丙 그리고 甲과 사실혼 관계에 있는 丁이 있다. 이 경우

(1) 丙과 丁은 자신의 정신적 고통을 이유로 손해배상을 乙에게 청구할 수 있는가?

(2) 丙과 丁은 甲의 정신적 고통을 이유로 한 손해배상청구권을 상속받아 乙에게 청구할 수 있는가?

Ⅰ. 丙과 丁의 乙에 대한 정신적 손해배상청구권(제750조, 제752조) (설문 1)

乙이 주의의무를 다하지 못하여 과실로 甲을 치어 사망하게 하였으므로 乙의 불법행위책임이 인정된다. 다만 甲이 생명침해를 당하였다는 이유로 노모 丙과 사실혼 관계에 있는 丁이 위자료를 청구할 수 있느냐가 문제된다.

위자료청구권은 제752조에 의하여 직접적 피해자가 아닌 자에게도 인정된다. 다만 제752조에 의한 위자료청구권은 생명침해의 경우에 한하며, 그 청구권자도 피해자의 직계존속, 직계비속, 배우자로 제한되어 있다. 사안에서 丙은 직계존속에 해당하므로 청구권이 당연히 인정됨에 반하여 제752조상의 배우자라 함은 법률상의 배우자만 해당하고 사실혼 관계에 있는 배우자는 포함되지 않으므로 丁은 제752조에 의하여 직접 청구권을 갖지 못한다. 그러나 제752조는 피해자의 직계존속, 직계비속, 배우자 등으로 청구권자를 제한하는 제한적 열거규정이 아니라 주의적·예시적 규정으로 해석하는 것이 판례와 다수설의 입장이다. 그러므로 사실혼 관계에 있는 배우자, 내연관계에 있는 배우자, 시어머니 등도 정신적 고통을 이유로 손해

배상을 청구할 수 있다(판례는 형제, 자매에게 인정한 적은 없다). 다만 제752조에 열거된 자들의 정신적 고통은 입증책임이 면제되지만, 그 밖의 자는 자신의 정신적 고통을 입증하면 일반원칙인 제750조, 제751조에 의하여 위자료를 청구할 수 있다. 따라서 丁은 자신에게 정신적 고통이 있다는 사실을 입증하면 정신적 손해배상을 乙에게 청구할 수 있다.

II. 甲의 乙에 대한 정신적 손해배상청구권(제750조, 제751조)과 그 상속성 (설문 2)

사실혼 관계에 있는 丁은 상속권이 없으므로 직계존속인 丙만이 상속받을 수 있다. 그런데 丙이 상속을 받아 직접 乙에게 손해배상을 청구하기 위해서는, 甲의 乙에 대한 정신적 손해배상청구권이 발생하고 상속이 가능해야 한다.

본 사안에서처럼 피해자인 甲이 즉사한 경우에는 피해자가 정신적 고통을 느낄 수도 없고, 사망으로 권리능력도 즉시 상실하기 때문에 손해배상청구권을 취득할 수 없다고 생각할 수 있다. 그러나 이렇게 해석하면 중상을 입은 후 사망한 경우와 즉사한 경우와의 차이가 있게 된다. 그에 따라 현재 통설과 판례는 피해자가 즉사하더라도 피해자가 치명상을 입은 시점과 사망시점 사이에 규범적으로 보아 '시간적 간격'이 있다고 평가하여 즉사한 피해자에게 정신적 고통으로 인한 위자료청구권을 인정하고 있다.[1] 따라서 甲의 乙에 대한 위자료청구권은 발생하였다.

그런데 상속인은 피상속인의 일신에 속하는 권리는 승계하지 못하므로(제1005조), 위자료청구권이 일신전속권에 속한다면 상속이 되지 못한다. 그러나 위자료청구권도 금전에 의하여 배상되므로 이를 금전채권의 일종으로 보면 그 상속성을 인정할 수 있다. 우리 판례[2]는 이러한 입장을 취하고 있으며, 따라서 상속인 丙은 甲의 위자료청구권과 자신의 독자적인 위자료청구권을 모두 행사할 수 있게 된다.

---

1) 대법원 1973. 9. 25. 선고, 73다1100 판결.
2) 대법원 1966. 10. 18. 선고, 66다1335 판결; 법원 1967. 5. 23. 선고, 66다1025 판결.

Ⅴ. 위험책임

99. 자동차손해배상보장법상의 운행자

> **사 례**　제주도에 신혼여행을 온 甲은 A 렌트카회사의 자동차를 빌려서 아내와 관광을 하고 있었다. 그런데 갑자기 타이어가 터지면서 차가 전복이 되어 乙의 차와 충돌하였다. 이로 인하여 상당한 부상을 입은 乙은 자동차손해배상보장법에 기하여 누구에게 손해배상을 청구할 수 있는가?

乙의 손해배상청구권(자동차손해배상보장법 제3조)

　　자동차손해배상보장법 제3조에 기하여 손해배상책임이 발생하기 위해서는 자동차의 운행으로 인하여 다른 사람을 사망하게 하거나 부상하게 하여야 한다. 사안에서 甲이 자동차를 운행하는 중 乙에게 부상을 입혔으므로 자동차손해배상보장법상 손해배상책임이 발생하였다. 다만 자동차손해배상보장법상 배상책임을 지는 자는 자기를 위하여 자동차를 운행하는 자, 즉 자동차운행자이다. 따라서 사안에서 자동차 소유자인 A와 임차인인 甲 중 누가 운행자인지가 문제된다.

　　자동차운행자는 자동차보유자, 즉 자동차의 소유자 또는 자동차를 사용할 권리가 있는 자(자가용 자동차의 소유자, 택시나 트럭 등의 자동차운송사업자, 자동차의 임차인, 자동차를 맡고 있는 정비업자)보다 넓은 개념이다. 운행자이기 위해서는 운행지배와 운행이익이 있어야 한다. 운행지배는 자동차의 사용에 관한 지배를 뜻하고, 운행이익은 자동차의 사용에 의한 이익이 자기에게 귀속하는 것을 의미한다. 따라서 다른 사람을 위하여 자동차의 운전이나 운전의 보조에 종사하는 운전자(제2조 제4호)는 운행지배가 없고 운행이익도 없기 때문에 운행자가 아니다(예: 버스회사의 버스운전사).

하지만 본 사안에서처럼 자동차를 임차한 경우 임차인 甲은 운행지배와 운행이익을 모두 갖고 있으므로 운행자에 해당한다. 문제는 자동차보유자인 렌트카회사 A도 운행자로 볼 수 있느냐이다. 운행자는 일반적, 추상적으로 자동차의 운행을 지배하여 그 이익을 향수하는 책임주체로서의 지위에 있는 자를 말하므로 임대인이 현실적으로 자동차를 지배하고 있지 않더라도 임대차계약에 기하여 임차인을 통한 간접점유를 하고 있다면 임대인도 운행자로 볼 수 있다. 따라서 일반적으로 자동차를 유상으로 빌려주는 렌트카회사[1]에서는 임차인을 믿고 그에게 자동차를 맡긴 것이므로 운행자로 보는 것이 타당하다.[2] 따라서 甲과 A 모두 운행자로서 손해배상책임을 부담한다.

---

1) 대법원 1991.4.12. 선고 91다3932 판결: 자동차대여업체의 손수자동차대여약정에 임차인이 자동차운전면허증 소지자라야 하고, 사용기간과 목적지를 밝혀서 임료를 선불시키고 임대인은 자동차대여 전에 정비를 해두고 인도해야 하고, 임차인은 사용기간 중 불량연료를 사용하지 말아야 함은 물론 계약기간을 엄수해야 하고, 자동차를 양도하거나 질권, 저당권을 설정할 수 없을 뿐 아니라 유상으로 운송에 사용하거나 전대할 수 없고, 제3자에게 운전시킬 수도 없게끔 되어 있다면, 대여업자는 임차인에 대한 인적 관리와 임대목적 차량에 대한 물적 관리를 하고 있음을 부정할 수 없어 대여업자와 임차인 간에는 임대목적차량에 대하여 대여업자의 운행지배관계가 직접적이고 현재적으로 존재한다.
2) 그러나 무상으로 임대한 경우에도 임대인이 운행자로 인정된다(대법원 1987. 11. 10. 선고, 87다카376 판결: 자동차를 소유하거나 사용할 권리 있는 자가 그 친구·가족·피용인 등 밀접한 인적 관계에 있는 자에게 자동차를 무상으로 대여한 경우에도 특단의 사정이 없는 한 그 차량에 대한 운행지배나 운행이익을 상실하는 것은 아니라 할 것이다).

100. 환경오염으로 인한 손해배상책임

사 례 양식장운영자 甲은 원자력발전소 A의 온배수를 이용하기 위하여 온배수 영향권 내에 육상수조식양식장을 설치하였다. 그런데 이상기온과 원자력발전소에서 배출된 오염된 온배수로 인하여 양식장의 넙치와 전복이 집단 폐사하였다. 이 경우 甲은 A에 대하여 손해배상을 청구할 수 있는가?[1]

甲의 A에 대한 손해배상청구권(환경정책기본법 제44조 제1항)

甲의 A에 대한 환경오염으로 인한 손해배상청구권은 물론 불법행위로 인한 손해배상청구권(제750조)에 기하여 근거지어질 수 있지만, 사안에서는 무과실의 위험책임으로서 환경정책기본법상의 손해배상책임이 문제된다. 환경정책기본법에 기하여 손해배상을 청구하기 위해서는 환경오염 또는 환경훼손으로 인하여 피해가 발생했어야 한다(동법 제44조 제1항).

환경오염이라고 함은 사업활동 그 밖의 사람의 활동에 따라 발생되는 대기오염, 수질오염, 토양오염, 해양오염, 방사능오염, 소음·진동, 악취, 일조방해, 인공조명에 의한 빛 공해 등으로서 사람의 건강이나 환경에 피해를 주는 상태를 말한다(환경정책기본법 제3조 제4호). 사안에서 원전의 냉각수 순화 시 발생되는 온배수의 배출은 사람의 활동에 의하여 자연환경에 영향을 주는 수질오염 내지 해양오염으로서 환경오염에 해당한다.[2] 다만 사안에서 A의 원자력발전소 운영은 적법한 활동이므로 그 환경오염으로 인한 침해가 위법성을 갖기 위해서는 그 침해가 사회통념상 인내할 것이 요구되는 한도(통상의 수인한도)를 넘어야 한다.[3] A가 배출한 온배수로 인

---

1) 대법원 2003. 6. 27. 선고, 2001다734 판결 변형.
2) 대법원 2003. 6. 27. 선고, 2001다734 판결.

하여 甲이 키우고 있던 넙치와 전복이 집단 폐사하여 구체적이고도 사회통
념상 용인될 수 없는 피해가 발생한 이상 A의 온배수 배출행위와 그 결과
는 수인한도를 넘어서는 위법성을 갖는다.

마지막으로 환경오염과 그 피해 사이에는 인과관계가 있어야 한다.
일반적으로 불법행위로 인한 손해배상청구사건에서 가해행위와 손해발생
사이의 인과관계의 입증책임은 피해자가 부담한다. 그러나 환경오염으로
인한 손해배상에서는 가해행위와 손해발생 사이의 인과관계를 피해자가 자
연과학적으로 모두 증명하는 것은 곤란 내지 불가능하므로, 가해기업이 배
출한 어떤 유해한 원인물질이 피해물질에 도달하여 손해가 발생하였다면
가해자 측에서 그 무해함을 입증하지 못하는 한 책임을 면할 수 없다고
보고 있다(간접증명이론).[4] 사안에서 원자력발전소에서 배출된 온배수가 양
식장에 도달하여 어류가 집단 폐사하였다는 점은 증명될 수 있으므로 A가
무해함을 입증하지 못하는 한 甲은 A에 대하여 손해배상을 청구할 수 있
다(다만 사안에서 원자력발전소의 온배수 배출행위와 해수온도의 상승이라는 자연
력이 복합적으로 작용하였으므로 손해배상범위 결정 시 자연력의 기여도를 고려하
여야 하며, 甲이 A의 온배수가 나온다는 사실을 알고 양식장을 운영하였으므로 과
실상계가 고려될 수 있다).

---

3) 대법원 2001. 2. 9. 선고, 99다55434 판결.
4) 대법원 1984. 6. 12. 선고, 81다558 판결.

찾아보기

이병준

고려대학교 법과대학, 동 대학원 졸업(법학석사)
독일 Tübingen 대학교 법과대학(법학박사)
부산대학교 법과대학 전임강사, 조교수
대법원 재판연구관, 법무부 민법개정위원
현재: 한국외국어대학교 법학전문대학원 교수
E-mail: leebgb@hufs.ac.kr

황원재

고려대학교 법과대학, 동 대학원 졸업(법학석사)
독일 Osnabrück 대학교 법과대학(법학박사)
현재: 계명대학교 법학과 조교수
E-mail: hwonjae@gmail.com

제5판 민법사례연습 IV [채권각론]

2007년 4월 10일   초 판 발행
2021년 2월 25일   제5판 발행

저 자 이병준·황원재
발행인 이 방 원
발행처 세창출판사
  신고번호   제300-1990-63호
  주소   03735 서울시 서대문구 경기대로 88 냉천빌딩 4층
  전화   02-723-8660   팩스   02-720-4579
  이메일   edit@sechangpub.co.kr   홈페이지   www.sechangpub.co.kr
  블로그   blog.naver.com/scpc1992 페이스북 fb.me/sechangofficial 인스타그램 @sechang-official

ISBN   978-89-8411-998-7 93360